本书为国家社会科学基金青年项目"澳大利亚殖民地时期的农业发展与环境变迁研究（1788—1901）"（项目批准号：18CSS020）结项成果

澳大利亚殖民地时期的农业发展与环境变迁

（1788—1901）

乔瑜 著

Agricultural Development
and Environmental Changes
in Colonial Australia

（1788—1901）

中国社会科学出版社

图书在版编目（CIP）数据

澳大利亚殖民地时期的农业发展与环境变迁：1788—1901／乔瑜著．—北京：中国社会科学出版社，2024.3
ISBN 978 – 7 – 5227 – 3135 – 3

Ⅰ.①澳…　Ⅱ.①乔…　Ⅲ.①殖民地—农业经济—经济史—澳大利亚—1788 - 1901　Ⅳ.①F361.19

中国国家版本馆 CIP 数据核字（2024）第 043806 号

出 版 人	赵剑英
责任编辑	安　芳
责任校对	张爱华
责任印制	李寡寡

出　　版	中国社会科学出版社
社　　址	北京鼓楼西大街甲 158 号
邮　　编	100720
网　　址	http://www.csspw.cn
发 行 部	010 – 84083685
门 市 部	010 – 84029450
经　　销	新华书店及其他书店

印　　刷	北京君升印刷有限公司
装　　订	廊坊市广阳区广增装订厂
版　　次	2024 年 3 月第 1 版
印　　次	2024 年 3 月第 1 次印刷

开　　本	710 × 1000　1/16
印　　张	17.5
插　　页	2
字　　数	275 千字
定　　价	98.00 元

凡购买中国社会科学出版社图书，如有质量问题请与本社营销中心联系调换
电话：010 – 84083683
版权所有　侵权必究

首都师范大学史学丛书
编委会

主　任　郝春文
委　员　(姓名以汉语拼音为序)
　　　　梁景和　梁占军　刘　城　刘乐贤
　　　　刘　屹　史桂芳　郗志群　晏绍祥
　　　　姚百慧　袁广阔　张金龙　张　萍

目　　录

绪　论 ……………………………………………………………… (1)
 一　澳大利亚历史书写中的人与自然：以殖民农业史为中心 …… (1)
 二　澳大利亚历史书写演变的社会和学术基础 ………………… (2)
 三　殖民农业史的既有叙事框架：从帝国边疆论到人地
   互动视野 ……………………………………………………… (6)
 四　殖民农业史中的人与自然 …………………………………… (12)
 五　需要重新研究的问题和分析框架 …………………………… (18)
 六　研究方法与资料使用 ………………………………………… (21)
 七　章节安排 ……………………………………………………… (22)

第一篇　澳大利亚的自然环境与早期殖民者的环境认知

第一章　气候变迁与 1788 年的澳大利亚 …………………………… (27)
 一　气候的变化与土著居民的到来 ……………………………… (27)
 二　海平面的上升与远隔重洋 …………………………………… (30)
 三　1788 年澳大利亚的气候与动植物 ………………………… (33)

第二章　土著的火把及其对澳大利亚景观的改造 ………………… (37)
 一　新大陆的漫游者 ……………………………………………… (37)
 二　土著的火把与澳大利亚庄园 ………………………………… (40)
 三　土著居民的精神世界 ………………………………………… (46)

第三章　澳大利亚殖民时期"干旱说"的形成 ……………………（48）
　　一　澳大利亚的"干旱说"和相关讨论 ………………………（48）
　　二　影响"干旱说"形成的多种因素 …………………………（52）
　　三　"干旱说"形成背后的内在权力关系 ……………………（67）

第二篇　与干旱为伴的生存纠葛

第四章　畜牧业与草场的生态变迁 ………………………………（77）
　　一　牛羊结伴来到"天然"牧场 ………………………………（77）
　　二　牧人的荒野进军 ……………………………………………（80）
　　三　羊蹄、牧场的生态变迁与牧人的生存策略 ………………（85）
　　四　一段插曲：兔灾 ……………………………………………（93）
　　五　畜牧业扩张下的土著社会 …………………………………（97）

第五章　科学农业与小麦带的形成 ………………………………（109）
　　一　田间的发明与小麦种植区的早期内迁 ……………………（109）
　　二　科学农业与小麦带的扩张 …………………………………（112）
　　三　作为文明必需品的小麦 ……………………………………（116）
　　四　作为资源边疆的麦地 ………………………………………（119）
　　五　旱作农业的实验场 …………………………………………（122）

第六章　殖民时代的气候周期论与气象学 ………………………（127）
　　一　事件：澳大利亚气象学史上的一则"冤案" ……………（127）
　　二　相关讨论回顾和本章的研究视角 …………………………（128）
　　三　旱与涝的二重奏——气候周期论的自然基础 ……………（130）
　　四　殖民地气候周期论的演变 …………………………………（135）
　　五　国际气象学的转型与澳大利亚气象学的发展 ……………（140）

第三篇　征服干旱的田园试验

第七章　灌溉农牧业的生态扩张 …………………………………（149）
　　一　新物种的引进和灌溉的初步开展 …………………………（150）
　　二　淘金热后的拓荒与灌溉农牧业的拓展 ……………………（156）

三　托拉斯管理下的灌溉殖民地发展 …………………………（160）
　　四　地下水灌溉 ……………………………………………………（163）
　　五　灌溉区的形成与灌溉扩张的生态限度 ……………………（167）

第八章　模范殖民地与 19 世纪的灌溉知识交往网络 ……………（170）
　　一　19 世纪中后期的灌溉知识交往网络 ………………………（171）
　　二　"模范殖民地"的复制 ………………………………………（175）
　　三　灌溉地的盐碱化治理 ………………………………………（178）
　　四　灌溉知识交往网络运行的内在机制 ………………………（182）

第九章　澳大利亚灌溉叙事的演变及原因 ………………………（189）
　　一　早期环境观与灌溉进步论的出现 …………………………（191）
　　二　环境观的改变和灌溉叙事的多元化 ………………………（194）
　　三　经济发展、社会文化与灌溉叙事的演变 …………………（198）

第四篇　干旱与水的再认识

第十章　解析澳大利亚水资源利用史 ………………………………（207）
　　一　水资源条件再审视 …………………………………………（207）
　　二　早期灌溉农业的经济学分析 ………………………………（217）
　　三　少数族裔的农业与水资源利用 ……………………………（229）

结　语 …………………………………………………………………（240）

参考书目 ………………………………………………………………（244）

绪　　论

一　澳大利亚历史书写中的人与自然：
　　以殖民农业史为中心

从泛古大陆分离后，相对稳定的地质条件、独立的生物进化进程和多变的气候成就了澳大利亚独特的景观与生态系统，进而塑造了千万年来土著居民采集狩猎的生产生活，亦深刻影响了18世纪末期以来新移民在此开展农牧作业的努力。也正因如此，在异域的环境中殖民者需要付出更多的努力来适应、处理人与自然之间的关系。作为以欧洲人为主体的移民国家，澳大利亚的环境也构成了不同种族之间的互动场所。对于欧洲移民来说，澳大利亚近代以来的历史是一部记录殖民者在这一"古大陆新国度"[①]生存定居，并为其确定地缘与文化坐标的历史。在殖民地的开拓进程中，移民们对人与自然关系的思考曾关系到他们对殖民地的环境认知，对自身生态文化渊源的发掘和传统继承。移民们对人与自然关系的探索还是国家成长时期澳大利亚人自我检验独特性和塑造民族认同的例证，更成为澳大利亚历史学者对当代现实生态危机和多元文化构想的有力回应。

殖民农业史研究提供了观察澳大利亚历史书写中人与自然关系的绝

[①] 从地质学角度来说，澳大利亚是地球上最古老的大陆之一，但是就民族国家形成而言，它是世界上最年轻的国家之一。这个说法直接引用自李龙华的专著标题，参见李龙华《澳大利亚史：旧大陆·新国度》，台北：三民书局股份有限公司2007年版。

佳视点。1788—1900年为澳大利亚的殖民地时期①，殖民农业即殖民地时期的农业。殖民农业的内容很丰富，既包括早期的生计型农业种植，羊毛繁荣后的商业化畜牧、小麦种植和北部沿海的种植园农业，也包括土著居民和其他少数族裔的农业开垦。农业占据殖民地时代澳大利亚经济生活的重心，决定了殖民地的发展进程，多元主体的殖民农业也与殖民地的种族文化相互关照。殖民农业史中所展现的人地关系及其变化更是清晰地展现了近代以来澳大利亚人对于人与自然关系的思考及其演变。下文将展现这些变化的内容及其背后的社会、学术基础，分析澳大利亚历史书写嬗变是如何与社会发展的脉搏互动周旋，并揭示近年来全新研究视角下，这一古老命题呈现出的新动态。

二 澳大利亚历史书写演变的社会和学术基础

澳大利亚社会的转型和随之而来的学术风向变化支撑了澳大利亚历史书写的周折演变。作为囚犯流放地，澳大利亚最开始只是作为英国领土的拓展和监狱的扩容存在的。英国政府对这里的关心不在于经济发展抑或财富的增长，而是如何维持官员、军人和罪犯的生活。因此，从一开始农作物种植就成为殖民地自足的关键。而在殖民地早期的军人治理时代，军官们占据了当地社会政治和经济的主导地位，他们是效忠英王的旅居者，始终保持着英国人的身份认同。19世纪30年代的羊毛繁荣开启了这里以农牧为特色的经济生活。与此同时，英国自由移民开始超过罪犯移民。解放派和排斥论的斗争构成了殖民地社会政治生活的主要内容，进而加速瓦解了已经不再适应经济发展和社会结构变化的流放制度。淘金热后各殖民地纷纷成立责任政府，直接隶属于英国议会。至此，这里仍旧是英国的延伸。英国人的社会意识、政治制度、物质财富随着移民而被移植，并逐渐实现本土化。② 在澳大利亚语境中拓殖不仅意味着疆

---

① 1788年开始英国移民以悉尼为中心不断拓展，逐渐形成六个直属英国的殖民地。它们在行政上独立、平行，经济上高度牵连、文化上几近同源。1900年殖民地通过全民公决，改制为州，并于1901年建立澳大利亚联邦。

② 参见张天《澳大利亚史》，社会科学文献出版社1996年版；王宇博：《渐进中的转型：联邦运动与澳大利亚民族国家的形成》，商务印书馆2010年版，第85—90页。

域的拓展还在于英式社会生活的"复制"。殖民地早期的学者是倾向于用生源论（Germ Theory）来解释澳大利亚的制度与文化起源的。彼时英帝国史学者西利（J. R. Seeley）出版了《英格兰的扩张》[①]。西利认为，英帝国是英格兰国家扩张的结果，它的纽带是"共同的种族、共同的宗教和共同的利益"。[②] 澳大利亚自然隶属其中，澳大利亚史也理所当然地成为帝国史的有机组成部分，殖民地的农牧垦殖也是帝国边疆的最重要经济活动。

随着澳大利亚殖民地的成长，责任政府取代了英国委派的总督，成为各殖民地事务实际上的管理者。在殖民地争取自治和解决纷争的过程中，澳大利亚各殖民地间的往来与日俱增，进而形成共同的利益和自我认同，摆脱对于英国的仰赖，推动了澳大利亚民族的形成。澳大利亚的居民逐渐从"在澳大利亚的英国人"成为"澳大利亚人"。[③] 此时，澳大利亚本地出生人口占总人口百分比的增长亦引发了居民的认同归属发生巨变。19世纪80年代，澳大利亚六个殖民区的232万人中有60%以上是在澳大利亚出生的。[④] 人们不再用打量异域的目光来看待这片土地，而是以在地的心态去谈论和欣赏它的独特品质。其后，伴随澳大利亚的建国和英帝国的衰落，澳大利亚历史不再作为帝国史的注脚存在，学者开始努力发掘澳大利亚的历史主体性。在英澳之间日渐衰微的联系中，经济关系成为重要纽带。从19世纪末20世纪初开始，澳大利亚更加专注于依靠自然资源的原材料和食品生产，出口产品基本为初级产品，农牧业成为澳大利亚的立国之基。[⑤] 尽管大部分人口生活在沿海城市，但是农村才是澳大利亚国民经济的核心。因此在探寻澳大利亚之根本特色的过程中，学者亦把眼光投向乡村，认为澳大利亚的特质来自乡村而非城市，是农

---

① 参见 J. R. Seeley, *The Expansion of England: Two Courses of Lectures*, London: Macmillan, 1883. 《英格兰的扩张》在两年内卖掉了80000本，关于这个情况参见 A. P. Thornton, *The Imperial Idea and Its Enemies*, London: Macmillan, 1966, p. 51. 另见施华辉、周巩固《西利、卢卡斯、艾格顿与英帝国史》，《史学史研究》2017年第2期，第89—101页。

② J. R. Seeley, *The Expansion of England: Two Courses of Lectures*, 1883, p. 13.

③ 参见王宇博《渐进中的转型：联邦运动与澳大利亚民族国家的形成》，第88页。

④ 戈登·格林伍德编：《澳大利亚政治社会史》，北京编译社译，商务印书馆1960年版，第194页。

⑤ 戈登·格林伍德编：《澳大利亚政治社会史》，第209页。

业塑造了澳大利亚的民族性格。

　　澳大利亚是移民社会，种族关系一直是澳大利亚人必须面对的问题。从殖民地时代开始，澳大利亚的社会文化是高度种族主义化的。疾病和暴力摧毁了土著社会，为殖民活动扫清障碍。此后的漫长岁月中殖民地政府一直不遗余力打击、排斥来到澳大利亚的亚洲人和热带群岛黑人。当时的政论家甚至大放厥词："澳大利亚人这个称谓不仅指出生在这里的人，也包括来此的所有白人。黑人、中国人、喀纳喀人以及廉价的有色人种劳工则不是澳大利亚人。"① 而排外和农业垦殖是一枚硬币的两面：建国后澳大利亚奉行"白澳"政策（White Australia）近70年，农耕被塑造成为白人独享的"文明"，以区别于"野蛮"的土著居民和"落后"的其他少数族裔。同时，澳大利亚的地理位置很特殊，它远离母国，却与人口众多的亚洲诸国隔海毗邻。从一开始，地缘的孤独感使得澳大利亚在情感上更依赖母国，而对亚洲国家心存芥蒂。淘金热后大量以华人为代表的亚洲族裔进入澳大利亚，从事蔬菜、甘蔗种植等行业。② 他们的农业耕作经验及其在亚热带、热带地区的生存能力使得华人社区在澳大利亚的东南部、北部地区茁壮成长，也引发了白人的极度恐慌。弗朗西斯·亚当斯（Francis Adams）在刊于《回旋镖》的《中国人教会了我们什么》一文中向欧洲移民警示："只要澳大利亚给华人立足之地，他们就会占据统治地位。华人甚至有能力把澳大利亚建设成为更加平等、民主和高效的社会。"③ 此时热带地区的气候和疾病依然是白人移民的梦魇。不同于面对土著居民时的自信与骄傲，独具地缘优势的亚洲和生态高度适应的亚洲人让欧洲移民宣称的有效占领失去意义。驱逐少数族裔的同时展开更大规模和范围的农牧拓殖成为当务之急。

　　第二次世界大战的创伤消解了欧美世界单一文化的信念，世界范围内反抗殖民压迫的民族运动风起云涌，澳大利亚国内土著的民权运动亦是如火如荼。1969年澳大利亚工党政府彻底取消了"白澳政策"，并开始

---

① M. McKenna, *The Captive Republic*, Cambridge: Cambridge University Press, 1996, pp. 151 – 153.

② 张秋生：《澳大利亚华侨华人史》，外语教学与研究出版社1998年版，第72—73页。

③ Francis Adams, "Daylight and Dark. White or Yellow: Which Is to Go? What the Chinese Can Teach Us", *Boomerang*, 1 February 1858.

宣扬澳大利亚是多元文化交融的移民国家。斯坦纳（W. Stanner）在博埃尔系列讲座中直击"澳大利亚的大沉默"，批判既往澳大利亚历史中对土著居民声音的掩盖。他认为这一现象并非偶然，而是结构上的问题，是人为的"精心设计"。[①] 另一方面，澳大利亚学者也迅速意识到建国伊始与帝国"脱钩"的学术取向使得澳大利亚人文研究陷入了孤立，削弱了澳大利亚史学在国际学术界的话语权。实际上自近代以来，澳大利亚的民族身份认同都具有矛盾性。国内内政高度自治，而外交、军事、对外贸易依附英国。因此帝国是挥之不去的存在，它既受帝国的吸引又对其加以排斥，澳大利亚社会的民族主义激流中不时会涤荡出效忠帝国的涟漪。而以民族认同的转向为契机，殖民批判成为澳大利亚历史研究的重点。学者们开始修正传统的民族国家叙事，重新认识土著和其他少数族裔的历史地位，从殖民主义的遗存中去检讨帝国文化，并试图突破边缘和中心的分裂去重新界定澳大利亚在世界和世界历史中的位置。

与战后社会震荡同步的是澳大利亚本土生态环境的变化。从20世纪60年代开始，土地盐碱化、沙漠化、森林滥伐以及全球性极端气候现象导致的生态灾难催促着自然科学提供对策研究，也激发包括历史学在内的人文学科有所回应。于此，传统的人文学科起初是无能为力的，所以自然科学研究成果又成为社会人文学者发问的起点，为后者解释环境议题提供新的知识基础。这种结合客观上促成了澳大利亚大学和科研机构独具特色的交叉学科研究，也成为日后的澳大利亚环境史成长和规范化学科建设的温床。最终，社会与环境的双重危机与学术研究的自身完善促使历史学的编纂与叙述发生彻底转变。[②]

[①] W. Stanner, *After the Dreaming*, Sydney: Australian Broadcasting Commission, 1969, pp. 24–25.

[②] 关于环境史在澳大利亚的起源问题，参见包茂红《澳大利亚环境史研究》，《史学理论研究》2009年第2期，第75—86页，亦可参见毛达《澳大利亚与新西兰环境史研究综述》，《郑州大学学报》（哲学社会科学版）2010年第3期，第150—157页。

三 殖民农业史的既有叙事框架：从帝国边疆论到人地互动视野

自殖民地时代以来，伴随着澳大利亚的社会剧变和学术研究的发展，在殖民农业史研究领域次第形成了四种主要的叙事框架。

1. 帝国边疆论

澳大利亚的历史学者对于澳大利亚农业拓殖进程的最初探索同时受到英帝国史和美国边疆史学的影响，又明显地区别于两者，形成具有种族主义色彩的帝国边疆论。首先，边疆是从属于英帝国的。大卫·布莱尔（David Blair）在1878年出版的《澳大利亚史》中有一段对于英澳联系的描述："（澳大利亚）这个没有历史的虚无之地拜倒在世界上最强大的海军脚下。"[①] 格里菲斯·泰勒（Griffith Taylor）等学者更是直言不讳："澳大利亚就是帝国的边疆。"[②] 秉持着自由主义史观，他们不无自豪地坚信欧洲的力量赋予了"边缘"地区以历史地位，尽管边疆是作为欧洲的附属品出现的。其次，帝国边疆的拓展是以农牧场的扩张实现的。历史学家以自豪的口吻记录下这一切："英国的农场、英国的花园、英国的牛群和马群、精心栽培的英国花朵和植物……英格兰在新的土地上复制出自己。"[③] 丛林（bush）精神也是帝国边疆论的重要内容。历史学家将土著的丛林神话续写进农牧垦殖进程中，书写了现代澳大利亚的丛林精神。一方面，它是对独具澳大利亚文化与地域特色的丛林风貌的想象；另一方面，它又是以现实主义为原则的如实记录：移民在炎热、干旱，到处是蚊虫、害兽的丛林中生活。丛林精神在于不惧艰辛开拓荒野的抗争，

[①] David Blair, *The History of Australasia: From the First Dawn of Discovery in the Southern Ocean to the Establishment of Self Government in the Various Colonies*, Glasgow: McGready, Thomson & Niven, 1878, p. 32.

[②] Griffith Taylor, *Environment, Race, and Migration*, Chicago: University of Chicago Press, 1937, p. 5.

[③] 阿尔弗雷德·克罗斯比：《生态帝国主义：欧洲的生态扩张 900—1900》，商务印书馆2017年版，第294页，另参见 W. Howitt, *Land, Labour and Gold; or, Two Years in Victoria, with Visit to Sydney and Van Diemen's Land*, London: Longman, 1855, p. 57.

以及丛林人患难与共的互助情谊。① 在"进步"被理想化的拓荒时代，澳大利亚的丛林恰似美国的荒野赋予了新移民们生活目标。拓荒者自诩为时代先锋，政客与演说家们反复谈论的主题都是征服与进取，竭力赞美让丛林变为良田与牧场的人们，更惊喜于一座座城镇从荒野中涌现。最后，帝国边疆论是种族主义的：在这一框架下土著是没有农业的落后种族，以华人为代表的亚裔则是具有攻击性的外来威胁。靠近亚洲的北部与内陆荒地迟迟未能成功进行农业开发的事实催生了针对黄种人的亚洲威胁论，殖民者发出了"不移民就灭亡"（populate or perish）的警示。②

2. 民族主义叙事

19世纪末，殖民农业的帝国边疆论逐渐被民族主义叙事取代。澳大利亚殖民地时期以来的农业成就被充分认知，并被建构为民族国家认同的一部分。历史学者致力于发掘殖民农业史对于澳大利亚国家社会结构变迁的意义。其目标就是进一步与帝国拉开距离，迫不及待抛弃过去，拥抱未来。学界涌现了饱含民族主义和进步主义情绪的殖民农业史案例研究，尤其以牧羊业、灌溉农业、小麦种植业最为突出。美利奴羊的培育、灌溉技术的运用、殖民地晚期化肥的使用被视为澳大利亚历史上最重要的技术革新。这些技术的变革确定了澳大利亚主要农业区的基本格局，并使得农牧产区推进到大分水岭以外的低降水区。美利奴羊的培育实际上成为一个标志性的事件，澳大利亚的历史学巨擘威廉·汉考克（William Hancock）认为"它最大限度地使用育种技术，实现了对于自然的利用和优化"③。羊毛"使澳大利亚成为一个有偿付能力的国家，并最终成为一个自由的国家"④。东南部的灌溉农业也因其适宜劳动密集型耕作和土地开垦，由此瓦解"旧世界"的牧场租借人的权力，利于推进小规模农场建立被作为重要个案。⑤ 殖民时期灌溉农业推进的意义还在于促

---

① Richard Waterhouse, "Australian Legends: Representations of the Bush (1813 – 1913)", *Australian Historical Studies*, Vol. 31, No. 2, (August 2000), p. 202.

② 大卫·沃克：《澳大利亚与亚洲》，张勇先等译，中国人民大学出版社2009年版，第78页。

③ W. K. Hancock, *Australia*, New York: Charles Scribner's Sons, 1930, p. 32.

④ W. K. Hancock, *Australia*, p. 12.

⑤ Marilyn Lake, *The Limits of Hope: Soldier Settlement in Victoria 1915 – 38*, Oxford: Oxford University Press, 1987, pp. 11 – 24.

进了内陆地区的开发。大卫·高登（David Gordon）在《战胜沙漠》中评价道："这些定居点成为一战后澳大利亚的灌溉农业安置项目得以成形的起点。"① 整个20世纪20年代，"发展"意味着内陆农业定居点和配套公共设施的兴建。

殖民时代的小规模定居被赋予意识形态和文化含义。在《澳大利亚奇迹》中，罗素·沃德（Russel Ward）不无骄傲地评价道："它契合自给自足的自耕农（yeoman）理想，农民与土地充分发生联系，未因资本介入而被割断。"② 这被视为提升社会道德和民众智慧的方式。与之相对，工业革命后，英国不事生产的城市生活被视为人类自然状态的退化，受到工业废气废水污染的城市则在侵蚀定居者的健康和精力，会最终破坏国家的筋脉。同时期的农业史家埃德加斯（Edgars Dunsdorts）则提出："不同于英国的圈地运动，工业化与殖民化并驾齐驱的澳大利亚，资本与土地的结合并未导致羊'吃人'"③，他认为澳大利亚形成的是以家庭为单位的独立农（牧）场，家庭农场是初级农产品的生产者和乡村生活的基本单位。这种稠密的定居形式是在澳大利亚东南部地区的新月形平原低丘带，殖民地的管理者和新移民结合特殊气候与地理特征，利用自然资源和管理土地的创见。它一方面缓解了牧场主与殖民地管理者之间的矛盾，更重要的是阻止了类似拉丁美洲出现的大地产，并逐渐衍生为澳大利亚历史上最重要的土地管理原则。

与此相关，乡村的愿景不再是英式的田园牧歌与阿卡迪亚式的隐居地。在农业史著作中"澳大利亚独有的褐色灌木取代英式的青翠草地，剪毛工人取代殖民地早期跑马圈地的牧场租借人"④。边陲地区的牧羊人和内陆灌木丛中勤勉的劳工被描绘成澳大利亚独特气候中诞生的雄浑有力、独一无二的民族典型，他们具有全新国家发展需要的骑士精神。⑤ 殖

---

① David Gordon, *Conquering the Desert. Conservation-Reclamation-Irrigation: A Nation Policy for Progressive People*, Chessington: W. K. Thomas & Co., 1907, p. 23.

② Russell Ward, *The Australian Legend*, Oxford: Oxford University Press, 1948, p. 56.

③ Edgars Dunsdorts, *The Australia Wheat Growing Industry 1788 – 1948*, Melbourne: Melbourne University Press, 1946, p. 22.

④ Edgars Dunsdorts, *The Australia Wheat Growing Industry 1788 – 1948*, p. 35.

⑤ J. A. Alexander, *The Life of George Chaffey: A Story of Irrigation Beginnings in California and Australia*, London: Macmillan, 1928, p. 34.

民地时代的丛林神话被重新演绎，并提炼出新的意象。"丛林充满着美景，麦田荡漾着自豪，森林拥有着自由。"① 诗歌中描绘的是欢乐、坚毅的白人形象。丛林人坚韧、藐视权威的特质被赋予为整个民族的特征。

3. 殖民批判叙事

20世纪60年代开始，历史学家对于农业拓殖遗产的反思首先体现在利用土著居民的口述传统重建欧洲殖民者和土著居民在边疆地带的"初次接触"：边疆社会充斥的是白人与土著居民之间，白人与自然环境之间的不公平较量。农业开拓促成了这种无休止不断进军下一站的征服与杀戮。在《边疆的另一面》中，亨利·雷诺兹（Henry Reynolds）不仅描述了早期的边疆殖民和暴力，还详细记载了殖民时期的农业拓殖对当地土著居民生产、生活造成的毁灭性打击，他将其中一章命名为"野狗来到"，鲜明地表达对于殖民入侵的愤怒："殖民农业的发展经常引发殖民者与土著部落间的地权、水权纷争，殖民农业的发展是以土著的失地、强制性的迁徙为前提的。"② 在他的另一部著作《土地的准则》中，亨利从土地开发的角度出发，强调土著居民"有效利用"的观念有别于欧洲移民的判断标准，对澳大利亚无主土地的原则质疑："澳大利亚从来都不是'空地'，殖民农业的发展、殖民地的成长往往伴随着暴力与抗争。"③ 这是澳大利亚历史学者对黑暗的殖民历史的歉疚以及和解意愿的清晰表达。其他少数族裔在澳大利亚殖民农业史中的无声或扭曲形象也被全面改写：学者们充分利用口述资料、人类学、民族学、考古学的研究成果，恢复包括澳大利亚华人、大洋洲岛民在内的非欧族裔的生态知识与经验。其次，殖民时期的探险故事也被重新写就。不同于以往的征服者和英雄形象，帕特里克·怀特（Patrick White）笔下的探险家沃斯是一个傲慢、疯狂、充满控制欲的人，他无视澳大利亚内陆环境的复杂与险恶，一意

---

① Guy Boothby, *On the Wallaby, or Through the East and Across Australia*, New York: Longmans, Green & Co., 1894, p. 260.

② Henry Reynolds, *Other Side of the Frontier: Aboriginal Resistance to the European Invasion of Australia*, Sydney: New South Wales University Press, 1981, p. 55.

③ Henry Reynolds, *The Law of The Land*, New York: Penguin Books Ltd, 1987, p. 32.

孤行，最终导致了远征的失败。① 而且这些探险者几乎无一例外都无视土著的知识，更缺乏与之合作的态度。

然而并非所有学者都推崇这种对殖民史的翻案，双方针锋相对，甚至引发澳大利亚的史学之争：20世纪70年代末以来，以曼尼·克拉克（Manning Clark）和亨利·雷诺兹为代表的历史学者批判"澳大利亚的大沉默"是阻止澳大利亚人直面过去的精神枷锁，主张对殖民历史书写的纠正，尤其是土著居民历史地位的恢复。而以杰弗里·布莱尼（Geoffrey Blainey）和凯斯·温德舒特尔（Keith Windschuttle）为代表的学者则认为"黑色臂章"史学②矫枉过正，他们坚持对于澳大利亚历史的更保守解读，反对对澳大利亚土著居民历史地位的过度拔高和美化。这场旷日持久的有关民族身份塑造及其文化历史渊源的论战实际上也迫使澳大利亚历史学家以更加客观和平衡的观念来看待澳大利亚历史进程中的种族关系和人地关系。环境史学者也在此情境下更主动介入澳大利亚殖民农业史研究。

4. 人地互动视野

环境史研究试图将农业发展置于环境利用和改造的历史进程中来理解，探讨这个过程中人与自然的互动关系。这类研究也使得澳大利亚国内对殖民农业的探讨开始超越进步主义的话语和殖民批判的语境。

首先，土著居民在澳大利亚农业史上的作用与地位问题依旧是殖民农业研究关注的重点之一，澳大利亚学者对这个问题的认识历经了否定之否定，尽管学者们对具体细枝末节仍然存在争议，但是就基本问题已达成相对共识，后文将作详细解释。其次，干旱与水资源管理是农业环境史的重要议题。从一开始，环境史研究在澳大利亚的兴起就是学术研究对20世纪60年代以来澳大利亚国内环境巨变和生态危机的反馈，而环境史对殖民农业的叩问回应的亦是现实生态问题。学者对干旱问题的关

---

① Patrick White, *The Eye of Storm*, Sydney: World Scientific Publishing Company, 1973, p. 23.

② "黑色臂章"一词由杰弗里·布莱尼在1993年的"约翰·莱瑟姆爵士纪念馆讲座"（Sir John Latham Memorial Lecture）中首次使用，用以贬低那些为原住民哀悼、对澳大利亚历史大肆批评的左翼历史学家。参见 Stuart Macintyre and Anna Clark, *The History Wars*, Melbourne: Melbourne University Press, 2004, p. 242.

注也促成了澳大利亚境内独具特色的气候史研究。殖民农业史本身也在气候史、科学史和自然科学研究成果的冲击和启发下经历了一次"科学化"的过程，主要表现为学者对影响农业发展的技术层面有了更细致的探究。唐·加登（Don Garden）、露丝·摩根（Ruth Morgan）、艾米莉·奥高曼（Emily O'Gorman）等学者在这方面做了大量工作。① 这类研究不仅为殖民农业史增加了新的气候学维度，同时也增进了历史学对厄尔尼诺等极端气候现象的生态、社会影响的理解。最后，农业环境史研究素来是环境史尤其是美国环境史研究的重镇，澳大利亚殖民农业环境史成长之初同时受到唐纳德·沃斯特（Donald Woster）开创的农业生态史研究范式和英国历史地理学传统的影响，但并不停止于此。② 美国同行的研究不仅刺激了澳大利亚本土环境史学科的建设，也促使澳大利亚环境史学界对自我定位提出了新的思考。20世纪末，澳大利亚学者把对殖民农业史的探讨放入帝国环境史的广阔地图中。阿尔弗雷德·克罗斯比（Alfred Crosby）的《哥伦布大交换：1492年以后的生物影响和文化冲击》和《生态帝国主义：欧洲的生态扩张，900—1900》③更是启迪了澳大利亚的历史学家：澳大利亚农业环境史的研究目的不仅仅在于为世界农业环境史的研究版图增添了一个新的地域，作为"新欧洲"的有机组成部分，澳大利亚的经历在很大程度上与大英帝国的全球殖民以及世界其他地区的移民浪潮有密切关系。他们研究澳大利亚殖民农业史的意义还在

---

① 参见 Don Garden, *Droughts, Floods and Cyclones: El Ninos that Shaped Our Colonial Past*, North Melbourne: Australian Scholarly Publishing, 2009; Ruth Morgan, *Running Out? Water in Western Australia*, Crawley: Western Australia University Press, 2015; Emily O'Gorman, *Flood Country: An Environmental History of the Murray-Darling Basin*, Collingwood: CSIRO Publishing, 2012.

② J. M. Powell, "Historical Geography and Environmental History: An Australian Interface", *Journal of Historical Geography*, Vol. 22, No. 3 (July 1996), pp. 253 – 273; Tom Griffith, "Ecology and Empire: towards An Australian History of the World", in Tom Griffith and Libby Robin, eds., *Ecology and Empire: Environmental History of Settler Societies*, Edinburgh: Edinburgh University Press, 1997, pp. 1 – 13.

③ Alfred Crosby, *The Columbian Exchange: Biological and Cultural Consequences of* 1492, Santa Barbara: Greenwood Press, 1972; Alfred Crosby, *Ecological Imperialism: The Biological Expansion of Europe*, 900 – 1900, Cambridge: Cambridge University Press, 1986.

于拓宽全球视野，揭示跨洋的生态与多元文化互动。①

四 殖民农业史中的人与自然

在既有的殖民农业史研究框架下，澳大利亚史学对于人与自然关系的探讨也经历了相应的演变。农业拓殖最初作为殖民进程中的集体意识被纳入了帝国边疆的"征服自然"叙事，也是澳大利亚民族国家构建和进步主义的现代史学建立过程中"利用自然"叙事的代表性议题。20世纪60年代开始，它成为澳大利亚历史学界反思殖民进程的生态阴暗面，梳理少数族裔生态史的重要对象。近年来它又成为超越进步主义与殖民批判语境，重建澳大利亚历史上的人与自然之间关系的关键步骤。

种族主义的帝国边疆论铺垫了"征服自然"的叙事，它由殖民地时期的"干旱说"和"灌溉进步论"构成。"干旱说"将澳大利亚的气候特征与开发前景进行了关联性的解释，描绘出了一个由于干旱缺水而停滞不前的，自然环境恶劣的澳大利亚大陆。只有白人的耕种和定居才能给这里带来文明和繁荣。"灌溉进步论"则认为工程化的灌溉农业是用现代人类的勤劳与智慧，打破自然的藩篱，解决内陆干旱状况的有效途径。② 而乡村环境的重新野化和退化也引发了殖民者的焦虑：随着殖民的推进，澳大利亚内陆地区与英国大相径庭的气候，亦成为发展欧式农业的阻力。查尔斯·艾伦（Charles Allen）在《昆士兰及金矿访探》中感叹："持续的、令人痛苦的干旱是阻止澳大利亚进步的障碍。"③ 乔治·朗肯（George Ranken）则坚信："农业定居会带来更多的草场和水源——牧

---

① 澳大利亚学者艾米莉·奥高曼与新西兰同行詹姆斯·贝缇等人基于英帝国的扩张引发的经验交换提出生态文化网络（Eco-Cultural Networks）这一概念。他们认为帝国扩张造成了人类利用环境的新方式，滋生了对环境的新理解。参见 James Beattie, Edward Mellillo and Emily O'Gorman, "Introduction: Eco-Cultutral Networks and the British Empire", in James Beattie, Edward Mellillo and Emily O'Gorman, eds., *Eco-Cultural Networks and the British Empire 1837 – 1945*, London: Bloomsbury Academic, 2015, pp. 1 – 13.

② W. Howitt, *Land, Labour and Gold; or, Two Years in Victoria, with Visit to Sydney and Van Diemen's Land*, p. 77.

③ C. H. Allen, *A Visit to Queensland and Her Goldfield*, London: Chapman & Hall, 1870, pp. 81 – 82.

草会更加稠密,干涸的小河会填满,沼泽会变成潟湖。"① 这种信心在《澳大利亚荒野踪迹》中被大卫·亨尼西(David Hennessey)进一步确认:"这片土地上每一寸土壤终有一天都将被开垦。灌溉可以保证这一切。"②

在这种叙事中,土著居民落后、愚昧,缺乏有效的开垦意愿和能力,恶劣的环境更是成为阻碍土著居民充分利用土地的最重要原因。③ 换言之,澳大利亚景观连同土著居民的生活、生产实践都是阻碍澳大利亚农业进步的障碍。而且在征服自然的语境中,白人殖民者与华人之间的紧张关系被转化为环境适应力的竞争,华人所居住的环境和身体都成为需要克服的"生态"。地方史专家詹姆士·卡德(James Calder)在日记中写道:"他们(土著)没有历史,我们所描述的这个国家是真正的一块白板。"④ 围绕华人的身体、居住的环境和农耕实践,产生了系统的污蔑性论调,华人被描绘成为可怕的入侵者:"他们在不知不觉中偷偷进入,并且建立起一个繁荣的小殖民地。"⑤ 同时,他们还是疾病的传播者和生态环境的破坏者——"他们肮脏污秽,在炎炎烈日下就会传播疾病"。⑥

进入19世纪末,在民族主义的历史叙事中,澳大利亚人放弃了孟浪前进的偏激。自然已经不再是需要新移民全力对抗的对象,自然是农业发展、民族财富增长依仗的宝库和资源。如果说边疆征服时期进步与发展意味着通过克服自然的蒙昧与荒蛮,在澳大利亚的广袤大陆上传播文明果实,而现在进步则是通过技术和管理的革新,为作为全新民族国家存在的澳大利亚在激烈的国际竞争中赢得存续空间、寻求安全感。

在这种情绪中,殖民时期农场内简化生产工序,推广科学管理提高效率的革新亦被誉为这个时代农业管理中的金科玉律。科学、技术与管

---

① G. Ranken, *Colonization in 1876*, London: Tuner & Henderson, 1876, p. 7.

② David Hennessey, *An Australia Bush Track*, London: Hodder and Stoughton, 1913, p. 23.

③ 参见拙文《澳大利亚殖民时期"干旱说"的形成》,《学术研究》2014年第6期,第119—127页。

④ Richard Flanagan, *A Terrible Beauty: History of the Gordon River Country*, Richmond: Greenhouse Ltd., 1985, p. 67.

⑤ J. Jefferis, "Australia's Mission and Opportunity", *Centennial Magazine*, Vol. 1, No. 2 (September 1888), p. 13.

⑥ H. E. Pratten, *Through Orient to Occident*, London: Longmans & Co., 1879, p. 266.

理是人与自然对话的界面,效率是对进步的注解。欧内斯丁·希尔(Ernestine Hill)在《点水为金》中说:"拖拉机和铁犁让我们拥有了取之不尽用之不竭的澳大利亚。"① 换言之,澳大利亚拥有丰富的资源和土地,只要有资本、技术和劳动力就能实现繁荣。而殖民农业生产引发的景观变迁和生态环境问题则鲜少被重视。伊夫·鲍威尔(Eve Powell)在《干涸的大地:澳大利亚的水资源利用》中有这样的表述:"地下管道让少雨地区成为茂盛的绿洲,河水浇灌出了丰收的果园。"② 因此,不同于殖民地时期灌溉进步叙事的拓荒意味,此时更强调的是水利工程的建造和地下水的开发对澳大利亚自然的改造——灌溉农业的展开不仅改善了澳大利亚的自然景观,也为澳大利亚持续的农业繁荣奠定了基础。

同时,"白澳"影响下的民族国家叙事会刻意淡化殖民开拓的阴暗面和少数族裔的存在感。这时期的殖民农业史中,土著居民是自己土地上的外族人,仿佛殖民时代的开疆拓土都与他们无关,而华人的身影则被彻底隐匿。与之相对应的是,殖民以来对土著居民生态实践的贬低被系统化,学者制造并传播了有关土著生态实践的退化叙述,其主要内容有:殖民时代以前,土著不科学的用火毁灭了热带雨林,其狩猎行为导致了大型动物的绝灭;③ 殖民时代以来土著居民的农业耕作对土壤产生了巨大的破坏,给澳大利亚的环境带来了伤害。④

在殖民批判的框架下,历史学家对殖民农业史中人与自然关系的反思主要体现在两个方面。首先是对殖民时期的农业生产各个部门造成的生态破坏进行检讨:农田和牧场开垦、铁路线的延长、水利工程的建设

---

① Ernestine Hill, *Water into Gold*, Melbourne: Robertson & Mullens, 1943, p. 67.

② Eve Powell, *The Thirsty Land: Harnessing Australia's Water Resources*, New York: Coward-McCannp., 1968, p. 62.

③ 关于这一问题可参考 O. C. Stewart, "The Forgotten Side of Ethnogeography", *Method and Perspective in Anthropology, Papers in Honor of Wilson D. Wallis*, Minneapolis: University of Minnesota Press, 1954; A. R. King, *Influence of Colonization on the Forests and the Prevalence of Bushfires in Australia*, Melbourne: CSIRO Publishing, 1963; Sylvia Hallam, *Fire and Hearth: A Study of Aboriginal Usage and European Usurpation in South-Western Australia*, Perth: University of Western Australia Press, 1975; A. R. King, *Influence of Colonisation on the Forests and the Prevalence of Bushfires in Australia*, Melbourne: CSIRO Publishing, 1963.

④ R. Gatty, "Colony in Transition," *Pacific Affairs*, Vol. 26, No. 2 (June 1953), p. 127.

是以森林的砍伐和植被的破坏、土地的荒漠化为代价的，栅栏、铁丝网和水坝破坏了野生动物的生存空间。其中，布鲁斯·R. 戴维森（Bruce R. Davison）的《澳大利亚：是潮还是干？灌溉扩张的物理和经济限度》[1]在1969年一经出版就引起极大轰动。布鲁斯直击殖民时代以来的"干旱说"，他从农业的生产关系、生产诸要素的组织和利用角度出发认为澳大利亚的干旱是一种"虚构"，实际上澳大利亚的气候条件不适合灌溉农业，历史时期的灌溉农业是对水资源的浪费，这种集约型的土地利用方式非但没有解决殖民地的土地分配问题，还造成了严重的土地盐碱化。

其次，土著研究的重点不再是搜集证明土著"古老"和"落后"的证据，而是专注于土著社会的运行，他们的生产生活与土地之间的关系，认识土著居民生态实践的更丰富内涵。20世纪70年代开启的和解文化更是为学界充分肯定土著居民的生态遗产提供了土壤：土著定居是以对自然环境的复杂改造和管理为基础的。土著居民对于自然的管理也是长久持续的干涉行为，与殖民者的农业具有平等的地位。20世纪60—80年代，史前史学家赖斯·琼斯（Ryhs Jones）和历史学家西尔维亚·哈勒姆（Sylvia Hallam）探索了土著使用火来改变植被分布模式的方法："系统的有目的的用火不仅可以吸引猎物，更是改造家园，弱化或者强化其特点的方式。"[2] 这一论断彻底颠覆了殖民时期形成的对于土著用火的退化叙事。此后新的个案研究不断为土著居民翻案，他们认为土著对于自然的利用，一定程度上积极顺应了大陆上的自然环境，在自然环境与人类环境管理之间维持了一种平衡。享有"澳大利亚考古学之父"盛誉的约

---

[1] B. R. Davison, *Australia-Wet or Dry? The Physical and Economic Limits to the Expansion of Irrigation*, Carlton: Melbourne University Press, 1969. 除此之外还有一系列文章与专著，参见 B. R. Davidson, "The Reliability of Rainfall in Australia as Compared with the Rest of the World", *Journal of Australian Institute of Agriculture Council*, Vol. 4, No. 11 (January 1964), pp. 188 – 189; R. O. Slatyer and W. R. Gardiner, "Irrigation Potential and Problems", in Australia Academy of Science, *Water Resources, Use and Management*, Melbourne: Melbourne University Press, 1964, p. 31; C. Clark, *The Economics of Irrigation*, Oxford, New York: Pergamon Press, 1967, pp. 41 – 65.

[2] Ryhs Jones, "Archaeological Field Work in Tasmania", *Antiquity*, Vol. 38, No. 152 (December 1964), pp. 305 – 306; Sylvia Hallam, *Fire and Hearth*, Canberra: Australia National University Press, 1975; Sylvia Hallam, "Yams, Aluvium and Villages on the West Coastal Plain" in G. K. Ward, ed., *Archaeology at ANZAAS*, Canberra: Canberra Archaeological Society, 1986, pp. 116 – 132.

翰·马文尼（John Mulvaney）提出："澳大利亚土著独特文化的幸存已经代表着一种生态文明的延续。"① 这期间华人移民、劳工的农耕实践也被重新认识：在来到澳大利亚之前，大量的华人劳工在家乡已经是有耕种经验的成熟农民。他们不仅为澳大利亚殖民拓荒贡献了劳动力，华人的蔬菜种植园则以高度集约的生产方式丰富了澳大利亚居民的饮食结构，改变了澳大利亚的乡村景观。②

而在环境史开启的人地互动视角下，澳大利亚历史学家围绕土著在农业史中的历史地位、干旱管理和帝国网络中的殖民农业等问题进一步的探索，并达成了一些共识。首先，既不能把澳大利亚土著居民视为高贵的野蛮人，即仅仅依靠运气生活的狩猎—采集者，也不能把他们当成是几近枯竭的生态系统的破坏者。土著居民是一个多样化的群体，他们的土地管理要比早先殖民者所设想的更加广泛和复杂，且具有不同于其他大陆古老居民的文化和生态特点。2011 年，澳大利亚土著居民文化研究专家比尔·甘觅奇（Bill Gammage）出版了《地球上最大的庄园：土著人如何塑造澳大利亚》一书。这本书是近年来土著环境史的集大成之作，也是传统土著史研究者迎接殖民生态批评和环境史研究范式挑战后做出的有力反馈。该书获得了 2012 年度的澳大利亚历史类图书总理奖。作者通过分析澳大利亚殖民早期绘画、地图等图片资料，结合人类学、生态学记述以及植被研究成果，细致入微地讲述了土著居民的土地管理和日常生活，并梳理土著的土地管理与 1788 年后殖民农牧业发展之间千丝万缕的联系。换言之，作者通过重建土著对于澳大利亚景观的塑造，将澳大利亚土著的历史整合进现代澳大利亚历史。③

其次，传统的农史研究中把干旱当成独立的灾害事件，环境史学者则重新思考澳大利亚历史上农牧民的生存之道和他们获取抗旱能力的方

---

① John Mulvaney and Johan Kamminga, *Prehistory of Australia*, Washington (DC): Smithsonian Institution Press, 1999, p. 82.

② Ann Curthoys, *Race and Ethnicity: A Study of the Response of British Colonists to Aborigines, Chinese and non-British Europeans in NSW 1856-1881*, Phd thesis, Macquarie University, 1973, p. 56.

③ 参见 Bill Gammage, *The Biggest Estate on Earth: How Aborigines Made Australia*, Sydney: Allen & Unwin, 2011. 该书中文版也已出版，参见比尔·甘觅奇《地球上最大的庄园：土著人如何塑造澳大利亚》，段满福译，外语教学与研究出版社 2017 年版。

法，其背后的关照是澳大利亚现代的农业可持续发展问题。在《缓缓之灾：与澳大利亚干旱共生》中，瑞贝卡·琼斯（Rebecca Jones）将应对干旱当成一种长时段的试验，提出"弹性"（resilience）这一概念，指出殖民者不是自然的征服者，也不是消极的受害者，他们与澳大利亚的干旱环境之间存在一种谈判的可能性，这种可能性就是殖民者有计划、有目的的适应和调节。[①] 澳大利亚环境史学家对于殖民进程和气候的关联性研究通常还会超越国家边界甚至区域边界，以展现特定气候事件对于区域内的多样性影响和不同地区的遥相关[②]影响。气候事件的随机性也为学者探究殖民时期气象科学的产生与发展，梳理气候事件与殖民地政治之间的关系提供了契机。

最后，澳大利亚学者质疑并尝试回应美国环境史学者在《生态扩张主义》等著作中未能厘清的问题：为什么欧洲人在生态对抗中获胜？为什么哥伦布大交换不平等？汤姆·格里菲斯（Tom Griffith）从澳大利亚的经验出发解释：生态和帝国不是改变环境的独立因素，他们是在与边疆本身的生态互动过程中发挥作用的。[③] 从全球互动和比较的眼光来看，澳大利亚独具"南方特质"，澳大利亚的农业拓殖很大程度上体现了被殖民区域在生态上的能动性。曾旅居美国的澳大利亚历史学家伊恩·泰瑞（Ian Tyrrell）在《神谕之园：加利福尼亚与澳大利亚的环境改革（1860—1930年）》中展现了"后生态扩张主义"时代，同属"新欧洲"的边疆地区之间的互动所创造的环境动力：1860—1930年间澳大利亚与

---

① Rebecca Jones, *Slow Catastrophe*: *Living with Drought in Australia*, Melbourne: Monash University Publishing, 2017, pp. 22 – 29.

② 遥相关，英文为 teleconnection，为气候学术语，指相距数千公里以外两地的气候要素之间达到较高程度的相关性。唐·加登并未完全在气候学的意义上使用该词，而将其扩展至气候现象与社会历史之间的广泛联系。参见 Don Garden, "Extreme Weather and ENSO: Their Social and Culture Ramification in New Zealand and Austrlia in the 1890s", in James Beattie, Emily O'Gorman, and Mattew Henry, *Climate*, *Science*, *and Colonization*: *Histories from Australian and New Zealand*, New York: Palgrave Macmillan, 2014, pp. 61 – 80.

③ Tom Griffith, "Ecology and Empire: towards An Australian History of the World", in Tom Griffith and Libby Robin, eds., *Ecology and Empire*: *Environmental History of Settler Societies*, Edinburgh: Edinburgh University Press, 1997, p. 9. 参见包茂红《澳大利亚的环境史研究》，《史学理论研究》2009年第2期，第75—86页；费晟：《论淘金热与澳大利亚腹地环境的改造》，《世界历史》2013年第4期，第50—59页。

美国的加州在物种、技术、生态理念上的交流所促成的两地的持续性环境变革，这种变革不仅跨越了传统的国家疆界也跨越了自然边界。① 澳大利亚的历史学家提供了一套阐释帝国的"边缘"是如何扰动传统世界史的叙事。

五 需要重新研究的问题和分析框架

澳大利亚社会的转型和与之匹配的学术风向变化支撑了澳大利亚历史书写的演变。自殖民地时代以来，在殖民农业史研究领域主要形成了帝国边疆论、民族主义叙事、殖民批判和人地互动四种主要的研究框架。学者亦在既定框架下展开了对于殖民农业史中人与自然关系的讨论。历史学者对于殖民开拓时期人与自然关系的早期研究同时受到英帝国史和美国边疆史学的影响，形成具有种族主义色彩的"征服自然"说：干旱的气候环境、土著居民和其他非欧移民都是殖民开拓的阻力，需要来自文明世界的改造。在澳大利亚国家成长过程中，历史学家的职责在于发掘农业发展进程中所呈现的澳大利亚主体性。这就要求澳大利亚历史千方百计与英帝国拉开距离展现自身特质，转而进入以"利用自然"为主要内容的民族国家现代化叙事，重点关注农业拓殖中对自然的高效利用与管理。20世纪60年代以来，澳大利亚国家认同的转向与国际殖民批判学术潮流共同促成澳大利亚学者对民族国家叙事的修正：反思殖民农业进程对澳大利亚生态环境的破坏、恢复少数族裔在农业史上的地位，进而重建澳大利亚历史上人与自然之间的关系成为这一时期"黑色臂章"史学的重要组成部分。多元化史学叙事对传统的挑战引发了澳大利亚史学界针锋相对的论战，这场"历史的战争"推动澳大利亚的历史研究更进一步。此后环境史与澳大利亚高校的跨学科研究相得益彰，彻底打破了早前研究中强调的社会经济发展与自然开发利用之间的线性关联，使得历史学界对于人与自然关系的探究不仅超脱民族主义史学青睐的社会经济发展的宏大叙事，也摆脱了人类中心主义史学的基本论断。放弃了

---

① 参见Ian Tyrrell, *True Gardens of the Gods: California-Australian Environmental Reform*, 1860 - 1930, Berkeley: University of California Press, 1999.

民族主义框架的比较研究不仅让澳大利亚史学具有更加强烈的全球意义，也使得超越国家边界的物种传播、人员流动和思想交流等问题得到更好的追踪，人与自然之间的互动也在这类研究中得到新的界定。

作为一个移民社会，数代澳大利亚人都经历着身份的煎熬。澳大利亚历史书写中的自然认识也被吸收进这种认同思虑之中，殖民地的农业作为移民与自然直接接触的场域和殖民地社会的经济重心，恰似一面棱镜，将这些内涵丰富的思考一一折射。白人殖民者和以土著居民、华裔为代表的非欧族裔一直是澳大利亚社会的一对基本矛盾，当将人与自然这组关系纳入进来后，历史学家就必须对土著居民在前殖民时代的生态作用进行评议，并在与白人移民生产实践的对照中处理其他非欧族裔在农业拓殖进程中的地位问题。持帝国"边疆论"和民族主义立场的学者借此来明确白人农业拓殖活动的合理性，进而建立身份的合法性。而后代的历史学家带着当下的问题意识去追问时，殖民开拓史的合理性被质疑，居民的身份被重新定义，史学本身也悄然革新，以回应现实的环境、文化和身份危机。而今这场讨论仍须继续，原因在于：

首先，尽管现有的研究已经摆脱早期帝国边疆论中的"征服自然"和民族主义农业史研究中的"利用自然"论调，部分环境史学者尝试从环境变迁和社会文化互动视角展开农业史个案考察，但是这些篇章大多关注农业发展史的某一个方面抑或某个独特的生态因素，因而有时会侧重于生态批判。更加整体、系统地讨论农业发展与澳大利亚本地独特生态环境有机联系的研究仍有必要，从更长时空范围考察澳大利亚农业发展的自然基础与生态变量也应是殖民农业史研究的题中之义。其次，以殖民批判为主要取向的学者主要关注的主体是土著居民，且主要侧重于殖民反思，对土著社会在这一时期的生态反馈和调节未给予应有的关注；以华人为代表的其他非白人群体的农业生态经历也有很大的发掘空间。最后，受农史研究的"科学化"影响，既有成果更重视农业发展的物质环境层面，对与生态环境相关的文化研究仍不够充分，诸如农业实践中的环境认知问题，农业发展与澳大利亚的国家形象建构问题，农业史中的进步叙事和科学主义的解读问题等，专门和深入的研究仍不充分。

基于以上的认识，本书将以灌溉农业、畜牧业和小麦种植业为重点梳理殖民地时期澳大利亚的农业发展与环境演变的整体进程，发掘澳大利亚农业系统建立过程中长时段与大尺度的环境变化、环境认知、殖民科学、种族关系等多重因素之间的动态关系，讨论多个种族在这段历史中的遭遇和贡献，解析殖民农业的发展叙事与殖民帝国的扩张。一方面要把农业作为一个生态系统，将农业的发展置于欧洲拓殖者在全新的生态条件下开展农牧事业，借此把澳大利亚建设成全新的白人公民社会的历史背景中来讨论。另一方面，澳大利亚的农业环境史又受制于英帝国的世界殖民和全球移民，因此课题还需要在这一层次上呈现景观与生态知识的联动，并在此基础上重建澳大利亚殖民地时期重要农业生产部门的发展图景，展现不同种族的传统生态经验和殖民地环境之间的碰撞，并分析农业发展进程中产生的话语体系，以及与农业密切相关的科学知识的生产与传播；力争不停留于简单的生态批判，而是厘清这一历史进程中自然与社会历史之间具体而复杂的互动。

　　本书所研究的"农业"是包括种植业、林业、畜牧业、渔业在内的广义上的农业。课题主要选取了灌溉农业、畜牧业（牧羊、牧牛）和小麦种植业进行讨论和分析。其中灌溉农业包括灌溉种植业，也部分涉及灌溉方式种植牧草的农业实践。笔者认为，这三个农业生产部门在澳大利亚农业发展史上至关重要且极具代表性。其中，牧羊业奠定了澳大利亚的立国之基，小麦种植是澳大利亚农业经济得以独立自持的关键。作为全球最干旱区域发生的农业开垦进程的重要组成部分，前两者都不同程度地体现了殖民时代的澳大利亚人对自然的认知、利用与改造，以及自然本身对殖民农业形态的塑造与制约。而灌溉农业系统的发展则最大限度地展现了殖民时代企图改天换地的澳大利亚人与自然之间的纠葛。从环境史的角度看三者对生态资源的需求也有很大差异，因此这三个样本可以比较好地体现澳大利亚农业的多样化发展。

　　本书所涉及的时段内，澳大利亚仍是由数个隶属英国且相互独立的殖民地构成的澳洲，并非现代民族国家意义上的澳大利亚，但是为了叙述的方便和统一，文中均使用"澳大利亚"一词。本书选取了澳大利亚农业发展历程中的片段——1788年至1901年进行研究，这是澳大利亚近代农业的起步阶段。起点定于1788年的原因在于：尽管大规模的农业开垦始于19世纪30年代，但是促成农业发生以及农业系统最终形成的自然、经济、知识基础却是从殖民伊始就奠定的。而在具体写作的过程中，课题将会将时间延伸至1788年前，交代长时段与大尺度的环境变化对殖民伊始自然与历史的塑造。选取1901年为终止节点的原因在于：澳大利亚联邦成立于1901年，此间澳大利亚的农业发展具有较强的完整性和延续性。另外，由于1910年《北领地接管法案》颁布后，联邦政府才开始全面接管北领地的农业开发和管理，所以部分章节会延伸至1910年前后。

本书所涉及的空间主要集中于澳大利亚东部的新南威尔士、维多利亚、塔斯马尼亚、南澳大利亚、昆士兰殖民地。西澳大利亚殖民地的自然条件与历史发展与东部有较大差异。文章不作涉及。

除去引文等特殊情况外，为了统一，行文中涉及的英制计量单位均已换算为公制计量单位，计算时四舍五入，不保留小数点。

六　研究方法与资料使用

本书基本的研究方法是历史叙事和档案研究，展现农业发展进程中复杂的故事和多元的关联。在探讨环境认知、灌溉进步叙事等问题时，将辅之以话语分析和文本分析的方法。此外，本书还将适当借鉴历史地理学、生态学理论，综合运用气象学、农学、经济学等学科的知识，使其同史学实证分析相补充。

本书的资料来源主要有四个方面：1. 档案类资料：19世纪中后期到20世纪初，维多利亚、新南威尔士、南澳大利亚、昆士兰等殖民地立法、议会文件、统计资料。这些材料包括殖民地政府对于农业问题的政策制度、可行性调查与议会辩论等。其中，因由用水、节水以及灌溉等问题，各殖民地均成立过数个皇家委员会（例如，新南威尔士与维多利亚的皇家水资源供应委员会）。这类委员会的民间调查记录、进度报告等资料比较具体地反映了殖民农业开展过程中政府决策、规划内容及其考量依据。2. 殖民时期的游记、日记、信件、自传类资料：殖民地的军官、探险家、医生、农牧民留下了大量的日记和书信资料。其中有大量的内容反映了他们在澳大利亚的见闻、生活经历及其对于澳大利亚环境的认识。特别重要的有，探险家内陆考察过程中对当地景观和气候的描述和认知，与土著居民社会的初遇和交往，农牧民群体对东部天气、生态环境的长期记录。19世纪80年代之前澳大利亚官方还没有系统的气象数据记录，这些资料成为重建澳大利亚殖民时代气候变化数据的重要参照。3. 报纸、媒体和网络资料。这部分资料补充了官方与民间档案记载的不足。其中比较重要的有 Trove、《悉尼晨锋报》《阿尔古斯》《新南威尔士农业公报》等报纸与电子期刊数据库。4. 本书也从后人的相关研究著述、论文中梳理出材料。此处不再赘述。

七 章节安排

除去绪论外，本书分为四篇：第一篇由三章构成，呈现影响了澳大利亚殖民农业开展的生态基础与早期殖民者的环境认知。其中第一章将澳大利亚独特的自然环境的形成置于长时段与大尺度的环境变迁中来梳理，总结气候变迁、海平面变化、土著到来与澳大利亚早期生态环境之间的关联。第二章讲述土著居民借助点火棒的生态实践活动及其对澳大利亚景观的全面改造，这种改造无意间为后来欧洲人的农耕铺平了道路。第三章提出英国殖民者参照英国本土和帝国殖民地的实践经验，基于澳大利亚当地的环境现实对于澳大利亚的气候、资源条件形成殖民时代的"干旱说"，这种环境知识与殖民权力两位一体，助力了此后的农业开拓。

第二篇下设三章，讲述畜牧业和小麦种植业的发展，以及与之密切相关的殖民时代气候知识的积累、气象科学的争鸣。第四章关注畜牧业对于干旱与旱灾的应对，以及畜牧业扩张过程中造成的景观变迁和土著社会的分崩离析。第五章关注小麦种植业的建立，相较同时期的灌溉农业，小麦种植是经济上更加成功的农业耕作方式。麦农并不期冀改造澳大利亚内陆的天气与水土条件，而是通过科学农业的手段无限延展麦地的空间。尽管农业科学的发展未能左右短视的内陆开发政策，但是激发了最早的水土保持思想。第六章关注殖民地民间气象知识的积累与气候科学的萌发。其中，气候周期论是殖民地诞生的全新环境知识，其中不仅蕴含着传统的民间生态智慧，而且逐渐发展成为现代气象学的重要理论工具，服务于农业生产。但是，建立在不完备的数据回溯基础上的气候周期论，尚未能通过科学团体的内部检验。

第三篇下设三章，讨论以征服干旱为主要特征的灌溉农业的发展以及与之相关的知识网络、话语体系。其中第七章按照时间顺序梳理了殖民初期、拓荒时代、托拉斯管理时期与地下水发现后灌溉农业的扩张史。第八章将澳大利亚灌溉农业发展置于19世纪跨洋互动中，呈现以印度、美国、澳大利亚为重要节点，以工程师、科技官员和科研工作者的交流派驻，灌溉工程知识和土壤科学研究的成果传播为主要内容的灌溉知识交往网络。第九章通过梳理澳大利亚灌溉叙事变化的过程，展示社会经济发展历程中的重要事件、生态环境、种族文化、学术研究的推进等因素是如何共同促成灌溉叙事呈现的对立立场的。

最后第四篇将从水资源利用和经济效应两个角度对早期农业种植，尤其是灌溉农业的推行进行反思，进而解析科学农业的进步叙述并对土著居民的农业和华人的用水实践进行重新梳理。

综上，从环境史角度重建史实的层次上：课题首先探讨长时段的生态遗产是怎样形塑澳大利亚殖民农业史的（第一章、第二章），以及旧大陆的知识经验是怎样被复制到澳大利亚，并在全新的生态条件下被改造成为具有殖民权威的环境认知，继而反作用于农业生产实践的（第三章）；然后发掘澳大利亚农业系统建立过程中本土环境、殖民科学、世界市场等多个因素之间的互动，并揭示农业发展引发的生态变迁以及环境治理与殖民地发展、国家成长之间的复杂联系（第四章、第五章、第七章、第八章）；最后重建澳大利亚农业发展史上的种族关系，对土著和华人的生态实践在澳大利亚农业发展史上的遭遇和贡献给予更客观的评价（第十章部分小节）。

对环境认知进行文化分析的层次上：首先解析殖民地特殊自然和社会环境中新认知的产生，这是农业发展史的认知基础（第三章）；继而探索在此基础上产生的话语体系，这一体系由两部分组成：第一，在三个重要农业产业部门的扩张中诞生的，以发展、进步和科学为关键词的叙事；第二，围绕有色族裔的生态实践产生的，以退化、污名化为关键词的叙事（第六章、第九章部分小节）。

第一篇

澳大利亚的自然环境与早期殖民者的环境认知

第 一 章

气候变迁与 1788 年的澳大利亚

对于当代的亚洲人和世界上绝大多数的居民来说，澳大利亚是躲在南半球角落里的巨大岛屿。而以地球演进的时间尺度来看，就在不远的过去，澳大利亚和澳大利亚人是亚欧大陆的重要组成部分，而稍后渐行渐远的进程中亦曾与亚洲世界密切联系。最近数万年间气候变迁，潮涨潮落之间，澳大利亚才真正走出亚洲：先是澳大利亚土著祖先向东第一次穿越华莱士线①屏障的航程，而后迅猛的海水彻底将澳大利亚、新几内亚与亚洲隔离开来。在澳大利亚人身后是即将发生农业革命的旧世界。而澳大利亚人也开始手持火把在新大陆披荆斩棘，为 1788 年登陆的后来者的田园生活铺平道路。任何地区的自然环境都会对当地农业的发展类型和发展进程形成制约。在澳大利亚，当地的气候、地形、植被和土壤情况塑造了土著居民采集狩猎的生产生活方式，也影响了 18 世纪末期以来英国人开展欧式农业耕作的努力。

一 气候的变化与土著居民的到来

不同于人类踏上欧亚和美洲大陆的迁徙征程，澳大利亚土著的祖先

---

① 这条线得名于它最初的发现者英国博物学家阿尔弗雷德·华莱士。从 19 世纪末至 20 世纪初，生物地理学者一直尝试划出一条明确的界线来区分亚洲与大洋洲的生物地理线，许多学者在华莱士线的基础上进行修正，如韦伯线（WEBER'S LINE）、莱德克线（LYDEKKER'S LINE）和赫胥黎线（HUXLEY'S LINE）等，但是华莱士作为先驱的地位无法动摇。20 世纪以来，这些界线的提出甚至极大地影响过大洋洲与亚洲洲际界的划分，近来地质学家认为，这些界线的缺陷在于破坏了马来群岛和密克罗尼西亚群岛的完整性，主张沿岩石圈板块分界线标注亚、大洋洲的两洲分界线。

是渡海而来的，他们是人类历史上第一波横渡海洋并发现宜居地的人。这些人是何时到达澳大利亚的呢？殖民时期这一谜题悬而未决。20世纪60年代以来，随着澳大利亚史前考古研究的推进，早期人类到来的时间纪录不断被刷新。① 1968年，在澳大利亚墨累－达令盆地西南部已经干涸的蒙戈湖畔，考古学家发现了一位年轻女性的火葬颅骨遗骸。骨骼的放射性碳测定距今26000—20000年前，这里也成为澳大利亚早期的古人类遗址之一。距蒙戈湖西南方向100千米即澳大利亚最长的两条河流墨累河和达令河的交汇处，但蒙戈湖宽阔的湖床边缘则是绵延数十千米的沙丘，景色壮阔而荒凉，每当西风吹来时，昔日的"湖面"则泛起沙砾和灰尘。②

但这位女性生活的时期，这里的气候则大不相同，那时的夏天比现在凉爽，冬夜更为寒冷；每年的降雨量比现在更高，湖泊的流域面积也更大。蒙戈湖是沙漠边缘的绿洲，是曾经存在于此的一系列干涸湖泊中的一个，在支流雨水丰沛或东部高地融雪时的少数时节，溢出的水向南流动补充到下一个湖泊，这些姐妹湖泊就会彼此相遇，然后奔向墨累河与达令河。溢流对于沿岸生态至关重要，因为它冲走了河流中的盐分，从而支撑了沿岸的淡水鱼、树和灌木的生长。而不远处就是浩瀚的澳大利亚内陆沙漠，沙漠的边缘可至塔斯马尼亚的东北部，几千年来的飓风塑造了蔓延的沙丘，不断侵蚀着绿洲，植被覆盖稀疏而破碎。气候的不断变化是蒙戈湖畔沧海桑田的终极动力。在更早时候，蒙戈湖畔又是另一番景象：土著居民经常在湖边安营扎寨，考古学家从他们饱餐后的"厨余垃圾"遗迹中拼凑出了当时人的狩猎和饮食习惯：平日里土著们会在浅滩附近的泥泞中采集淡水贝类，深冬时节他们会袭击巨型鸸鹋的巢穴，目标不是鸸鹋而是蓝绿色的鸸鹋蛋。他们还会捕获袋鼠、鼻袋熊等

---

① 1960年，墨尔本大学的考古学家约翰·穆尔瓦尼（John Mulvaney）在南澳大利亚曼努姆（Mannum）附近发现了三千多年前土著在河边居住的洞穴遗址。随后昆士兰中部的肯尼夫洞穴的发掘，土著在澳大利亚生活的时间又向前推进了1万年。1968年，古人类学家吉姆·鲍尔（Jim Bowler）在蒙戈湖发现的火化遗址和遗骸表明澳大利亚的人类历史比之前设想的更长。

② Jim Bowler, "Pleistocene Salinities and Climatic Change", in John Mulvaney and Jack Golson, eds., *Aboriginal Man and Environment in Australia*, Canberra: Australian National University Press, 1971, p. 59.

小型动物。当地的食物化石遗迹显示：土著捕获的金鲈重达约 15 公斤。当数万年后，第一批白人来到该地区时，金鲈、鸸鹋蛋和小型有袋哺乳动物仍旧是这里沿岸土著居民饮食的重要组成部分。[1]

大约 20000 年前开始，气候愈发干燥，湖泊的溢流减弱了，随后的几个世纪中，湖泊变得更浅，淡水中贻贝死亡，灯心草覆盖的湖床枯萎了，水鸟迁徙到了远方的沼泽和河流，除非发生罕见的洪水，否则一去不返，而郁郁葱葱的青草香味也被刺鼻的灰尘味所取代。这一过程持续至距今 15000 年前，湖泊彻底干化，这里也成为人迹罕至的荒漠——蒙戈湖畔的沧海桑田只是澳大利亚历史的缩影。

土著人的到来恰与气候巨变密切相关：约 26000 年至 18000 年前地球正处于更新世末漫长的冰川期。在冰川期的鼎盛时代，全球有四分之一的土地为冰雪所覆盖。此时两极附近的冰变厚了，北冰洋的冰山向南漂移到了遥远的温带地区，最远可至亚速尔群岛一带。而在地球的另一端，冰山经常漂浮到新西兰南部海岸，也许澳大利亚的土著偶尔也曾在塔斯马尼亚海岸目睹过。这些冰山最终在这里消融，进而导致海水温度的下降。海水温度的降低会直接导致海平面的降低。随着地球最北端和最南端的冰盖越来越厚，海洋开始萎缩。在最近的冰期中，海平面比今天低了约 130 米。由于各地大陆架的升降各异，以及潮汐的局地影响，很难对海平面的平均值进行笼统的概括。[2] 但有压倒性的证据表明，那时全球海洋的海平面都出现了较低的情形。这就意味着，大约 20000 年前，澳大利亚曾被海浪拍打过的海滩现在已经淹没在海平面之下，而现在所有的海滩在当时都是远离海岸的。尽管确切的时间和地点未知，澳大利亚的土著很可能正是在海平面较低的时候自东南亚渡海而来的。那时亚洲的东南海岸更靠近澳大利亚，海峡和岛屿之间的距离远不及今天这样的遥远，

---

[1] J. M. Bowler, Rhys Jones, Harry Allen and A. G. Thorne, "Pleistocene Human Remains from Australia", *World Archaeology*, Vol. 2, No. 2 (June 1970), pp. 39 – 60; B. Costin, "Vegetation, Soils and Climate", in D. J. Mulvaney and J. Golson, eds., *Aboriginal Man and Environment in Australia*, Canberra: Australian National University Press, 1971, pp. 35 – 37.

[2] D. B. Ericson and G. Wollin, *The Ever-Changing Sea*, New York: Alfred A. Knopf, 1971, p. 199.

但渡海航行必然也是乘风破浪的探险之旅。①

土著民族向澳大利亚的迁移是世界历史上的重大事件。在他们迁徙的时候，爪哇岛和苏门答腊岛可能仍然是亚洲大陆的一部分，当地的居民可以在陆地上步行到中国，而巴厘岛也不是一个岛屿。然而从巴厘岛开始，地球的板块构造和海洋地理发生剧变，海床猛烈地向东倾斜，导致龙目海峡的海水非常深。巴厘岛和龙目岛之间的这条海峡标志着生物地理学的界线——华莱士线。华莱士线大致划分了亚洲和大洋洲的生物圈。东西两侧的生物迥异：啄木鸟和画眉鸟是巴厘岛山脉的常客，龙目岛则栖居着凤头鹦鹉和吸蜜鸟，巴厘岛上的大量动物在龙目岛上都很少见。对于澳大利亚来说更重要的是，数百万年来海洋成为阻止大型猛兽向澳大利亚迁徙的障碍，这条线东侧的有袋动物免受老虎和其他在亚洲繁衍生息的大型食肉动物的侵害。这条线从巴厘岛和婆罗洲朝东北部延展的另一侧就是苏拉威西岛和菲律宾，这段地图上看起来狭长的海域是进入澳大利亚的先民必须穿越的第一关。

二 海平面的上升与远隔重洋

土著先民初到后的很长一段时间内，新几内亚和澳大利亚共属同一片大陆，而且澳大利亚版图比现在要大不少。畅想一下，20000年前蒙戈湖畔居住的男男女女向南行走可以一直旅行到塔斯马尼亚，向北行走兴许可以到达现在的新几内亚。当时的托雷斯海峡和大堡礁还是旱地，现在的卡彭塔利亚湾还是一个内泊，主要河流的河口也都远离海洋。②

约18000年前，巨变再次发生：海平面开始持续上升，新几内亚和澳大利亚开始分开。海水首先淹没了澳大利亚北部和西北部的大片地区，在这一过程中卡彭塔利亚湾形成。澳大利亚西北部沿海平原的坡度缓，海水侵蚀速度更快。一些土著家园快速沼泽化，从草原成为浅咸水滩的

---

① William T. Burroughs, *Climate Change in Prehistory: The End of the Reign of Chaos*, Cambridge: Cambridge University Press, 2005.

② J. N. Jennings, "Sea Level Change and Land Links", in D. J. Mulvaney and J. Golson, eds., *Aboriginal Man and Environment in Australia*, Canberra: Australian National University Press, 1971, pp. 3–6.

变化可能在一年之间就能发生。与此同时,帝汶岛也稍远离澳大利亚。根据帝汶海底沉积物的研究,在海洋前进的高峰时期,那里的海岸线以每年5000米的速度向前推进。① 在此后的10000年间,海平面的平均上升幅度大约为每百年两米。8000年前,托雷斯海峡仍旧不是天堑,两岸的居民可以在低潮时往返新几内亚和澳大利亚之间。大约7000年前,海平面停止了上升。后来举世闻名的大堡礁也开始在新几内亚至昆士兰海域孕育。

在澳大利亚大陆的南方,连接塔斯马尼亚和维多利亚两地低洼的陆桥因海水入侵而逐渐变窄,大约15000年前,国王岛和奥特韦角(Cape Otway)之间的土地也被洪水淹没。在涨潮与暴风雨时,长期生活在这里的老人应该就会想起这片海水逐浪的滩涂在他们孩提时还是草场。大约13000年前,海水涌入冲刷着连接弗林德斯岛和威尔逊海角(Wilson Promontory)的陆地边缘。② 弗林德斯岛上的遗迹表明6000年前这里仍旧是土著居民的家园。巴斯海峡(Bass Strait)正在成长中,距离西袋鼠岛约500海里的地方仍然与南澳大利亚的大陆相连,尚未演变成现在的细长形状。最终,太平洋和南印度洋的水域汇合在一起形成巴斯海峡,海峡起初可能也并没有阻止塔斯马尼亚岛和大陆之间的人类接触,在海峡最初形成的几百年内,小独木舟和木筏可在平静的天气或低潮时横渡。这样的航行随着时间的推移变得越来越危险。海峡不断变宽,山脉成为岛屿。

气候的变化对澳大利亚各地产生了并非均质的影响:内陆降雨减少,夏季的气温略有上升,但仍然非常凉爽,强劲的西风带着沙尘横扫过境,维多利亚和南澳大利亚的核心地带成为沙漠,蒙戈湖和姐妹湖泊也在此时逐渐停止流动,大陆西部和西北部的沙漠也开始蠢蠢欲动的扩张。夏季澳大利亚的阿尔卑斯山③不再有被冰雪覆盖,也无融雪的水流去补给墨累河。这是一种奇异的现象:当海洋向内陆移动时,内陆沙漠的沙丘也

---

① J. N. Jennings, "Sea Level Change and Land Links", pp. 3–6.
② 现在威尔逊海角已是澳大利亚大陆的最南端。
③ 即Australian Alps,澳大利亚大陆最高山脉。位于澳大利亚东南角,是大分水岭的一部分,跨维多利亚和新南威尔士两州。

在向外扩张，似乎在迎接彼此，两股力量共同塑造了现在澳大利亚的基础地貌。

陆地上的高温与海平面的上升也改变了澳大利亚的植物群落。大约8000年前，平均气温已和今天不相上下。最寒冷的地方也变得宜居，沿海天气更加湿润，尽管这不是一个永久性的变化。在昆士兰北部的阿瑟顿高原，降雨量激增，更加开阔的景观慢慢被茂密的雨林所取代。当第一批土著人到来时，桉树并不常见，相反，热带雨林占据主导地位，遮天蔽日挤占了桉树的生存空间。南洋杉也曾经分布广泛，也因气候的变化于24000年左右消失。18000年前，桉树开始以惊人的速度开始了它的快速征服，10000年以来，桉树几乎统治了澳大利亚大陆和托雷斯海峡，并延伸至新几内亚。桉树的胜利在很大程度上要归功于长期的全球变暖。一方面，炎热干燥的气候助力了桉树的迅速扩张，因为桉树树叶有利于保持水分，伞形结构又避免了树冠过热。[①] 此外，天然火灾和土著的烧荒则帮助桉树消灭了的竞争对手。在植物的全球扩张中，还没有任何一棵树能如此绝对地主宰一整片大陆。一万年以后，首次到来的欧洲人将在登陆的第一秒就嗅到空气中弥散的清冽气味。

海水最终淹没了大约七分之一的澳大利亚版图。当大片的沿海地区沉入海底，生活在海岸上的大多数族群肯定慢慢失去了他们的家园，被迫内迁。这是澳大利亚大陆迎来的第二次人口迁徙。更重要的是，澳大利亚大陆作为一个整体开始偏安一隅。无论这些澳大利亚先民的日子是怡然自得还是捉襟见肘，这样的生活潜存着天然的"缺陷"。数万年以来他们被隔绝在地球的角落里。而外面的世界，尤其是亚欧大陆却在其间发生翻天覆地的变化：农业革命引领了以农作物生产、牲畜的饲养为基础的定居新生活，发展出不再专事农业的技术工匠，强大的军队和权倾一世、控制着大片领土的统治者。这种文明形式越来越主导着欧亚大陆的大部分地区，自大航海时代以来，欧洲人更是为这种文明注入了物质主义与扩张主义的元素，当1788年，英国殖民者与澳大利亚土著相遇之时，英国人已然成为这种文明的领导者，这两种生活的对抗对于后者来

---

① Rhys Jones, "Emerging Picture of Pleistocene Australians", in *Nature*, Vol. 246 (1973), p. 281.

说无异于降维打击。

三 1788年澳大利亚的气候与动植物

澳大利亚地处南半球中纬度地带，大部分地区处于热带、亚热带，只有大陆南缘和塔斯马尼亚岛属于温带气候。澳大利亚大陆从北部热带地区到南部高纬度地区的距离为3520公里，从东到西为4352公里。大部分地区是干旱贫瘠的平原，山区的大量降水流入东部沿海，再汇入太平洋。全境95%的地方海拔都在600米以下，地势平坦。由于副热带高压系统的活动，在一年之中有明显的季节性差异，形成不同的气候类型。北部夏季降雨，东部沿海地区全年雨量分配均匀，南部和西南部则为冬雨型。在澳大利亚，大约有50%以上的大陆面积降雨低于300毫米，气候较为干燥。近来科学家发现了厄尔尼诺、南方涛动等异常气候现象与澳大利亚历史时期以来的降雨、温度变化之间的联系。[1]

华莱士线意味着澳大利亚在地理学意义上与世隔绝，但在地质学意义上状态稳定。澳大利亚土著居民的生产发展完全依赖于本地的植物和动物，生产能力更多地依赖当地的物质环境。控制澳大利亚本土物种最重要的因素是湿度。湿度影响了大陆上大部分地区的物种类型、大小和种群密度。只有在相对独立的高纬度地区，比如大陆的东南部高地和塔斯马尼亚岛西部，较低的温度才开始发挥作用。海拔1700米以上的土地经常被石块和苔藓覆盖，海拔1500—1600米旱区主要的植被是雪胶。东部雪线下高地湿润区是密林（closed forest）。大陆作物生长季在5个月以上的地区主要被各类桉树所覆盖，从高达100米的山榉到只有2米的小油桉。在湿润区桉树形成了30—60米高的疏林（open forest）。[2] 进入内陆干旱区，疏林逐渐被萨凡纳稀树林（open woodland）接替，这里的桉树林高度为10—30米。在澳大利亚南方稀疏丛林被小油桉灌木林接替。越

---

[1] Don Garden, *Droughts, Floods and Cyclones: El Niños that Shaped our Colonial Past*, Melbourne: Australian Scholarly Publishing, 2009, pp. 56–59.

[2] R. L. Specht, "Vegetation", in Geoffrey W. Leeper eds., *The Australian Environment*, Parkville: Melbourne University Press, 1970, pp. 51–54.

往内陆深入，干旱程度增加，依次出现的植被带为草本盐灌木林，稀树荒地和沙漠。北方的植被更替也类似，只不过北部没有小油桉灌木林（Mallee），接替萨凡纳稀树林的是金合欢林和岩蕨。在新南威尔士的北部平原，昆士兰的中部以及维多利亚西部的部分地区，土壤条件也对植被的分布产生了影响，尽管当地的作物生长期超过5个月，当地干裂的黏土不适宜任何树木的生长，主要植被是澳大利亚原生草类。①

尽管澳大利亚当地植被中有很多被土著居民食用，但是很有趣的是欧洲人只采用和培育了其中一种——夏威夷果。这与欧洲人在美洲的经历大相径庭。桉树通常会被用作燃料，成材的桉树和桉树皮是建造船只和房屋的绝佳材料。② 缺点在于，像赤桉、山榉这样的硬木比北半球的软木难锯很多。和北美松树被作为桅杆原材料大量出口欧洲不一样，欧洲始终没有出现对于桉树林的需求。唯一的例外是澳大利亚红柏，欧洲人来到澳大利亚后不久就出口红柏到英国用于家具生产，红柏在短短60年内几乎被砍伐殆尽。

桉树林所在区域的殖民并非一帆风顺，桉树是非常难砍伐的，即使是在贫瘠的土壤中，只要有充分的湿度，它的平均高度也可达40米，地下根系也极度庞杂。对于18世纪末和19世纪初主要依靠马和牛等畜力的农民来说，清理难度无疑是很高的。截至19世纪中期，仍然有大面积的茂密的小油桉树和金合欢林存在。直到19世纪末20世纪初采用了新的砍伐方法和设备，植被清理的速度才加快。

澳大利亚疏林和灌木林草地能够提供的草料是非常有限的。萨凡纳疏林地带可以用于放牧，但是饲养一头牛需1.3公顷的草场。③ 当地的袋鼠草不适合用于放牧，啃食后无法恢复，而且产量也远低于欧洲进口的草种。在最佳的土壤和湿度条件下，每饲养一头牛需要0.4公顷的草场。澳大利亚当地的草种可以安然度过南方干旱的夏季和北方干旱的冬季。因为这些多年生的深根草类，在旱季茎叶会枯萎，但根部依然存活，一

---

① R. L. Specht, "Vegetation", pp. 58–59.
② J. O. Balfour, *A Sketch of New South Wales*, London: Elder Smith, 1845, p. 90.
③ C. P. Hudgson, *Reminiscences of Australia with Hints on the Squatter's Life*, London: Wright, 1846, p. 51.

旦气候适宜根部就会重新发芽。对于植被本身来说，这是绝佳的自我保护机制，但是这对于牧场来说意味着牲畜在旱季将面临草类纤维过量而营养不足。澳大利亚内陆地带是大面积的含盐灌木（saltbush），这里可以为养羊提供很好的干草料，但同样也不适合放牧。这里很快被承载力为每公顷一只羊的英国草种取代。

　　澳大利亚本地的脊椎动物包括 119 种有袋哺乳动物，2 种单孔动物，50 种啮齿目动物，390 多种爬行动物，50 多种蝙蝠，70 多种鸟类和 161 种淡水鱼。[1] 周围的海域中还有鲸鱼、海豚和多种海豹。大部分有袋哺乳动物为澳大利亚独有，大到身高 2 米的袋鼠，小到身长数寸的袋鼩，它们大部分都是食草动物，靠吃草和吃树叶为生。2 种单孔动物针鼹鼠和鸭嘴兽亦是澳大利亚独有的物种。澳大利亚独有的鸟类是鸸鹋，种群数量最大的是各类鹦鹉。除去澳大利亚野狗外，这些动物都是土著居民重要的食物来源。现代的生物学家认为野狗并非土著居民带来的，进入时间恰紧随土著居民之后。当地所有动物中没有适合驯化成为畜力的物种。有袋哺乳动物也无法在可控条件下成为可牧家畜。所以大量有袋哺乳动物的存在成为阻止土著居民成为"牧民"的障碍，更无法发展出复杂的农业系统。

　　对于欧洲殖民者来说，这里的动物显得更加没有利用价值。与北美殖民初期寒带动物皮毛贸易成为获利颇丰的第一桶金不同，澳大利亚动物的兽皮价值很低。有袋哺乳动物、鱼类、鸟类的肉可以食用，但是鉴于只有通过猎取才能获得，因此这些物种一直都没有成为欧洲人的主要食物来源。食草的有袋哺乳动物与欧洲人引入的家禽家畜之间存在强烈竞争，并且会吃食庄稼。在殖民早期羊群成为澳大利亚野狗的攻击对象，欧洲人不得不在夜晚将羊群赶进羊栏。因此和澳大利亚当地的植被一样，当地的动物也"阻碍"了殖民的进程。唯一例外的是澳大利亚南部海域大量的鲸鱼、海豚和海豹。18 世纪的欧洲人已经深谙此类海洋生物的捕捉技术。此时欧洲还依靠蜡烛获取光明，这些动物的脂肪是绝佳的制烛原料。[2]

---

[1] B. V. Fennessy, "Native Fanna", in Geoffrey W. Leeper eds., *The Australian Environment*, Parkville: Melbourne University Press, 1970, pp. 152–163.

[2] William J. Dakin, *Whalemen Adventure*, Sydney: Angus and Robertson, 1963, pp. 14–110.

澳大利亚只有极少量的肥沃土地，可以维持多年的持续耕种，这些土地主要分布在河漫滩，定期的洪水保证了不断的养分积累，其次是热带雨林中有机质含量较高的小块沃地，这类土壤形成通常需要数年，还有金合欢林和稀树草原中有机质含量较高的土壤，这类土壤的形成需要数个世纪的沉积。但是这部分土地主要分布在新南威尔士北部、昆士兰南部和维多利亚的西北部，这些地区的降雨相对较低而且不够稳定。[①] 沿海地区多雨的桉树林地土壤水土流失比较厉害，经过2—3年的耕种后产量开始下降。萨凡纳稀疏林和小油桉林的上层沙壤肥力比前者稍高，但是在不追肥的情况下，这些土壤也只能维持4—5年的作物种植。而且上述所有土壤都缺少磷元素，小油桉林的上层沙壤还缺少钼、锌、铜等微量元素。欧洲人在澳大利亚的垦殖开始于18世纪末，此时人类还没有发明化学肥料。英国人引进了豆科作物进行轮耕帮助土壤中的氮元素恢复，但是英国人种植的白苜蓿需要在生长期超过9个月的地区才能生长，澳大利亚境内大部分土地都不具备这样的条件。正是在这样的情况下，土壤条件决定了澳大利亚早期垦殖的地点选择。持续性的耕种只能在河漫滩实现，密林地的植被清除后可以维持10—15年的作物种植。本文第六章将专门更深入讨论澳大利亚的土壤类型与农牧业的关系。

从这个意义上来说，欧洲移民更幸运，他们可以从旧大陆引进大量的外来物种，也掌握比土著居民强大和复杂许多的技术对环境进行更大范围和更深程度的改变。但在开展农业生产后不久，欧洲人就发现他们所进行的环境改造极大地受限于澳大利亚干燥的环境。要对外来农业物种进行成功培育的前提是进行灌溉，这要求大量的劳力和资金投入。而且种植外来物种的前提是对本土植被进行清理，这项工作也要求大量的资金与劳力投入。在经历一段时期的试验与失败，欧洲人终于在澳大利亚各殖民地内建立起了独特的农业系统。简而言之，最初在澳大利亚种植的品种是由欧洲市场决定的，种植区域的选择和使用的技术类型则是由大陆的自然和经济环境决定的。

---

① Geoffrey W. Leeper, "Soils", in Geoffrey W. Leeper eds., *The Australian Environment*, Parkville: Melbourne University Press, 1970, pp. 22 - 24.

第 二 章

土著的火把及其对
澳大利亚景观的改造

现代的考古学表明，土著人可能早在45000多年前就已经生活在大陆的西南和东南部，但他们在穿越大陆缓慢向南的跋涉中度过了多少个世纪，仍然是个谜，干旱或人口过剩很可能是他们不断占领新地区的原因。即使以现代农林学的标准，任何需要在澳大利亚乡间安顿的家庭都需要大片的土地。而土著人不蓄养牲口，不进行园艺种植，也很少囤积食物。他们最初是以漫游的形式在广阔的土地上寻找食物的[1]，并在此过程中找到了一件神奇的农具：火把。

一 新大陆的漫游者

在欧洲人1788年到达澳大利亚时，生活在这里的土著居民有25万—30万人，分处于500多个部落[2]，遍布在大陆各地，他们的生活环境不尽相同，大多数生活在东南部的海滨、河岸、林地，少部分居住在中部的沙漠以及西部北部沿海，部落的边界通常随山川形变。土著部落的分布与今天澳大利亚人口的地理分布高度相似：沙漠中的部落面积很大，可至数万平方千米。而在水源充足地，部落面积较小，墨累河沿岸的部落

---

[1] Norman B. Tindale, *Aboriginal Tribes of Australia: Their Terrain, Environmental Controls, Distribution, Limits and Proper Names*, Canberra: Australia National University, 1974, p. 11.

[2] Norman B. Tindale, *Aboriginal Tribes of Australia: Their Terrain, Environmental Controls, Distribution, Limits and Proper Names*, p. 24.

分布最为紧凑，其中占地面积最大的部落位于泰勒姆本德（Tailem Bend）和维多利亚马里（Victorian Mallee）之间的干旱地区。人口较多的部落有2000多人，人口最少的部落可能只有100人。每个部落都有各自的领地、历史和文化。① 每个小族群与部落都会说自己独特的语言或者方言，一些部落甚至拥有几种方言。根据语言学家和人类学家的考证，澳大利亚北部和西部的许多方言中的一些独特词汇甚至是在不超过10人的群体内流通的。②

在一个典型的部落中，只有在宗教仪式或者贸易时，部落的成员才会相聚，而召集所有成员的集体聚会是很少的。土著居民一生中的大部分时间是在小家庭中度过的，他们在各自的部落领地内以几个家族为小群体生活或者迁移，范围在几千平方千米到数百平方千米之间。季节变化也会影响族群的规模，干旱时节群体规模通常较小，而雨季来临食物丰富时，群体规模将变大，有时多达100人会在一个地方驻扎长达两个月。③

和几乎所有前现代的游牧生活一样，迁徙是为了食物，食物补给是为了接下来的迁徙。集体迁徙的节律同时受制于季节的变化和宗教礼仪的约束。迁徙路径与天气，植物食物的成熟，鸟类和爬行动物、昆虫和有袋动物的繁殖、迁徙习惯之间存在密切的关系。这样的食物寻觅之旅不是漫无目的，而是建立在他们对这片土地及其气候的熟悉和了解上的。他们使用相似的工具，如经过精心打磨成型的石制榔头、刀具、刮器和斧头以及木制的矛、掘棍等。他们每到一处，就会探索当地可食用的植物，观察鱼类、鸟类和哺乳动物的习性，用并不强大的工具发掘采石场

---

① J. Golson, "Australian Aboriginal Food Plants", in D. J. Mulvaney and J. Golson, eds., *Aboriginal Man and Environment in Australia*, Canberra: Australian National University Press, 1971, pp. 196 – 209.

② D. T. Tryon, "Linguistic Evidence and Aboriginal Origins", in D. J. Mulvaney and J. Golson, eds., *Aboriginal Man and Environment in Australia*, Canberra: Australian National University Press, 1971, pp. 350 – 352.

③ A. Capell, "Aboriginal Languages in the South Central Coast, New South Wales: Fresh Discoveries", *Oceania*, Vol. 41, No. 5 (June 1971), pp. 22 – 24; J. L. Kohen and Ronald Lampert, "Hunters and Fishers in the Sydney Region", in D. J. Mulvaney and J. Peter White, eds., *Australians to 1788*, Sydney: Fairfax, Syme, & Weldon Associates, 1987, p. 345.

和赭石矿，然后摸索出有序而高效的漫游生活之道。塔齐·斯特拉罗（Tech Stellaroll）从小就生活在阿兰达（Allande）部落，他在回忆祖先的生活时说："每一个当地部落要繁衍下去，都不得不熟悉所有植物的生长地和所有植物的栖息地，即便是最小岩洞所在位置和临时水源。"[①] 古力（Korri）族人会根据不同的季节到不同的地方捕采海龟、袋狸（bandicoot）、巨蜥（goana）、野鹅、野蜂蜜或山药。他们知道雨季之后小鸟群回归时，水仙花茎就可以食用了；当海上褐色的泡沫泛起的时候，在海滨就可以捕到幼鲨。他们还通过帮助那些季节性的访客搜集海参，换回布匹、铁器、玻璃和陶器。维多利亚殖民地阿尔卑斯山南麓的土著居民对何时爬上山采食波贡蛾了如指掌。[②] 昆士兰南部的部落确切地知道应该何时采摘广叶南洋杉坚果（araucaria）。生活在离河流较远的部落要找到食物和水的难度比较大。宾迪布（Bindibo）部落在极干旱的季节里能捉到青蛙，因为青蛙能够在地底下吸到水，并把水储存在其体内。沃比里（Wobbri）部落熟悉103种植物和138种动物的属性和用途。这些动植物可食用和治病，动物的腱用来做捕猎器具，羽毛用于宗教仪式，其他有用的部分可以制成工艺品。[③]

在这个世界上最干旱的大陆上，每个小集体中，女性负责合作采集植物性食物，她们与直系亲属分享一天收获的蔬菜、坚果和水果。借助于掘棍和丛林生存技能，妇女们还能获得山药、植物的根茎，做面包的野草籽以及小型的动物。男性负责一起捕鱼或狩猎，以及更考验耐力和速度的大型丛林狩猎或海洋捕猎。尽管他们潜步追踪的技术很高，但是也有落空的时候。在东南部沿海的秋冬季节，食物来源更仰仗女性。因此，在这些流动群体中，女性的角色至关重要。如果一个族群男性或者老年女性占比过高，那么他们将在食物采集中处于劣势，这个集体每天

[①] J. Allen and R. Jones, *Sunda and Sahul: Prehistoric Studies in Southeast Asia, Melanesia and Australia*, Sydney: Academic Press, 1977, p. 9.

[②] M. Archer, "Effects of Human on the Australian Vertebrate Fauna", in M. Archer and G. Clayton, eds., *Vertebrate Zoogeography-evolution in Austrasia Carlise*, West Australia: Hesperian Press, 1984, pp. 35–46.

[③] 参见 D. Benson and J. Howell, *Taken for Granted. The Bushland of Sydney and Its Buburbs*. Sydney: Kangaroo Press in Association with the Royal Botanic Gardens, 1990.

将需要花更长时间，步行更长距离维持温饱。殖民时代的人类学家也多从经济理性的角度去理解当地一夫多妻制度，当男性随着年老狩猎能力下降时，妻子的个数将决定这个集体会不会挨饿。①

正如中文使用"游牧""采集狩猎"这样的词汇来描绘土著居民的生活，英语中留给土著居民的词汇也是有限：游牧民（nomad）的使用最为广泛，另一种由来已久的说法是"猎人和采集者"（hunter and collector），前者体现的是他们不断游走居无定所的状态，后者描写的是他们获取食物的具体方式。但是将土著居民不加分别地贴上"游牧"的标签也掩盖了他们的独特性。尽管生活在澳大利亚的土著不是定居的农夫，但也照料和经营土地，他们最重要的工具不是锄头而是火把。在欧洲人到来之前，澳大利亚的土地已经被土著经营了数千年。

二　土著的火把与澳大利亚庄园

最初到访澳大利亚大陆东南部的欧洲人就已经注意到土著用火的频繁。1642年，受命于荷兰东印度公司寻找"丢失的南方大陆"②的探险家阿贝尔·塔斯曼（Abel Janszoon Tasman）"发现"塔斯马尼亚。③ 在登陆前，他便察觉塔斯马尼亚岛沿海漂浮着烟雾。船队的水手很快也发现，当地的很多树木的树干被严重烧毁，大片的土地也被火烤得很坚硬。④ 一个多世纪后，威廉·布莱（William Bligh）途经同一海岸寻找淡水和木材

---

① F. G. G. Rose, *The Traditional Mode of Production of the Australian Aborigines*, North Ryde: Angus & Robertson Publishers, 1987, pp. 174–176.

② "南方大陆"最早来源于古典时代的"对跖点"（antipodes）概念，认为地球上的南北半球的地理分布应该是大致对称的。进入大航海时代后，随着古老的地图以新的形式被绘制与出版，"南方大陆"的地理形象在地图中首次形成。从16世纪下半叶至17世纪下半叶，西班牙、荷兰率先对南太平洋发起探索。1567—1605年西班牙探险家发现了被视为"南方大陆边缘地带"的所罗门群岛与"圣灵南方之地"（La Austrialia del Espfritu Santo）新赫布里底群岛。1605年荷兰探险家威廉·杨松（Willem Janszoon）短暂地登陆澳大利亚沿海岛屿，1642年，荷兰探险家阿贝尔·塔斯曼"发现"了塔斯马尼亚岛、新西兰与澳大利亚大陆西海岸。参见褚书达《"南方大陆"想象与英国南太平洋事业的发端》，《全球史评论》（第18辑），2020年，第166—188页。

③ Andrew Sharp, *The Voyages of Abel Janszoon Tasman*, New York: Oxford University Press, 1968, p. 41.

④ Andrew Sharp, *The Voyages of Abel Janszoon Tasman*, p. 111.

时，也观察到夜间海岸上的火点，并意识到大火的破坏性："在旱季，干草和枯木迅速被点燃蔓延，危及所有不能忍受严重灼烧的东西。"[1] 于是，他卸下从好望角运来的李、桃、杏、苹果、葡萄藤、南瓜子和其他蔬菜，在塔斯马尼亚试种，想看看这些作物能否抵御大火。1770 年，库克船长在沿着澳大利亚的东部海岸线一路向北航行的时候，时常能够看到灌木丛中燃烧着的大火和悉尼蓝山上的浓烟。[2] 后来进入内陆的欧洲定居者也惊讶地发现，大片的土地被熏黑，树干、草地被烧焦，地表的石头也是黑的。但是在很长一段时间内，欧洲人并不知道燃火的缘由，他们很怀疑：这是居民发送的信号还是当地人正在制作一顿大餐，抑或闪电引起的火灾？[3]

欧洲人很快就发现，火是土著人生活方式的核心，几乎影响到每一项活动。火可以用于烧烤和蒸煮食物，澳大利亚的很多地方也有火葬的习俗，有些部落甚至用火在脸部烫出装饰性的伤痕，夜营地通常也会生火。从实用角度来看，在潮湿的热带地区，烟雾是最常用的驱虫剂。火焰还被用于驱赶蛇，在墨累河的部分地区，火烧过的灰烬被用于制作成一种膏药，涂抹在被蛇咬过的伤口上。如果营地没有柴火，土著妇女会在树根附近生火，把树干烧得通红，小心照看，直到树倒下。在土著制造长矛和斧头这样的工具时，也会使用火。土著知道各种各样的生火方法，最常见的方法是使用木制的标枪（woomera）与金合欢枯枝摩擦生火。金合欢木很容易纵向劈开，当一个人用脚牢牢地固定住劈开的金合欢木棍时，另一个人开始用标枪锋利的边缘来回摩擦，并使得金合欢木与紧邻的火种温度迅速上升，澳大利亚土著使用的火种通常是一撮干袋鼠粪或木粉。如果一切顺利的话，只需二三十秒，粪便开始冒烟。一旦粪便发红，只需轻轻放上几片干草叶，吹一口气，草就被点燃了。除了

---

[1] William Bligh, *A Voyage to the South Sea*, The Project Gutenberg EBook, 2005, p. 49. 参见 https://www.gutenberg.org/files/15411/15411-h/15411-h.htm, 2022 年 7 月访问。

[2] Joseph Banks, *Papers of Sir Joseph Banks and The Endeavour Journal of Joseph Banks*, Vol. 2, State Library of New South Wales, pp. 50 – 52.

[3] Arthur Philip, *The Voyage of Governor Phillip to Botany Bay*, The Project Gutenberg EBook, 2005, p. 25; S. Parkinson, *A Journal of a Voyage to the South Seas*, London: Richardson And Urquhart, 1773, pp. 133, 136, 138.

摩擦生火之外，土著居民也会使用燧石敲击铁矿发出火光，然后点燃干草、羽毛、剥落的树皮等较轻的火种。①

当然火不仅有助于制造工具，它本身就是斧头和长矛。火是土著技艺的核心，土著用火把塑造了澳大利亚。澳大利亚历史学家比尔·甘觅奇发现过这样两个问题：第一，1788年以来，澳大利亚的"相貌"发生了翻天覆地的变化。殖民早期的草场现在都已林木荫荫，原先没有林下灌木的疏林现在长满了密集的灌木丛。也就是说与现在相比，澳大利亚原来有更多的草、更多的疏林、较少的灌木和雨林。第二，当代澳大利亚雨林中有一种奇特的景色，雨林植被中间或夹杂着高大的桉树。这两种格格不入的物种融洽地出现在同一幅画面。环境保护主义者所关注的丛林大火、过度放牧等因素都不能对这个问题有完好的解释。比尔认为：土著常年的用火抑制了树木的生长。殖民者到来时，他们所见到的如荒野庄园般存在的新大陆恰恰是由土著居民系统的用火精心维护的。而欧洲殖民终结了土著用火，继而草地疏林被灌木林取代，所以土著用火的结束是澳大利亚景观改变的最直接原因。与之类似，如果没有足够的阳光，桉树幼苗是不能在雨林中生长的。桉树与雨林交杂的景观之所以得以出现，是因为桉树成长期间这里并没有雨林，因为火抑制了雨林的生长，停止用火后，雨林自然回归。②

根据古生物学家的考察，这种系统性燃火的历史仅数千年，在土著生活于澳大利亚的漫长时间里，这里都太过寒冷和干燥，大部分地区几乎没有通过燃烧控制植被的必要。③那么，在1788年之前的数千年里，土著是怎么样用火把塑造了澳大利亚的呢？火首先是捕猎的工具，点燃火把，烟熏火燎中栖息在树上的负鼠、地洞里的啮齿动物、灌木丛里的野猫就会逃窜，猎人伺机围猎追捕。土著有目的的焚烧也有助于袋鼠和其他土著猎人目标猎物的生长。殖民时代的探险家和牧羊人当时已经认

---

① G. Volger, "Making Fire by Percussion in Tasmania", in *Oceania*, Vol. 44, No. 3 (April 1973), p. 61.

② Bill Gammage, *The Biggest Estate on Earth: How Aborigines Made Australia*, Sydney: Allen & Unwin, 2012, pp. 34–39.

③ Peter Hiscock, "Creators or Destroyers? The Burning Questions of Human Impact in Ancient Aboriginal Australia", *Humanities Australia*, Vol. 3, No. 5 (March 2014), p. 46.

识到这一点，维多利亚殖民地的牧场主爱德华·米克尔斯威特·科尔（Edward Micklethwaite Curr）回忆：

> 这些"野蛮人"手中还有另一个工具，我指的是火棍，因为黑人（black fellow）经常放火焚烧草地和树木，这都是出于狩猎目的偶然和有计划地放火。他们主要靠野根和野生动物为生，用火耕种牧场。我并未夸大其实，新荷兰[①]几乎每一个地区都被猛烈的大火席卷过，平均每五年就有一次。[②]

19世纪中期，英国殖民者对土著占领这片土地的时间一无所知，但他们观察到，在牧羊人占领牧场并且停止焚烧后，周遭的植物景观发生了变化。尽管殖民时代的牧人将西部海岸的热带雨林和杂乱的灌木丛称为"原始的"，将中部的草场与山谷称为"永恒的伊甸园"，宁静而寂寥，似乎完全没有被人类破坏过。他们也隐约意识到这两处景观长期以来都受到土著人频繁用火的影响。无论是西海岸的龙爪草（button grass）平原和苔草地（sedgeland），还是塔斯马尼亚中部的草场，都是土著持续和系统用火燃烧的结果。当探险家路德维希·莱查特（Ludwig Leichhardt）来到昆士兰殖民地的达令丘陵地区，一片壮美的草场让他欣喜不已，他记录道：

> 这些草长得像小麦和燕麦，几乎和一只坐着的袋鼠一样高。通常这种草在10月和11月成熟，树下的土地看起来像一片平坦、广阔的燕麦田。等到11月和12月天气变干，森林大火就会爆发。燃烧带通常有1.6公里宽，当它们扫过灌木丛时，会清除地面上的草和枯

[①] 1644年，荷兰探险家阿贝·塔斯曼登陆澳大利亚后，将这里命名为"新荷兰"，这一称谓一度在欧洲流行。

[②] Edward Micklethwaite Curr, *The Australian Race: Its Origin, Languages, Customs, Place of Landing in Australia, and the Routes by Which it Spread Itself over That Continent*, Melbourne: John Ferres, 1886, Vol. 3, p. 34.

木，留下的灰烬就像粪肥一样，滋润着雨后发芽的嫩草。[1]

数千年以来，这样的森林大火是土著人占领丘陵地区后蓄意实施的结果。燃烧滋养着野草，并使得以吃食野草的猎物成倍增加。如果没有这些大火，占据澳大利亚东南部肥沃新月地带的将是灌木丛或森林。[2] 火的灰烬含有丰富的钾、钙、磷和微量元素，草场就会在燃烧后更好地生长，因此反复地灼烧有助于特定的植物以及依赖它们的昆虫、动物和鸟类繁荣。土著居民通过用火缓慢地改变着澳大利亚当地的植被与景观，也改变了他们自己的食物供应。由于澳大利亚几乎所有体型的本地动物都是食草的，而在同等面积下，草原上繁衍的食草动物要高于茂密的森林。所以当土著居民把森林变成更开阔地，原本贫瘠的土地变成富饶的草场后，有袋哺乳动物增加了食物来源，扩充了人们潜在的肉食补给，草原也为人们提供了更多可食用的种子。因此，火最重要的作用在于让人类可以在澳大利亚大部分地区狩猎和觅食。

当然这样的捕获方式很可能会造成火势蔓延，就像科技之于现代人类一样，火有时是仆人，有时是主人。但是土著居民不驯养家畜，几乎没有财产，所拥有的一切都是便携式的，即使遭遇突如其来的火灾也可以迅速脱身。对于这群显然有着丰富应对火灾经验，擅长制作各式飞行器，矫捷穿梭丛林的土著居民来说，在紧急情况下逃离的风险远远低于扑灭火灾。[3] 一次看起来漫不经心的点火很可能都是思考与设计过的。在一些地区他们会频繁点火，而当一场小火迅速腾起，变成丛林大火时，他们就会避免在此后的一段时间内生火。土著居民会在雨前的一两天内燃起熊熊大火，如果大雨如期，这场雨不仅能够防止火势的迅速蔓延，还可以浸透覆盖着灰烬的地面，藏在里面的草籽，就会迅速发芽。那土著居民又是如何预测降雨的呢？每个地区的人都有各自的办法。在澳大

---

[1] Ludwig Leichhardt, *Journal of an Overland Expedition in Australia: From Moreton Bay to Port Essington, A Distance of Upwards of 3000 Miles, During the Years 1844 – 1845*, The Project Gutenberg EBook, 2004, p. 246. https://www.gutenberg.org/ebooks/5005, 2022 年 5 月 23 日访问。

[2] C. P. Mountford, *Brown Men and Red Sand: Journeyings in Wild Australia*, Melbourne: ANGUS & ROBERTSON, 1967, pp. 87, 122.

[3] G. Volger, "Making Fire by Percussion in Tasmania", p. 67.

利亚中部，白蚁是雨的信使："当它们开始把卵从小溪里搬出来，挪到高处时。那么很可能会下雨。"[1]

简而言之，土著人通过长时间内使用火控制丛林猎物，提高土壤的生产力。经常的烧荒使枯枝落叶化为肥料促进野草的生长，新生的小草嫩芽不仅是土著居民的绿色蔬菜，烧荒后草地的生长也更适合很多动物的栖居，这些正是土著人捕猎的目标。经常的小规模烧荒不仅使土地的生产能力更高，也避免了燃料日积月累带来毁灭性的大火灾。[2] 土著居民长期持续的烧荒也改变了澳大利亚的自然景观，制造和维护了以桉树为主要树种的森林，以常年生深根草类为主的地表植被覆盖。在澳大利亚东南部相对比较湿润的地区，土著最初生活的土地上覆盖有木麻黄属的各种常绿乔木、本土柏树、松树、桉树以及热带雨林物种。在土著持续用火的情况下，木麻黄树（casuarina）、松树和柏树都没有办法和耐火的桉树竞争。经土著改造而成的树林呈现出在山坡平原比较稀疏、沿河地带比较密集的特点。土著居民又通过常规的用火防止桉树过分密集地再生长。疏林下部是丰厚的海绵状土壤，被深根的草皮覆盖。山坡的土层较浅，树少，为浅根草皮覆盖。疏林地也增加了有袋动物的栖息数量。

另一方面，用火也会破坏天然堆肥，从而影响表层土，并最终改变地表的植物。燃烧导致的覆盖土层的薄化会影响地表径流，使得流向小溪和河流的水流在干旱的月份变得不太规则，进而影响水系中芦苇、青蛙、鱼类和昆虫的数量。土著用火后很可能也让一些种类的巨型有袋动物成为受害者。土著用火后的缓慢燃烧使得某些物种赖以生存的茂密植被减少，在极度干旱的情况下，这些动物将面临更严峻的食物匮乏和缺水。持续用火也会带来次生灾害，天然的水坑原本是山火中大型动物的避难所，而频繁的山火会造成土壤侵蚀，进而导致水坑淤积，不再能为

---

[1] Peter Hiscock, "Creators or Destroyers? The Burning Questions of Human Impact in Ancient Aboriginal Australia", p. 46.

[2] J. B. Birdsell, "*The Recalibration for the First Peopling of Greater Australia*", in J. Allen and R. Jones, *Prehistoric Studies in Southeast Asia, Melanesia and Australia*, Sydney: Academic Press, 1977, pp. 43 – 67.

动物们提供庇护。① 堪培拉附近乔治湖等多处土壤层级中的孢粉学分析表明：土著的用火让湖区植被发生了剧烈改变，草地和桉树开始在湖区占据主导地位，土壤层中碳的猛增表明火的使用一定程度降低了树林的生物多样性。

用火并非土著居民对澳大利亚造成的唯一影响。他们捕食各种鸟类、动物、鱼类和爬行动物；他们制作独木舟、房屋和实用工具的过程中也需要大量的木材和树皮；他们在大陆漫步的过程中肯定也将许多的种子、根茎和坚果带到了各地，在挖掘和收集的过程，可能也会不经意中培育了一些新物种。但是点火棒肯定对自然环境产生了最普遍的影响。

三　土著居民的精神世界

土著居民无论是在经济还是在精神上都依托这片土地，土地不仅仅赋予了生命，而且本身就是有生命的。在土著居民的精神世界中，远古的英雄不仅仅创造了奇迹，还为部落的领地赋予了生机和习俗。这些伟大的祖先在部落形成时期踏遍了领地。因此，他们的居所和创造被赋予了重要的社会意义。神圣的事件总与相应的古遗址有关，部落的圣物也收藏于此。当土著人走过部落所在地时，他们所看到的是具有丰富象征意义的宗教世界。远祖的精神仍然活在这片土地上，继续繁衍着子孙后代。虽然绝大多数土著一直流浪迁徙，但每一个部落都有特定的活动范围，部落成员可以在部落领地内随心所欲地采集、狩猎和搬迁，但是不能逾越领地所限的范围。领地对于部落的全体成员的重要性不仅在于它是部落的生活来源，还在于其宗教意义。对于土著来说，部落领地内的特定地点是精灵所在地。

土著宗教信仰的实质就是领地上古与今的统一性，这也构成了土著居民的世界观、自然观：在澳大利亚土著神话中的黄金时代，伟大的祖先漫游过世界，他们同时具有人、动物和鸟的特征。所有自然界的生命合为一体，这些祖先无处不在，他们同以前一样具有极强的生命创造力。

---

① C. P. Mountford, *Brown Men and Red Sand: Journeyings in Wild Australia*, Melbourne: Angus & Robertson, 1967, p. 90.

自然物种和人类起源于这种生命力,因此他们的关系很亲近。人与自然物种组成了平等的延续生命力的全部。在这种世界观的影响下土著居民对土地也有着特别的认识。每个部落都认为部落间的边界是由祖先迁居的习俗确定下来的,因此没有理由去贪占其他部落的领地:既然他们起源于这片领地,去侵占别人的领地也就变得毫无意义。[1] 就土地所有权而言,在土著居民的概念中,澳大利亚理所应当就是他们的土地,而土著游牧狩猎的生产方式决定了土著不会在土地上建设永久性建筑来标识对土地的所有权。土著居民没有将土地作为个人私人财产的概念,更不认为土地是可以被买卖的物品。[2] 他们认为土地的价值不能用经济价值衡量,因为没有土地就没有生命。[3]

如果说1788年之前火是土著的文明图腾,1788年之后火的熄灭则象征着土著社会的崩溃。大火创造了内陆草原,吸引着欧洲殖民者和他们的牛羊来到这片土地,继而导致土著社会的分崩离析。19世纪中期,澳大利亚的牧场成为世界上最大的羊毛供应商,每年为数千万欧洲人提供衣物。这是一个服装被视为文明高尚,裸体被视为野蛮落后的时代。所以当欧洲人看到土著衣衫褴褛啧啧称奇时,他们没有意识到自身享有的温暖冬衣与毛毯居然也要归功于对方祖先的耕耘。

---

[1] S. Bowdler and S. O'Connor, "The Dating of Australian Small Tool Tradition, with New Evidence from the Kimberley", *Australian Aboriginal Studies*, Vol. 1 (1991), pp. 53 – 62.

[2] Valerie Chapman and Peter Read, *Terrible Hard Biscuits, A Reader in Aboriginal History*, Canberra: ALLEN & UNWIN, 1997, p. 23.

[3] S. Hunter, *Hill, Hunter Island. Terra Australis* 8, Department of Prehistory, Research School of Pacific Studies, Canberra: Australian National University, 1984.

第 三 章

澳大利亚殖民时期"干旱说"的形成

殖民时代至今,"干旱说"在澳大利亚由来已久:干旱阻碍了澳大利亚的发展。如果这片大陆有更多的土地拥有更高的降雨量的话,澳大利亚的垦殖和开发速度将更快,人口也将更多,至少高出现在的水平。在殖民者探索澳大利亚气候特征的过程中,有四个重要因素影响着他们的认识:首先是澳大利亚当地独具特色的环境气候条件;其次是新移民们所具备的知识经验;再次是殖民定居所引起的环境气候变化;最后是殖民地的政治文化。四个因素相互影响互有联系。更重要的是,"干旱说"最终在权力的作用下成为殖民主义话语,它服务于新移民们驱逐土著进行垦殖开拓的根本目的,推动了殖民事业的顺利开展。

一 澳大利亚的"干旱说"和相关讨论

从殖民时代开始,公众对这片大陆的发展潜力就进行过激烈的讨论。有一个著名的事件经常被用来证明澳大利亚的干旱。1865 年,南澳的农业工程师乔治·高雅德(George Goyder)在南澳北部标出一条农业的"安全"线,乔治反对在划线区域以北地区进行小麦种植,线内的区域都对所有的农民开放。在接下来的几年中小麦农业带不断向北延伸,很快就超过了高雅德划的线,然而旱灾的袭击最终导致 1900 年后绝大部分农民放弃了他们在北方的农场。此后绝大多数人承认这条线已经是种植的极限，小麦种植者再也不可以逾越。① 当时联邦气象局的地理学家格里菲斯·泰勒（Griffith Taylor）预测 20 世纪末澳大利亚的人口将会增长到两千万，但是由于缺水的关系，到那时所有适宜居住的土地都将被开发殆尽。现代的澳大利亚人则认为干旱导致澳大利亚的城市化在沿海集聚。这给澳大利亚境内的河流资源造成了极大压力，也造成了城市的环境问题，同时乡村面临着人口向城市涌入的尴尬状况。有一些人甚至提出：鉴于澳大利亚的面积几乎等同于美国或者整个欧洲大陆，如果拥有相似的气候，也将能够获得相似的人口和繁荣度。由此可见，澳大利亚"干旱说"的形成可以上溯到殖民时期，逐渐发展起来并流传广泛，它从气候环境和经济生产的关系考虑，认为干旱是澳大利亚社会发展的限制因素。

20 世纪 60 年代开始，农业经济学家英格兰德（H. N. England）从农业耕作的角度对澳大利亚的"干旱说"质疑。他认为以往对于澳大利亚干旱的判断建立在一种与其他国家和地区不公平的比较基础上，因此结论是有漏洞的。既有的比较中默认湿度是限制植物生长的唯一因素，温度、地表径流等因素都没有被考虑到。② 此后，约翰·安德鲁斯（John Andrews）提出：澳大利亚湿润度的可靠性比平均年降雨量的显示值要小。欧洲和北美地区的年平均温度比澳大利亚要低，因此蒸发量也要低。在澳大利亚，降雨蒸发或者被植物吸收的速率要高于欧洲和北美。因此澳大利亚的降雨利用效率不及其他大陆。这也是往常人们认为澳大利亚干旱的证据。但是这种计算方式忽略了高温在植物生长过程中的帮助作用，这些是在西欧或者北美的经验中不常见的。③ 农业经济学家戴维森（B. R. Davison）在此基础上进一步指出：对于不同地区降雨量的比较，忽略了水资源和人口数量之间的关系。从长久来看，对水的需求不仅仅取决于国家必须支持的人口数量，也受限制于人们发展水以外的其他替

---

① J. A. Prescott and J. A. Thomas, "The Length of the Growing Season in Australia as Determined by Effectives of Rainfall", *Proceedings of the Royal Geographical Society*, Vol. 50 (1948 – 1949), p. 46.

② H. N. England, *Australian Needs in Irrigation*, Sydney: Csrio, 1965.

③ John Andrews, *Australia's Resources and Their Utilization*, Sydney: University of Sydney Press, 1965, pp. 11 – 14.

代性资源的能力。根据他的计算，在综合考虑到湿度、温度和人口因素后澳大利亚拥有的水资源条件良好的土地要高于美国和西欧。[①]

1989年澳大利亚著名地理学家鲍威尔（J. M. Powell）也在书中提出：澳大利亚并不存在绝对的干旱。人们之所以认为澳大利亚气候干旱是因为大陆上的年降雨量存在地区性的显著差异。但是"澳大利亚重要的政治人物没有准备好面对环境的现实状况，他们中很少有人能将大陆作为一个整体来对待"[②]。他还在书中对澳大利亚土著居民用水、捕鱼、进行小型灌溉的情况进行了分析，言下之意则是，对于土著居民来说澳大利亚的气候也并不干旱。巴尔（N. F. Barr）和盖里（J. W. Cary）在《绿化棕色土壤》对鲍威尔的观念有所继承，认为殖民时代的垦殖活动人为加重了环境的恶化。随着扩张不断向边缘拓展，耕作和牧场的土壤肥力消耗导致了20世纪30年代到40年代的十年退化期。总之"早期无政府状态的扩张"的影响是"灾难性"。[③] 艾米·杨（Army Young）[④] 认为农业灌溉区的大型灌溉工程和城市的蓄水工程才是造成澳大利亚近代以来用水紧张的关键。墨累－达令盆地和奥得河的灌溉计划、斯诺威山工程等已经大规模地改变了殖民时代以来澳大利亚的区域性水文条件。灌溉农业比旱地农业更集约地使用土地，但是加重了水资源的紧张程度，城市蓄水工程，特别是悉尼附近的蓄水促成了人口、农业和工业的扩张，加速了城市居民没有限制的用水习惯。

在这一阶段历史地理学家"澳大利亚并不干旱"的说法稍显极端，并且他们对干旱的定义也并不明确。科汀（J. Kurlting）的工作补充了这方面的不足，他的研究丰富了干旱的层次和意义。他认为"干旱对不同

[①] B. R. Davidson, *Australia—Wet or Dry? The Physical and Economic Limits to the Expansion of Irrigation*, Carlton: Melbourne University Press, 1969, pp. 1, v.

[②] J. M. Powell, *The Garden State: Water, Land, and Community in Victoria, 1834 – 1988*, Sydney: Allen & Unwin, 1989, p. 146.

[③] N. F. Barr and J. W. Cary, *Greening a Brown Land: The Australian Search for Sustainable Land Use*, Melbourne: South Macmillan Education Australia, 1992.

[④] Army Young, *Environmental Change in Australia since 1788*, Oxford: Oxford University Press, 2000.

的人来说意义是不一样的，可能有多少种水的使用方式就有多少种定义"①。他借鉴威特和格兰兹（Wilhite and Glantz）的研究成果，将干旱分类为"气候学干旱""农业干旱""水文干旱""社会经济"等四类。"气候学干旱"指的是降雨量少。"农业干旱"和气候干旱紧密相关，但侧重的是降雨量减少对于农业生产的影响，尤其是某种作物对于湿润度的需求。"水文干旱"指的是降雨量缺乏对于水流的影响，反过来它也影响了水供应系统的流出量。"社会经济"干旱关心的是干旱对人类行为的影响——同时也关注人类行为加重甚至是制造干旱的情况。这些对于干旱的看法不是互相排斥的，它们都有共同的特征，即降雨量的减少基本上会导致水量的减少，决定一个人是否认为发生了干旱取决于他要用降雨来干什么，干旱是相对的。从现实情况来看，可以这样说，当水无法满足正常的社会、经济、农业和生态需求时，"干旱"便发生了。

此后历史学家加入了这一讨论，加斯·史瑞克（Jais Sheldrick）对具体个案进行了研究。史瑞克认为，高雅德的观点一直是被误读的，高雅德试图说明的是气候的不稳定而不是干旱的风险，这是一个更加细微的概念，是习惯了欧洲规律性季节的新移民难以理解的。文化史学者麦克·卡斯卡特（Michael Cathcart）认为，在更密集安置（closer settlement）时期之前，干旱也对畜牧业有所影响，但是畜牧技术以及羊群数量的稳定使得农民们已经基本上可以克服干旱带来的困难。问题在于澳大利亚的现代化农业将这种土地用作庄稼种植和密集型的畜牧，干旱问题就会更明显地凸显出来。也就是说澳大利亚的密集型农业让干旱问题更加严重。他还指出："如果我们要评价现在的成功或者失败，我们首先要了解殖民者是怎样理解这个国家的，以及价值、神话、野心是怎样改变我们的文化地理的。"②他在《水的梦想者：水与寂静是如何塑造澳大利亚的》中针对澳大利亚人对于水和干旱的认识，叙述了水是如何塑造澳大利亚人的思维和情感的，书写了一部澳大利亚人的水文化史。全书

---

① J. Keating, *The Drought Walked through: A History of Water Shortage in Victoria*, Melbourne: Department of Water Resources Victoria, 1992, p. 12.

② Michael Cathcart, *The Water Dreamers: How Water and Silence Shaped Australia*, Carlton: Melbourne University Press, 2008, p. 34.

最后批判了欧洲传统文明观和水利文明观。① 但是麦克·卡斯卡特基本上把澳大利亚人对于水的认识等同于欧洲传统的嫁接，忽略了澳大利亚本土自然环境和殖民地的权力结构对于欧洲人环境意识的改造，以及这些因素在环境思想演变中的能动作用。

至此，农业经济学家基于数据分析首先对"干旱说"质疑，地理学家则从地区差异性出发否认澳大利亚存在绝对的干旱，并明确了干旱的定义。历史学家鉴于个案分析认为殖民时代的居民对干旱的概念存在误解。以上讨论中学者们开始试图破解"干旱说"，但是没能解释一个问题：既然澳大利亚并不干旱，那么为什么会诞生"干旱说"？下文将探讨澳大利亚殖民时代"干旱说"的形成过程并揭示由此体现出的环境观及其内在逻辑。

二 影响"干旱说"形成的多种因素

（一）殖民地的环境气候与"干旱说"的形成

随着殖民地生活的开始，尤其是农业生产展开后，殖民地的环境气候直接影响了移民们对于"干旱"的判断，是"干旱说"形成的自然条件。英国人最初登陆于悉尼的植物湾，和英国相比这片区域的气候有两个显著的特征：第一，日照强烈，降雨丰富。悉尼的平均年降雨量是伦敦两倍多，分别是1223毫米和593毫米。唯一不同的是悉尼阳光充分，伦敦温润多云，伦敦每年的降雨天数要超过悉尼。② 英国的气候是相对稳定，降雨、温度等都具有可预测性。而澳大利亚的气候则大相径庭，每天都变化多端，难以预测，许多地方堪称"一天四季"。在欧洲平均的降雨量可以作为每年降雨量的参照。但是在澳大利亚欧洲人统计的平均指数根本说明不了任何问题。今年潮湿，下一年可能就会很干旱，唯一确定的是气候的多变性。第二，地区性差异极大，距离非常近的地方，

---

① Michael John Cathcart, *The Water Dreamers: How Water and Silence Shaped Australia*, p. 143.
② 资料分别来源于悉尼、伦敦和巴黎气象局的网站：Sydney: Bureau of Meteorology, http://www.bom.gov.au/climate/average/table/cw_066062.shtml, London: BBC Weather, http://www.bbc.co.uk/weather/world/city_guides/result/.shtml? tt = TT003790, Paris: Meteo France: http://www.paris.org/Accueil/Climate/, 2022年4月访问。

降雨和土质非常不一样，在短暂的时间内变化会很大。

而随着殖民地生活时间的增长，移民们对四季的总体雨量特征，季风与降雨的联系有了新的认识。另外随着离开海滨越来越远，一些人开始对这里的气候、环境和土壤不那么乐观，陌生感和恐慌感越来越强烈。《悉尼晨锋报》上的一篇文章这样描绘当时的状况：这里是单调乏味的，尽管有时候会有鲜明的对比，但是大部分时候是令人厌恶的。这里就是砂子流动、石头遍布的沙漠……这里就是干旱的大本营。① 天狼星号上的大副丹尼尔·索斯威尔（Daniel Southwell）很悲观地写道："我们见到的任何东西都称不上是果实……这里的河流没有水，幸亏不时有降雨的补充。"② 悉尼附近河流的规模都比较小，除了极少数是可以保持水量的常年河流之外，还有一部分基本上是雨季才上涨，旱季会下浮或者干涸的季节河流，更多的是在澳大利亚特殊的土壤和气候条件下形成的各种雨季的死水坑，这样的水坑除了提供生活用水饮牛饮马之外，对农业生产的帮助作用有限。

由于英澳两地气候环境的迥异，移民们对澳大利亚季节性的降雨也不是完全适应。他们的判断标准是希波克拉底式的，认为这里是不干净的地方，散发着瘴气。菲利普一行到来的时候正是澳大利亚的夏季，植物湾"给人到处都是湿漉漉的感觉。闷热的空气中仿佛可以闻到雨、泥土、桉树的味道"。这里有时候会有暴雨，"天空经常会乌云密布，然后就是闪电……有树木和牲畜遭到雷电的袭击"③。一位叫拉尔夫·克拉克（Ralph Clark）的军官在躲进帐篷的时候不禁感叹，"上帝啊，多可怕的一天，整天都在下雨，我印象中从来没有下过这样大的雨，天和地都快连在一起了"。另一位军官失望地将这里称为"沼泽"。④

在早期到来的殖民者中，每个人对于澳大利亚这个陌生环境的感知，

---

① E. D. Millen, "Our Western Land", *Sydney Morning Herald*, 18 November 1899.

② Daniel Southwell, "Journal", printed in *Historical Records of New South Wales* (HRNSW), Vol. 2, p. 667.

③ Arthur Phillip, *The Voyage of Governor Phillip to Botany Bay*, London: John Stockdale, 1798, Chapter XIII.

④ David Collins, *An Account of the English Colony in New South Wales*, Melbourne: Whitcombe and Tombs, 1910, pp. 15–18.

特别是对土壤、降雨、气候的认识并不一样,甚至是截然相反的。追究原因,除去认识上的差异外,还有一个因素可以解释这种矛盾的状况,那就是悉尼遍布的砂岩。砂岩经过千万年的风化,在原来比较贫瘠且穿透性很高的土层上形成了一层新的很薄的土层。砂岩本身具有很高的穿透性,雨水很容易渗透到岩石层,然后流失。尽管悉尼的雨水丰富,但是很容易蒸发干涸。① 大家的言辞多有变化,甚至抵触,但是他们共同的观点就是东南沿海丰富的雨量和丰沛的植物并不意味着水资源的富足与土地的富饶。不过,悉尼地区原有的植被适合在很贫瘠的土壤中存活,在湿度很低的情况下也可以生长。这是当时的欧洲人并未格外在意也不能理解的。在殖民者还未能很好地理解和明白他们所接触的这一个全新环境的时候,他们已经准备好用他们从欧洲带来的工具和知识改变这里了——为了解决生计,殖民者迅速展开农业生产。

随着农业耕作的展开,这一段时间殖民者对当地的土壤条件进行了考察,对一块区域内土壤的多样化分布,沙地和黏性土质交错相间的复杂状况有了进一步认识。在初步考察不久后,菲利普派遣了十几名有丰富实践经验的英国农夫到达帕拉马塔。殖民地的农业开垦就此开始。随后几乎所有的军官都分别认领了一块地用来种植粮食或蔬菜。开始一些地区粮食和蔬菜的种植赶上了当地的雨季。在帕拉马塔,部分菜园子尽管没有施肥,却在一段时间内持续种出长得不错的蔬菜。甜瓜、黄瓜以及南瓜之类的都能长得比较好。② 相比较蔬菜,粮食的种植需要更长的周期。粮食的收获情况要低于预期。在不同的种植情况下,小麦、玉米、燕麦的产量都分别出现了偏低的状况,由于澳大利亚气候与庄稼成熟期不能完全匹配,还出现了粮食生长期长于以往等情形。短暂的多雨期很快就过去。强烈的光照开始烤灼澳洲的土地。一位殖民军官在日记中写道:"太阳升起,碧空无云,辉煌壮丽,我们眼前的视野鲜艳而又美丽如画。附近的地区,白得像是盖了一层雪,和印象中热带葱郁繁茂的树林形成很大的反差。"③ 此后这样的气候一直持续,粮食的生产状况直线下降。

---

① Tim Flannery, *Introduction of The Birth of Sydney*, Melbourne: Text Publishing, 1999.

② Tim Flannery, *Introduction of The Birth of Sydney*, p. 230.

③ Tim Flannery, *Introduction of The Birth of Sydney*, p. 234.

第三章 澳大利亚殖民时期"干旱说"的形成 / 55

在迥异的气候条件下,来自欧洲大陆的农民几乎完全无法判断播种、收成的时机,这是最开始蔬菜和粮食种植经常歉收的重要原因。而澳大利亚东南部地区的降雨经常会经历剧烈的季节性变化和年际变化,这样的气候特征对于殖民初期的农业耕种来说是非常不利的,绝大多数的农场陆续被放弃。在此过程中,移民们对干旱有了更深刻的体验。在现有供水无法满足农业生产的情况下,为了在干旱的季节更好地推行农业种植,菲利普总督带领人马驾驶两艘小艇,向那布罗肯湾出发,打算对这里的河流状况进行彻底探查。考察的最终结果是相似的:注入杰克森港的溪流都来自沼泽,而这些沼泽本身也面临着干涸。① 也因为此,菲利普本人在日记中第一次将这片土地及其周边的情况用"干旱"来描述。1791年4月,沃特金·坦奇带领着另一队人开始了长途考察,情况并没有好转的迹象。"我发现这条河的两岸凡是看见的地段,全都是这种沙地。除非发明一种什么办法把土地抬到空中来,躲开洪水——洪水有时会比平常的河面高出50英尺,将周边各个方向上的土地统统淹没。"② 上文的记录已经透露出一个信息,新移民们已经想到需要用人工的方法来改变这些"无法耕种"的土地。相似地,已然用"干旱"这两个字眼来描述这片土地的菲利普透露了另外一种乐观的想法,他认为总有一天,可以用人工水渠排干这些有毒的沼泽,味道难闻的溪流,让这片土地"更适合人居住"。③

总之,澳大利亚当地与欧洲迥异的环境气候构成了"干旱说"形成的自然条件。但是我们也不难发现从18世纪末开始,殖民者对于澳大利亚景观和水资源的看法,基本是以外部为参照系的。仅仅从他们的描述中,我们并不能看出澳大利亚是多么的干旱,至少这种干旱并不是绝对的,和欧洲相比沿海的许多地方降雨甚至是丰富的。但问题是大部分英国人确实不知道应该怎样在这样的环境中生活。悲观者看到了澳大利亚的诡异,因为它和熟识、已知的情况迥异,所谓的土地的不富饶,水资

---

① Authur Philip, *The Voyage of Governor Phillip to Botany Bay 1788*, Victory: Hutchinson of Australia, 1982.
② Authur Philip, *The Voyage of Governor Phillip to Botany Bay 1788*, p. 37.
③ Authur Philip, *The Voyage of Governor Phillip to Botany Bay 1788*, p. 23.

源的不充分也是英国农学、地理学意义上的；乐观者看到了希望，认为可以将不熟悉改造成熟悉，菲利普船长的日记就清晰地透露出了这种想法，他企图采用欧洲的方式解决澳大利亚的土地开垦和水资源供应问题。也就是说移民们既往的知识经验在很大程度上影响了"干旱说"的形成，这一点在河流探险阶段尤其凸显。

（二）新移民的知识经验和"干旱说"的形成

很多情况下，人们对现实的判断建立在以往经验的基础上。英国移民积累的知识深刻地影响了他们对澳大利亚环境的认识。英国新移民依据当时欧洲盛行的地理学常识和北美、非洲的殖民实践经验得出结论：澳大利亚境内至少应该存在一条大型河流。但无论是自然环境、植被分布还是气候条件，澳大利亚与其他殖民地完全不可同日而语。而这种情况下，来自欧洲大陆的科学知识进一步将"干旱说"系统化并作为常识确立下来，被用以解释这种异于既往经验和逻辑的现象。

首先，根据欧洲的知识经验和北美、非洲的殖民实践，殖民者普遍认为澳大利亚境内应该存在一条大型的河流。图3–1这幅地图绘制于19

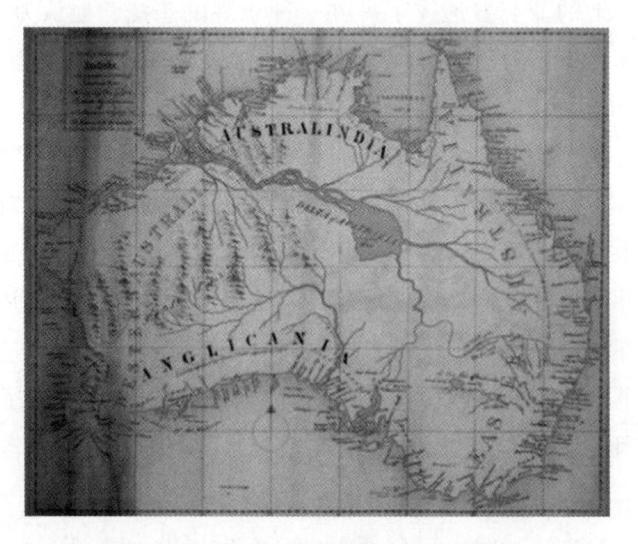

图3–1　澳大利亚可能存在的大河地图

资料来源：William Hovell, *Journey of Discovery to Port Phillip*, *New South Wales in 1824 and 1825*, Adelaide：Libraries Board of South Australia, 1831, p. 87。

世纪初期,作者是威廉·赫威尔(William Hovell)。它的外部轮廓和现在的澳大利亚地图基本相似。但是对于澳大利亚内陆却有一番让人浮想联翩的描绘。它的标题开宗明义,展示了"澳大利亚可能存在的大河"。这条河从大山的缝隙中蜿蜒出来,然后横穿整个大陆,在地图的左上角汇入印度洋。它的一条支流出自中部某个想象中的大型湖泊,其他水源来自现在我们所知道的东部沿海的大分水岭这个位置。

这张地图实际上反映了长久以来欧洲殖民者对于澳大利亚内陆地理的知识积累以及可能性的猜测。它并非威廉姆·赫威尔个人的想象,绘制者显然阅读过约瑟夫·班克斯(Josephen Banks)、弗林德斯等人的论著。约瑟夫·班克斯曾经和库克一起完成了澳洲东海岸的航程,也是科学界的重要人物。1789年,他就预测澳大利亚的幅员与整个欧洲相似,应该存在一条可以通往内陆腹地的河流。弗林德斯在完成对澳洲的环绕航行后也认为澳洲内陆应该存在与地中海相当的内陆海洋。托马斯·米歇尔(Thomas Michell)兴奋地将蓝山西面的一条河比喻成澳大利亚的"密西西比"。[1] 1830年,马斯兰(T. J. Maslen)在《澳大利亚的朋友》中也表达了相似的看法。[2] 作者指出:尽管这条河完全出于猜想,但是他坚信它的存在。[3] 这样的猜测来自当时欧洲的地理学常识和北美、非洲的殖民实践,这样偌大的区域范围内不存在一条大型河流是完全不符合既往经验的。

紧接着,在完成环航和对整个澳洲大陆的鲸吞后,殖民者对澳洲内陆河流的探险全面展开。内陆探险的过程实际上是来自欧洲大陆的地理学家、探险家基于原有的经验和知识,在实践中不断深入探索澳大利亚内陆地貌气候,摆脱盲目与朦胧的判断,建立起对澳洲内陆地区全新的

---

[1] Thomas Michell, *Three Expedition into the Interior of Eastern Australia*, London: T. & W. Boone, 1838, p. 2.

[2] T. J. Maslen, *The Friend of Australia; or A Plan for Exploring the Interior Hurst*, London: Chance & Co., 1830, p. 133.

[3] William Charles Wentworth, *A Statistical, Historical, and Political Description of the Colony of New South Wales, and Its Dependent Settlements in Van Diemen's Land*, London: G. & W. B. Whittaker, 1920, pp. 77 - 78.

地理学解释的过程。但是对于这片土地,有太多的描述和基于各种各样角度的解释,常常他们作出判断的根据并非对澳大利亚地理、地质和气候状况的了解,而更多的是英国其他殖民地以及美洲新大陆探险、生活经验的参照,因此在推测澳大利亚内陆可能存在横贯平原的河流时,他们比拟的是尼日尔河、密西西比河存在的条件,而那些可能存在的河流也被冠以"澳大利亚的圣劳伦斯""澳大利亚的恒河三角洲"等名称。于是这种不切实际的期待与最终探险结果的完全背离加剧了移民们心中的落差,"干旱说"愈演愈烈。

整个19世纪20年代一直有人在不断地寻找西北方向的河流和探险家预测的内海——"圣劳伦斯"。① 其间陆续发现一些河流的河口,但并没有太多令人惊喜的收获。这段时期内的探险开始打破殖民者对于澳大利亚内陆光明未来的预想,但是仍然还是有人执着于内陆存在大型河流的想法。温特沃斯(W. C. Wentmorth)认为约翰·奥克斯利(John Qxley)的发现明确了另一种可能性,那就是拉克伦与麦考利河有可能会在沼泽的另一面重新集结,然后汇入澳大利亚的西北部沿海,这段海岸线是弗林德斯唯一没有考证过的地带。艾伦·坎宁(Alan Canning)在悉尼以北地区进行了两次卓有成效的探险,发现了达令丘陵地及其向东通往大海的通道。在这个过程中坎宁对"河流之谜"理论有了进一步的修正。② 探险家查尔斯·斯图特(Charles Sturt)依据自己的探险经历认定了坎宁数据的错误,他意识到澳大利亚的形状像个浅浅的碟子,澳大利亚内陆大部分的地区海拔都要低于沿海的高地。一条横贯大陆的河流是不可能存在的。斯图特有了一个新的想法:东南地区的水应该会在新南威尔士的西北部某处积聚,然后形成一个内陆的海洋。和温特沃斯相似,他相信这个湖泊或者海洋可能存在一个面向西北部海洋的出口。总之,现实没有完全打破殖民者对于内陆存在河流的信念。如果这样的河流不在存,

---

① Charles Sturt, *Two Expeditions into the Interior of South Australia*, Vol. 2, London: Smith, Elder & Co., 1834.

② 他发现只有两种选择,内陆的河流要不是流入了一个巨大的湖泊,要不然就是交汇一起形成一条新的河流横穿内陆。通过一系列计算,坎宁认为从大分水岭的内陆一侧开始直到西北沿海,地势一直不断降低,坡度要高于密西西比、尼日尔、尼罗河沿岸。这就表明有可能存在的是一条河流而不是内海。

那么这将是对欧洲地理学理念和逻辑的挑战,这在当时也是不可想象的。

19世纪20年代末期河流探险继续进行。1828年,斯图特发现了澳大利亚最大的河流——达令河。1829年,为弄清楚达令河和马兰比季河的流向和河口,利用当时气候干旱这点优势条件,斯图特来到曾经被奥克斯利认定是沼泽的地方再次调查。调查证实了一个事实:拉克伦河与麦考利河流域的确存在沼泽,而沼泽的边缘则完全被干旱的土地包围。一开始斯图特认为这条当时处于咸盐状态的河流可能昭示着另一个由印度洋孕育的地中海的存在。依据现代的科学知识,我们知道实际上在墨累-达令盆地很多地区水位降低时,含有盐度的地下水就会接近河床,在比较干旱的季节中河流就会因为地下水的渗入而成为咸水河。当时的探险家则通过另一个事实判断出咸水并非来自海洋,首先斯图特发现有细流从河床中渗出来,紧接着他便从周围的土地上收集到了盐渣。至此,内陆海洋在斯图特的日记中"蒸发"了。斯图特得出结论:"你只需要对沼泽低地地区进行研究就可以证实,这些水最终都蒸发了,并没有能够像奥克斯利所设想的那样汇入内陆的海洋。"①

从19世纪30年代开始,在内陆考察推进的过程中,有关澳大利亚的气候、地理学知识也在不断积累,英国人进一步参考了非洲考察的经验进行推测,澳大利亚的内陆并不存在大河或者海洋。"从土地的贫瘠程度和西洛克风来看(从非洲吹向南欧一带的非洲热风),澳大利亚的内陆或者绝大部分地区很可能是沙漠,因此如果探险继续下去,结果可能会是令人失望的。"② 就此澳大利亚内陆腹地河流的谜底基本解开。斯图特和托马斯·米歇尔分别于1834年和1838年发表了探险失败的官方报告,这样的结果彻底打击了仍然保留一点乐观想法的人。殖民地官员陆续发表报告:"在澳大利亚内陆找到一条大河或者是海洋就可以满足我们定居者的任何需求,但是现在这种企图和希望已经灰飞烟灭了,探险者深入内陆的激情也不如以往。"并且墨累河及其支流似乎"也很贫瘠一点都不肥

---

① Charles Sturt, *Two Expeditions into the Interior of South Australia*, Vol. 2, pp. 67–68.
② Robert Dawson, *The Present State of Australia*, London: Smith, Elder & Co., 1830, p. 357.

沃"①。这些报告使得澳大利亚内陆存在大型河流的想法变得极其渺茫。最终新出版的一张新南威尔士地图上将拉克伦河和马兰比季河之间的地区标成了沙漠。在此之后，澳大利亚"内陆干旱"的概念逐渐建立起来。

（三）殖民定居造成的环境恶化和"干旱说"的形成

从殖民时代开始，定居行为引起的气候变化、资源消耗进一步造成水资源的短缺，加剧移民们对干旱的畏惧。潟湖干涸、水质污染、土地侵蚀等问题一起涌现，环境的迅速退化也让殖民者感到了紧迫和恐慌，他们不断地要面临缺乏干净水源的问题。虽然有定居者发现树木被砍伐，牛羊污染水源。但这些抱怨却不是自省的。环境的恶化更加让他们觉得澳洲大陆自然条件本来就很恶劣，"干旱说"也在这种情况下加剧。

首先，在登陆后不久，随着冬天的到来天气变冷，临时搭建的帐篷不再能够满足需求，囚犯和殖民者开始建造比较结实的房屋，用的是当地的木材。悉尼湾当地有类似冷杉一类的成材高大树种，这是极好的木板取材，在很短的时间内，附近的树就已经被砍伐殆尽，1791 年之后，房屋的搭建不得不从港口的其他地方去搬运木材。② 不仅如此，殖民者在日常家庭生活中也需要大量的木材作为燃料供应。此后随着皮革制造、酿酒业的发展，燃料的需求进一步加剧了森林、灌木的砍伐。大量地表植被在短时间内的迅速消失，在引发土壤侵蚀的同时，也在一定程度上减少了当地的降雨量。

从移民们开始定居起，水源的污染问题也就开始了。洗澡、洗衣、做饭的污水、牲畜的排泄都进入河流。殖民当局不得不规定，禁止居民在水道中清理鱼类，让饲养的猪牛污染河流。为了减轻悉尼湾的压力，菲利普甚至将部分囚犯和军官分派到了位于诺福克岛上的一个边远的居民点。尽管有种种保护的措施，但是悉尼湾的定居者一直对河流进行着污染，海边的沙滩上已经满是垃圾和污物。此后，为了对悉尼附近的饮

---

① William Charles Wentworth, *A Statistical, Historical, and Political Description of the Colony of New South Wales, and Its Dependent Settlements in Van Diemen's Land*, p. 56.

② Authur Philip, "Dispatch 15 May 1788", *Governor Philip to Lord Sydney*, *Historical Record of Australia*, Series 1, Vol. 5, Sydney：Library Committee of the Commonwealth Parliamentp, p. 23.

用水主要来源进行保护，在菲利普总督管理时期，曾经在河岸两边建立15 米宽的绿色防护带。这一地带的移民们被禁止砍伐树木，蓄养动物，或者建筑房屋。当河流变得枯萎的时候，菲利普要求石匠在紧邻河流的地方凿出三个矩形的大型蓄水池，被居民们称为"槽沟"（Tank Stream）。① 在菲利普总督离任后，朗姆酒军团②实际掌权期间，作为殖民地管理者的军官忙于从事暴利的卖酒生意，他们利用手中的权力贱买贵卖，聚敛财富，根本无暇日常管理事务。这使得殖民地的行政管理出现了不同程度的混乱状况。自第二任总督约翰·亨特（John Hunter）上任起，朗姆酒军团和总督之间的矛盾使得内部权力斗争前所未有地激烈，加剧了殖民地的公共管理恶化。此间朗姆酒军团赶走了两位总督，囚禁了一位总督，殖民地数度群龙无首。这一时期悉尼附近的水道、河流基本上处于无人过问的状态，几乎出现了水资源的"公地悲剧"。

实际操控殖民地的朗姆酒军团的首领是弗朗西斯·格罗斯（Francis Grose）。对这些军人来说，殖民地就是军事营地。他们也少有田园乌托邦理想。格罗斯基本上放弃了对河岸绿化带的管理，开始允许军队官员在河道两岸建立房屋，饲养牲口。尽管有一些人试着对"槽沟"进行保护，但是由于缺乏强制措施，居民们依旧毫无顾忌地向河流进行排污。1790 年悉尼湾附近已经被垃圾和污物所占满。这种情况持续到约翰·亨特（John Hunter）到来的时候。亨特企图通过竖起围栏来扭转污染的趋势，但是此时已经有许多军官将房屋建在河岸边，这些人不满总督的新措施，拔掉了篱笆，抄近路到河边取水。沿岸的住户放养猪，一到下雨天，牲口的排泄物就会顺着雨水冲入饮用水源取水的河流中。1795 年 10 月情况已经变得很糟糕。亨特宣布：继续在河边养猪或者擅自破坏围栏的人将

---

① 其中一个位于河流的东岸。另外两个在西面，即现在邦德街的位置。移民们将这样的蓄水池称为"槽"（tank），这个词来源于英印语系，词源是 tankh，表示水库的意思。水流经的地方被称为"槽沟"，这个词在整个英帝国范围内广泛使用，这也是澳大利亚政府投资的第一项水利设施。

② 朗姆酒是一种烈性的甜酒。菲利普总督在职时禁止这种酒在殖民地销售，认为是导致犯人第二次犯罪的根源之一，也是导致殖民地动乱的根源之一。1795 年约翰·亨特总督到任，了解到朗姆酒的危害立刻展开反对朗姆酒的斗争。但是朗姆酒军团在澳洲多年，盘根错节，势力极大，给亨特设置种种障碍，使他无法展开工作，在这种情况下，1800 年亨特借病挂冠回到伦敦。此后继任的海军上校菲利普·基德雷·金也因反对朗姆酒贸易愤然辞职。

被强制搬离,他们的房屋也将被清除,① 但是情况依然恶化。到了1797年,水已经变得很臭,甚至"引起了紊乱,一些人最近因此中毒死去"②。次年亨特指示:禁止军官污染河流,拔除护栏,但是基本上没有效用。

　　情况在继任总督麦考利（Macquarie）到来时继续恶化。麦考利惊愕于"槽沟"中有那么多的污物。不仅家庭的生活废水和垃圾被排入其中,来自鞣革店、屠宰场、啤酒厂的排污都顺着山谷进入河流中。一个叫詹姆士·安德森（James Anderson）的人被罚款,因为在河里漂洗动物的皮毛。随着殖民地规模的进一步发展,商业和工业排污的增加使得问题更加严重起来。悉尼当地的报纸报道:"这些都是很正常的行为——在大街上、人行道上、下水道中倒灰、丢垃圾、扔污物。"③ 最终污染物都在雨水的冲刷下进入河道。在麦考利上任的第一年,他曾经颁布了一项条令:在河流沿岸建立分隔墙,厕所、屠宰场、皮革店等必须被拆除。④ 但是由于总督和朗姆酒军团之间矛盾重重,殖民地管理涣散,所以情况并没有改变。这些军官们完全投入到了朗姆酒贸易当中,完全没有任何的意愿去保护公共的水资源。实际上朗姆酒军团的控制者为了维护既有利益,就要将囚犯殖民地维持在一种无政府管理的独立状态。朗姆酒军团自然会忽视槽沟的维护,尽管他们中许多人就住在槽沟附近。另一方面,许多军官并不会常驻,捞一笔钱之后就离开澳大利亚。所以大部分的军官表现得更像是边疆资本家。即使新移民们搭建了房屋,房主并不拥有土地所有权,一旦由于管理不善而被迫取消租赁资格,总督有权力把他们从"女王"的土地上驱逐,这也使得大部分人对周边生态环境缺乏关心,疏于管理。

　　后来的调查显示:污物已经深入到了地下水中,并从砂岩的裂缝中渗出来,流入河流。此时细菌致病的理论尚未完全确立。可是悉尼已基本上达成这样的公共认识:槽沟的水会让人生病。《悉尼公报》（*Sydney Gazette*）愤怒地报道:那些饮用槽沟水的人不是被肥皂水呛到,就是被有

---

① James Macquarie, "Government and General Orders", *Sydney Cove*, 17 *March* 1811, p. 11.
② James Macquarie, "Government and General Orders", p. 14.
③ James Macquarie, "Macquarie's Orders", *Sydney Gazette*, 15 September 1810.
④ James Macquarie, "General Orders", *Sydney Gazette*, 19 November 1810.

毒的东西感染。① 殖民地的工程专家约翰·巴斯比（John Busby）组织的官方工程调查显示："水源受到矿物污染，已经不适合任何形式的家庭用途，对健康会产生严重危害。"② 种种的状况使得悉尼的供水面临很大的危机。在槽沟被污染的最初一些年份，居民越来越多依赖于水井，对一些有钱的人来说，最好的选择是花钱买附近沼泽和潟湖用马车运出来的水。因此送水车的生意格外好，卖水的人从附近的拉克伦沼泽（Lachlan Swamp）取水，每桶水可以卖到6便士。这个价格是非常高昂的，当时6便士是囚犯劳动力一天的工钱，可以买到1磅肉。由此可见当时殖民地干净饮用水的紧张。

综上，殖民地的早期生活经历和内陆的河流探险经历共同塑造了澳大利亚殖民者对于河流、水资源的认识。在这个过程中，澳大利亚本地独具特色的自然环境、气候条件，移民们在欧洲积累的经验和知识，欧洲盛行的科学研究范式，英国人在其他殖民地的拓殖体验都极大地影响了澳大利亚"干旱说"的形成。而殖民地的政治文化则进一步将"干旱"置于文明的对立面。

（四）殖民地的政治文化和"干旱说"的形成

英国殖民者将非洲描绘成"黑色大陆"，英国的殖民才可以将这里带出黑暗。③ 帕特里克（Patrick Brantlinger）站在了宗教和科学的立场上评论：驱逐非洲大陆的黑暗，将是英国人的职责和命运。④ 如果说非洲在英国的印象中是"黑暗的大陆"，那么殖民时代的澳大利亚就是"寂静的大陆"。⑤ 在这种思维中，欧洲人很自然地将寂静、不文明、干旱联系在了一起，描绘出了一个由于干旱缺水而落后的，自然禀赋极差的澳洲大陆。只有欧洲人的耕种和定居才能给澳洲带来文明和繁荣。"干旱说"被作为

---

① Samuel Flanagan, "Tank Got Sick", *Sydney Gazette*, 11 February 1810.
② John Busby, "John Busby's Report to Sir Thomas Brisbane", *Sydney Gazette*, 28 June 1825.
③ Samuel Baker, *The Albert N'Yanza*, London: Macmillan, 1866, p. xxii.
④ Patrick Brantlinger, "Victorians and Africans: The Genealogy of the Myth of the Dark Continent", *Critical Inquiry*, Vol. 12, No. 1 (Autumn 1985), pp. 166 – 203.
⑤ Michael Cathcart, "The Geography of Silence", *Australia Geographer*, Vol. 26, No. 3 (August 1995), pp. 177 – 187.

关键词写入了澳大利亚的白板论，用以证实殖民地开发和拓展的正当性。

近代英国著名的地理学家弗里曼（T. W. Freeman）在书中写道：1830年，也就是伦敦皇家地理学会成立的那一年，澳大利亚"事实上是未知领域"。大陆上被探索过的地方不超过5%。大陆上有95%的地方被描述成"空地"，"一片广阔寂静的荒野，无法测量的古老，看不到任何有水或者生命的迹象……这是世界地图上最后一片空白区域，等待着被填满"①。这一段描述已经充分体现了澳大利亚地理空间的特质：广阔、干燥空旷、安静。这里是古老的，或者说是"没有时间概念的"，太过陈旧和迟钝，荒芜和僻静仿佛冲淡了这里的生命迹象。它向我们传递的信息是：这片安静的没有"历史"的土地正在等待着被救赎，等待着来自英国的探险家、移民们为之赋予生机。塔斯马尼亚的探险家詹姆士·卡德（James Calder）在19世纪40年代说："我们所描述的这个国家是没有历史，没有传统，也没有联系的。它的过去是真正的一块白板。"②

19世纪末，沃特金·坦奇（Watkin Tench）带着两位陆军军官、两位海军军官、一个犯人从帕拉马塔出发去寻找水源，他说他"始终带着一种悲伤的情绪，那就是这个地方是没有人居住的。在我们面前是人迹罕至的无边沙漠，我们在这个从来没有欧洲人来过的地方行走了一天……偶尔会看见远处的袋鼠，这里简直就是一个荒岛"③。英国小说家劳伦斯（D. H. Lawrence）和他的妻子在澳大利亚待了3个月。在这段不长的逗留中，这里"灌木丛中奇异的安静"既让他着迷又惊恐。他说："这是一种从土地中散发出来的力量。"④"寂静"的修辞在澳大利亚殖民时代是很普遍的，对于寂静的恐惧成为一种重要的情绪。干旱和寂静被联系在了一起，与此相伴随的关键词还有：没有计时概念、昏沉、原始、死亡等，这都是他们需要克服的现实。最终，殖民者在考察内陆时认为

---

① T. W. Freeman, "The Royal Geographical Society and the Development of Geography", in E. H. Brown, ed., *Geography Yesterday and Tomorrow*, Oxford: Oxford University Press, 1980, p. 46.

② Richard Flanagan, *A Terrible Beauty: History of the Gordon River Country*, Richmond: Greenhouse Ltd., 1985, p. 67.

③ Watkin Tench, *A Complete Account of the Settlement at Port Jackson in New South-Wales*, London: G Nical, 1793, p. 34.

④ D. H. Lawrence, *The Boy and the Bush*, Cambridge: Cambridge Univerisity Press, 2002, p. 94.

是干燥的气候阻止了永久定居点的建成,"土著也因为这种阻力而撤退"①。特别是他们没有在内陆找到巨大的河流的时候。安静就成为干旱的内陆的基本特征。

接下来就是欧洲人提出的让环境变得更好的方案:他们认为从人与自然联系的角度来讲,定居会改变恶劣的气候条件,不仅如此,定居还将带来进步与繁荣。一个参与开拓北方地区的殖民者写下了这样一首诗:脚下都是干燥的石头,眼前是流动的棕红色砂石。没有什么可以打破这种寂静,没有虫鸣没有鸟叫,只有荒凉和安静。这首诗中呈现了多层含义,首先是安静,这是一种挑战,"让我们卷起袖子,给这里带来些生气吧";其次是极端的天气,"这里很干旱,让我们习惯这里吧"。探险者艾伦这样写道:"持续的、令人痛苦的干旱是阻止澳大利亚进步的障碍,如果不通过在雨季储蓄水资源(不然水也会流向海洋),来缓解这天降的祸害,定居者将遭受磨难。"② 就在艾伦呼吁储蓄水源后不久,自然科学家穆勒爵士(Ferdinand von Mueller)就预测:这样的储蓄会增加墨累河谷的降雨,这样还可以种植海枣和无花果,这些植被有利于"控制气候"。③ 雷德(G. H. Reid)是这样描述的:"平原的土壤质地比较松软,在干旱季节,草几乎都不见了,但是畜牧和耕种会让土地表面变得结实……因此降雨就会形成河道,水坑会变成小溪,河流也会比现在更满"④,即内陆的耕作会提高内陆平原的环境条件。来此访问的巴顿(C. H. Barton)这样建议:我们应该有理由相信古老的农业谚语"降雨跟随着锄犁"。"甘蔗地的呼吸,小麦或者谷子地的波浪,状态良好的葡萄园和果园,甚至于土豆地、瓜地都能有效地遏制酷热,提升湿度。"⑤ 总之普遍的观点

---

① G. L. Wood, "The Meet and Bounds of Australian Development", *Walkabout*, 1 September 1949.

② C. H. Allen, *A Visit to Queensland and Her Goldfield*, London: Chapman & Hall, 1870, pp. 81 – 82.

③ C. Robinson, *New South Wales: The Oldest and Richest of Australian Colonies*, Sydney: Government Printers, 1873, pp. 27 – 28.

④ G. H. Reid, "An Essay on New South Wales", *The Mother Colony of the Australians*, Sydney: Government Printers, 1876, p. 5.

⑤ C. H. Barton, *Outlines of Australian Physiography Sydney*, Maryborough: Alston & Co., 1895, p. 177.

是只要开展农业生产和定居,干旱问题就能被解决,繁荣也会接踵而至,而且会一劳永逸,再也不会有干旱问题出现。

在欧洲人看来,澳大利亚这片广袤的南方大陆是静止的,只有他们远在千万里外的母国、被占据的热带群岛、非洲因为有了欧洲人的存在才是变化的。这种想法实际上受到这样一种自然观的支配:自然并没有一种内在的动力,只有人类行为带来的线性的改变。这背后又隐藏着欧洲人对于自然平衡,以及人类行为能力的理解:澳大利亚在很长时间内都与世隔绝,在相当长的一段时期内,这里的动植物也没有经历什么变化。这里的植被也处于一种比较稳定的状态中,如果说有什么变化的话,这种变化也是微小和缓慢的。在白人到来之前,无论是东南沿海还是内陆平原都被认为是稳固不变的,而其后它们也只是没有能动性的应变量。而新移民们将给这种沉寂带来变化和繁荣。

另一方面,当殖民者将澳大利亚描述成"空地"的时候,他们显然知道殖民时代的澳大利亚是土著的家园。这片土地上也有着自己特有的植物和动物,殖民时代的游记和书刊对此有详细的描述。因此,在殖民者塑造澳大利亚殖民时代前"寂静"地理学意象的时候,澳大利亚被置于两种截然相反的、矛盾的情景之中——其中一种有土著的存在,另一种没有。这种地理上的形象有着巨大的意识形态上的作用,一方面它让殖民想象默认了土著的存在,另一方面它又否认了殖民过程所极力掩饰的和土著相关的事实。也正因如此,英国人对此后充满着矛盾和争执、泪水与鲜血的历史则有另一种描述。

在这个阶段,殖民地出现大量的文学作品来歌颂那些参加内陆探险的人,他们也因此被喻为英雄。这些作品中极力赞扬人们在追求想象中的内陆海洋中表现出来的热情,那种面对死亡和种种困难时的坚韧。尽管并没有多少证据显示,这样的探险活动引发了大量的"死亡"。"当这些移民在沿海登陆的那一刻起,他们便在向内陆张望,他们被一种向心的动力驱往内陆。在他们面前的是他们自觉必须前往的地方。因为澳大利亚是一个'岛',无论他们站在沿海的哪个地方,他们心中都装着远处的内陆地区,也许这里是一个可以实践欧洲乌托邦试验的地方。"[1] 实际

---

[1] Charles Sturt, *Two Expeditions into the Interior of South Australia*, p. 183.

上，为这些进入腹地的人树碑立传，让他们在那里功德圆满、完成使命是此时殖民者刻画澳大利亚地理和环境特质时的另一个重要组成部分。目的就是继续渲染和突出澳大利亚大陆"极度干旱"这个主题，只有让所有人相信干旱是确凿无误的，英国殖民者的定居和垦殖才有必要性。探险的艰辛与荣耀中彰显的都是开拓者的英勇和阻力的强大。最显著的当属有关伯克（Burke）和威廉（William）死亡的故事，第十一章将专门讨论，此处不赘。

三 "干旱说"形成背后的内在权力关系

澳大利亚殖民时代的"干旱说"认定气候的干旱阻止了澳大利亚大陆的发展。这是一种产生在殖民主义背景下的话语，它服务于新移民们驱逐土著进行垦殖开拓的根本目的，推动了殖民事业的顺利开展。就其本身而言"干旱说"的形成是一个复杂的过程。在这个过程中，不同的因素介入并且发挥了重要作用。上文已将这些因素区分归类，分析了它们在"干旱说"形成过程中的影响力。但是分类并不意味着要割裂这些因素之间的联系。下文将结合实例分析不同因素之间具有整体性的内在权力关系。

毫无疑问，澳大利亚"干旱"的气候条件作为重要的因素参与了这一过程。但是新移民们来到澳大利亚的目的是进行殖民活动，因此无论是东南沿岸的观察实验还是内陆地区的河流探险都并不是单纯的科学考察。移民们对于澳大利亚的气候描述中掺杂了主观的立场。人类对于干旱的描述不仅具有多变性，也是具有相对性的。正如赫斯科特（R. L. Heathcote）曾经指出的，"干旱对不同的人来说意义是不一样的，可能有多少种水的使用方式就有多少种定义"[①]。为了更好地开展下一步的讨论，这里有必要对"干旱"本身进行界定。首先，干旱具有地域性指标。其次，干旱具有学科指标。分别为气象学干旱、水文干旱与农业干旱。这几种学科标准依次递增地隐含了干旱对于人类生产和社会经济

---

① R. L. Heathcote, *Back of Bourke: A Study of Land Appraisal and Settlement in Semi-Arid Australia*, Melbourne: Melbourne University Press, 1965, p. 244.

生活的影响。①

　　结合之前的描述不难发现，澳大利亚并不存在持续的气象学干旱，尤其是在夏季，暴雨总会不期而至。而降雨的不稳定性，雨季和旱季的分明使得殖民者对水文干旱有格外鲜明的体验，随着河流探险的深入，这种体验愈发明确。菲利普船长在登陆后对于泥土质地的看法是，"岸上的砂质土壤不适合用来种植，对于建造房屋来说又太松软了"。其实依据现代澳大利亚人的判断，那里的土地已经算是难得的湿地了。既有描述中更多的是基于农业干旱得出的结论："土著们走了以后我们开始考察那个地区。经过考察发现那里相当令人失望，几乎毫无例外都是沙地，不适合耕种，那里的土质有很多种，多数地方是硬的干旱的黏土，所有根长不深的植物都被晒蔫了。"②

　　随着殖民者将英式的农业垦殖活动拓展到澳大利亚大陆的更多地方，诸如此类的描述更加泛滥："菜园子也因此遭难了；尽管已经是盛夏，因为天旱，蔬菜还是很稀疏，所有根长不深的植物都被晒蔫了。干旱的影响在6月份已经彻底显现出来，日常用水也已经极度缺乏，悉尼附近的水库几乎全部干涸、城镇旁边的小溪也差不多变干，变成了沼泽地里的一条阴沟了，远不够一艘船用的水。"③尤其随着降雨的停止，在强烈的阳光照耀下，这个季节如果没有肥料，东南部的土地既产不出果品，也长不出蔬菜。而在当时的条件下，在澳大利亚本地寻找到合适肥料的可能性几乎为零。数月后，一位负责的殖民者军官在日记中记载："在农业方面，我们一点都不在行，到目前为止，我们已选定的那些做农业试验

---

　　①　气象学意义上的干旱是指在一个相对较长的时期内某个地区的蒸发量大于降水量或降水量异常偏少。由此可以引起大气的干旱，即空气持续高温、干燥、降水偏少。两者稍有差别，后者更加突出植物受旱的成因。这也是最基本和明确的干旱含义。其次还有水文干旱，它指持续性地河川流量和蓄水量较常年偏少，难以满足蓄水要求的水文现象。随着农业的开展，对于干旱的描述有了另一个角度，即农业干旱。农业干旱可分为两种情况：第一种是土壤干旱，土壤干旱是指土壤有效水分减少到凋萎含水量以下，使植物生长发育得不到正常供水的情形。第二种是作物干旱，作物干旱是指作物体内水分亏缺的生理现象。这些对于干旱的看法不是互相排斥的。农业干旱和气象学干旱紧密相关，但侧重的是降雨量减少对于农业生产的影响，尤其是某种作物对于湿润度的需求。"水文干旱"是从降雨量缺乏对于水流的影响来定义的。

　　②　Watkin Tench, *A Complete Account of the Settlement at Port Jackson in New South-Wales*, p. 191.

　　③　Watkin Tench, *A Complete Account of the Settlement at Port Jackson in New South-Wales*, p. 56.

的地点，付出太多而回报太少，这大概要怪我们当初没选对地方。"①

由这些细节描写我们可以总结出殖民者在刻画澳大利亚干旱状况时的一个特点：看似将干旱作为气候现象进行描述，但是参考的是水文学和农业干旱的标准，更确切地说是英国和欧洲农业的标准。也正因如此，19世纪中后期城市工程委员会（Metropolitan Board of Works，MMBW）检测维多利亚州主要城市和乡村地区的近期水供史时发现，历史记载缺水的时期与官方统计的干旱期并不完全吻合。所以尽管殖民者对于"干旱"的判断源于现实的自然气候条件，但是"干旱"的描述中却隐含着殖民者的殖民意图。

更重要的是，在自然环境作为一个重要的动因参与到这一过程塑造的时候，本身也在与殖民者的遭遇中迅速变化，这里主要表现为移民们对于澳大利亚大陆东南部地区生态的破坏。在殖民时代前这片区域完全洋溢着茂盛美丽的亚热带风貌。短短的数十年间，袋鼠变少了，殖民者的山羊、猪、马、牛取而代之，它们被放养在湿地中饮水、食草。与土著居民不一样，河流和潟湖对于白人移民来说不是什么有神圣意义的水眼，也不是环保主义者眼中的"原始荒野"，更不是殖民初期所认为的充满瘴气的沼泽。他们将这里看成了一个蓄水池，然后无所不用其极地索取。②在这种情况下，"干旱说"的论断实际上掩饰了由于殖民者造成的环境恶化，它把殖民地生存条件的困难归咎于澳大利亚本身自然条件的恶劣。殖民者的破坏行径就这样被从这段历史中抹去。他们依然可以冠冕堂皇地以开拓者的身份在澳大利亚大陆上阔步前行。

英国人的知识经验在"干旱说"形成过程中发挥了重要作用，这一作用的发挥有赖于它和殖民主义绑架在一起，打上"科学"的标签，进而在殖民开拓过程中大行其道，为殖民开拓摇旗助威。这实际上也是一个相互依赖和促进的过程。包括河流探险在内的科学考察经常作为殖民主义的先锋队出现，其目的就是要考察殖民地的自然资源、气候条件、

---

① Watkin Tench, *A Complete Account of the Settlement at Port Jackson in New South-Wales*, p. 230.
② Paul Ashton, *Centennial Park: A History*, Sydney: New South Wales University Press, 1988, pp. 11–23.

地理风貌为后续垦殖做准备。而这个团体所携带和拥有的知识、考察过程中诞生的新知识更是被作为真理传播到了殖民地，被服务于殖民扩张，拓展宗主国在殖民地的利益。

直接影响了"干旱说"形成的"内陆大河论"就受制于英国人既往的经验和知识。在英国人建立殖民帝国的过程中，所到的每一片土地，无论是非洲、美洲还是太平洋和大西洋洲上的岛屿，勘探河流寻找河道通常是殖民者做的第一件事情。河流在殖民地开拓中的影响远胜过其他。在欧洲人绘制亚洲、非洲、美国、澳大利亚地图的时候通常都标注了海岸和河流的信息。尤其是一旦地区的外围轮廓确定，接下来的挑战就是对内部细节的标注，每标注一个新的细节都是一件荣耀的事情。在这种情况下诞生了一系列具有幻想力的对于已经掌握的信息的解释。这引发了现代地理和测绘科学知识看来怪异的结果。而这在当时则被当成是具有一定权威性的科学猜想。

探险家、殖民官员之间形成了一个松散的知识权力利益团体，促成两者结合的关键因素就是探险家所具备的探险经验和知识以及殖民官员所具备的政治权力和资金实力。对于河流的强烈愿望催生了数十次规模不一的河流探险。探险所有的资金、人员和设备支持基本上完全来源于殖民政府。以约翰·奥克斯利1817年的河流探险为例，这次活动基本是受麦考利总督派遣的，在此之前奥克斯利曾经在印度和南非等地有过数次成功的探险经历，麦考利总督就内陆河流存在的可能性与奥克斯利有过几次书信交流，最终在麦考利总督的支持下探险活动成行。探险目的就是确认拉克伦河以西的内陆地区是否拥有大型的河流还是仅仅存在某个汇入"内陆湖泊"的小河。此后，1818年5月，奥克斯利再次出发考察。同时菲利普·金（Phillip King）也在西澳西北部的沿海地区寻找这条河的出海口。此外麦考利总督还在1817—1819年间派出休姆（Hamilton Hume）等人去马兰比季（Murrumbidgee）河流域及东南平原地区勘察。通常这些探险都会配备奢侈的装备，无论是食物供给还是备用的马匹、船只。每一个地标的标识，每一次卓有成效的河流探险背后都是殖民政府的主张和支持。

跟随移民舰队一起登陆澳大利亚的探险家、地理学家、记者与殖民地委派的科学官员一起很快占据了澳大利亚科学界、知识界的主导地位，这群人成为掌握科学话语权的少数团体，控制着殖民地的知识生产和传播。在大河探险基本结束后，探险的过程和由此得出的最终结论也以这部分人的游记、探险日记、报纸杂志的系列报道、官方发表的探险报告等形式公布于众。这些文字作品都倾向于将澳大利亚的气候认定为干旱。从中可以梳理出时人认定澳大利亚"干旱"主要表现的几个方面：第一，在所有有人居住的大陆中，它的年降雨量最低，降雨成为地表河流的比例最低，这也导致河流发育不健全。澳大利亚的河流有个特征："大部分河流仅仅是一个个池塘串成串，和我们既往的经验不一样，在向下游流淌的过程中，流量迅速降低。上游持续的水流被分散在各转折处的水洞所取代。"① 第二，地理、生物、气候等多方面的原因导致澳大利亚大陆的蒸发量高于降雨量。"在爱丽丝泉，全年的降雨量都会被一月的阳光所吸收。"② 第三，少数水源丰富的地方土地不适宜耕种。尽管有一部分人认为相对人口而言，澳大利亚有大面积的湿润土地。但是反驳者却坚称它的水"被放在了错误的地方、时间或者质量不好"，普遍都认为澳大利亚的河流发育不健全。总之，时人从考察经验中得出结论，一旦处于干旱时期，进行农业与畜牧的可能性基本上等于零。并且干旱还将导致交通的不便，河流没有办法通航。澳大利亚的"干旱说"随着上述报道的发表和书刊的出版在澳大利亚境内广泛传播，这些殖民地的专家和官员通过掌握话语权控制了境内的知识分类和具体叙述，而平民则成为知识权力利益集团的听众。随着"干旱说"的反复传播，其话语力量不断得到强化，最终成为不可辩驳的常识。

其实，从本质上说英国人在宗主国和其他殖民地积累的知识经验，也只是适用性具有局限的地方性知识，它的发挥本应受限于具体的情境。无论是自然环境、植被分布还是气候条件，澳大利亚与其他殖民地完全不可同日而语。在移民进行农业开垦和河流考察的过程中这一问题开始显露。首先不可否认，殖民者对该地区的植被和土壤有了进一步的了解，认为这里"土质优良，气候温和，非常适宜植物生长"而且"这里的地

---

① John Oxley, "Oxley to Macquarie", 22 June 1818, 30 June 1818, *Historical Record of Australia*, Series1, Vol. 8, Sydney: Library Committee of the Commonwealth Parliamentp, p. 480.

② Robert Dawson, *The Present State of Australia*, London: Smith, p. 355.

貌非常适宜耕作"。但是对地区性的差异了解不足。也正因如此，他们开始担忧区域内河流资源可能存在的不足，尤其是对大型河流的存在可能抱有怀疑态度。显然这里的环境对于他们来说，依旧是陌生和未知的，所以他们难以相信"远离海岸这么远的地方这些印第安人靠什么办法维生"。他们只得根据既有的经验来判断这里是否存在可靠的河流资源，探索流向"在相当长的一段距离内要么是正南要么是正北"的大河。[①]

澳大利亚属亚热带高压控制区域（subtropical subsidence region），大部分地区纬度比较低。即使是带来雨的季风也比它北方的同经度地区要弱和不确定，并且季风对内陆的影响也是不稳定的。在天气晴朗的情况下，蒸发量就会很高。澳大利亚的河流主要分布在大陆东部、东南部、塔斯马尼亚岛和北部海岸。东部河流都源出大分水岭东坡，水量较大，但源短流急。南部主要河流有亚拉河。北部河流水量也较大，主要有流入帝汶海的维多利亚河、奥德河、戴利河和弗林德河等。澳洲北部的河流受热带季节的影响，从11月至第二年的4月，季雨将沐浴澳大利亚北部沿岸的平原，而在其他的季节，这里则很少下雨，有些河流的上游甚至会干涸。西部海岸大都是季节性河流。19世纪初期的英国殖民者凭借既往经验还不能完全认识和理解到这些季节性的变化。

而在当时人看来，几十年历经艰辛的探险结果分外令人失望，没有大的河流，更没有海洋，更糟糕的是内陆居然有很大一部分是沙漠——这是以往的殖民经历中前所未有的。这种心理落差是巨大的，内陆探险的经历不仅仅是殖民者内陆海洋梦想的破碎，它也迅速影响了殖民者对整个大陆水资源的判断。殖民者实际上陷入了一种认知矛盾之中，一方面，澳大利亚拥有和英国截然不同的气候和自然环境特征；另一方面，英国人却不得不借助以往的经历和知识来进行判断和探索。无论是定居点的生活还是早期的河流探险的推进都是这样的一个用已知推导未知的过程。这个过程中诞生的知识，出现偏颇的情况，也在情理之中。

然而在殖民权力作用下，英国人的知识经验却变成具有普适性的"科学知识"被用于解释殖民地的环境气候特征。现代科学知识在很大程度上代表了历史的进步，对于技术革新、环境改造和社会发展起到了非

[①] Robert Dawson, *The Present State of Australia*, London: Smith, p. 321.

常重要的作用。但是殖民主义使得科学知识在澳大利亚发生了异化。作为科学知识的"干旱说"是殖民者运用殖民权力制造并传播的产物。在英国人的知识经验及其逻辑指导下，殖民者将澳大利亚的"干旱"阻碍能力以及土著居民未能开发澳大利亚大陆这一事实进行简单的因果联系判断。这一结论也最终被拿来证明欧洲殖民扩张的正当性。但是这一论证本身就是存在漏洞的，主要问题就在于它将殖民者的逻辑强加于殖民地，用英国人的知识经验隐匿澳洲大陆本土的知识经验。

其实所有的知识系统都是地域性的。西方的科学不应该被视为一种知识标准，其客观性应该看作知识系统的一个变量，并且与其他地域性知识比较而言具有同等的地位。而在殖民统治的历史背景下，来自西方的观念、经验、科学知识、判断标准处于支配地位。殖民者要求每个人都采用同一认知框架去描述自然，继而所有人都寻求经验证据来支持自己的观点，所有逻辑都是所谓科学理性的，所有人都用同一科学世界观来看待这一世界，用同样的方法来处理他们所面临的不同遭遇。并且殖民者在宣扬和传播西方科学知识的同时，刻意忽略土著的知识，进而认为土著是无能和蒙昧的，执意贬低土著居民存在的意义。

最后，殖民地政治文化中存在一种基本的话语模式，并以变化的形式出现，如文明与野蛮，高尚与低贱，强大与弱小，理性与感性，普遍与个别，等等。不变的是对峙的双方中殖民者永远代表着善与优，被殖民者永远代表恶与劣。话语背后体现出来的是双方的权力关系。具体到个案而言，就是英国殖民者对于澳大利亚历史的歪曲，将其白板化。"干旱说"出自这一话语体系，也彻彻底底地继承了它的逻辑。正是干旱的气候环境才造就了整片无人开垦的"荒野"大陆，也正因如此白人殖民者就可以理所当然地夺取土著土地。因为在欧洲殖民者看来只有在土地上发展定居农业、建造城镇的居住者才具有土地所有权。无人居住或是居住者没有采用欧洲概念开发方式进行利用的土地就是荒地，他人可以自由获取。而实际上在欧洲人到来之前，澳洲的土地已经被土著经营了成千上万年。殖民者的话语支配权是以殖民地居民丧失这种权力为前提的。而在现实中殖民者则尽力让这番图景以另外一种形式呈现：殖民者所拥有的权力是科学和真理赋予的。"干旱说"正是可以赋予殖民者权力的真理知识。殖民话语就是这样一种与殖民统治相互为用的知识：殖民者拥有的权力使他们能够操纵话语，建立自己的文化霸权，而他们拥有的知识又反过来巩固了殖民者的权力，使这种权力进一步合法化。

任何地区和学科标准中的干旱都有一个共同特征：降雨量降低引起的水量减少。但是人类判断一个地区是否发生了干旱取决于要用水来干什么：一个种植引进物种的庄园主面临的严重干旱对于养羊的农民来说可能只是一段时期的干燥。干旱是相对的，干旱的界定是具有多变性的。从这个角度上看，在殖民初期的澳大利亚，当水资源无法满足英国农业、地理所设想的社会经济、生产和生态需求时干旱便发生了。"干旱"不仅仅是对气象现象的描述，更体现了人类活动与自然环境之间的互动关系。而在殖民时代的澳大利亚，东南沿海的生活和生产经历、内陆河流的探险结果一起影响了新移民对于"干旱"的体验。这种体验是英国殖民者参照英国本土和帝国殖民地的实践经验，基于澳大利亚当地的环境现实对于澳大利亚的气候、资源条件进行的基本判断。并且这里的"环境"并非停滞的，也就是说殖民者开拓本身所引起的环境景观变化也加入了这个过程的塑造。而在殖民开拓的背景下，这种体验已经不是单纯的环境认知，它与殖民权力捆绑在一起，异变成英国殖民者对于澳大利亚环境的解释权，成为殖民农业开展的理论基石。

第二篇

与干旱为伴的生存纠葛

第四章

畜牧业与草场的生态变迁

没有什么外来物种能像绵羊和牛一样，在这片大陆肆意生长并带来深远的环境影响，进而从根本上重塑环境资源的利用方式。如果说后来灌溉农业的开展是逆流而上的艰辛实验，那么畜牧业的开展从一开始就是一种顺势而为。尽管牧人群体高度分化，但是他们作为一个整体对澳大利亚环境、气候亦有一番截然不同于灌溉农人的理解，他们对于干旱与旱灾的应对也迥然于灌溉田园上的主张。在羊群不断涌向内陆的过程中，土著社会分崩离析。

一 牛羊结伴来到"天然"牧场

澳大利亚的第一群羊和牛都来自南非。菲利普船长率船队从英格兰前往澳大利亚途经开普时，把当地的一只公羊和几只母羊带到了悉尼，当时是为了获取鲜肉，当年底这群羊已所剩无几。后来让澳大利亚成为"骑在羊背上的国家"的美利奴羊则是1789年后陆续引进的。从血统上看，美利奴羊都源于西班牙品种，而它们的祖先则生活在不远处的摩洛哥。15世纪，西班牙人通过精心的培育，获得了优质洁白的卷曲细羊毛。塞万提斯笔下的堂吉诃德就目睹了羊群从北方的夏季牧场长途跋涉至安达卢西亚和埃斯特雷马杜拉的冬季牧场。15—16世纪细羊毛出口占据了西班牙国际贸易重要份额，对西班牙经济发展发挥了重要作用。直至18世纪末，西班牙王室一直垄断羊毛贸易。也正因此，王室对美利奴羊的出口有极其严格的限制。拿破仑战争后西班牙的美利奴羊毛产业遭受打击，美利奴羊的出口禁令得以松懈。而澳大利亚最初选育的羊群则是从世界各地拼凑出来的。

其中一部分种羊也来自南非，羊的主人是荷兰在开普的指挥官罗伯特·雅各布·戈登（Robert Jacob Gordon）上校，他曾负责将美利奴羊引进好望角，英军占领开普后他引咎自杀，他的遗孀在重返荷兰前将26只美利奴羊出售给途经此地的沃特豪斯（Waterhouse）船长。这群羊正是西班牙美利奴羊，它们是由1789年西班牙国王查理四世赠送给荷兰政府的2只公羊和4只母羊繁殖而来。这6只羊最初被安置在荷兰南部的农场，然而美利奴羊并不适应荷兰潮湿的气候，同年羊群被送到好望角荷兰殖民地的实验农场繁殖，开普北部干燥气候显然更适合羊群的繁殖。[①] 最终经历漫长的旅行，26只羊中有8只幸存下来，并在悉尼被卖给约翰·麦克阿瑟等人。1804年，麦克阿瑟又从英格兰国王乔治三世那里购买了数只美利奴羊，这些羊实际上也来自西班牙王室在埃斯科里亚尔的牧场。不久之后，麦克阿瑟又购买了同样具有西班牙血统的萨克森美利奴羊（Saxon Merino），并借此获得一万英亩的赐地，建立了卡姆登庄园牧场，这里也成为驯育美利奴羊的摇篮。对于澳大利亚人来说，美利奴羊最有利的基因在于这些祖先曾在西北非草原生活的羊群非常容易适应干燥的环境。这种特质为麦克阿瑟等人的育种工作提供了绝佳的先决条件。通过巧妙的杂交选育，麦克阿瑟培育出第一代纯种澳大利亚美利奴羊，尽管它们的外观与祖本差异不大，但是对澳大利亚当地环境的生物适应度更高。

第一舰队也从南非运来了4头母牛和2头公牛，它们是英国的短角牛和赫里福德牛。与同船而来的羊群命运不同，在悉尼湾附近的草地里徜徉了5个月后，看护人吃顿晚饭的工夫，牛群就"越狱"了。菲利普船长派出好几拨人找了整整3周，始终没有发现牛群的踪迹。这对当时严重缺乏物资的殖民地来说是巨大的损失。然而1795年11月，殖民者在距离悉尼100公里的尼平河（Nepean River）的南岸发现了这群逃逸的牛，此时牛群已经野化，数量已经有60头之多。牛群应该是沿着乔治河走到

[①] 这段故事还有一段插曲，1791年荷兰政府发现羊群本不应该送到开普，便要求戈登返还。戈登将种羊运回荷兰，但将羊群的后代悉数留下。未被沃特豪斯购买的美利奴羊成为南非美利奴羊羊毛生产的开端。

上游，又本能地逐水草穿过后来的坎贝尔小镇，最终到达尼平河流域的。牛群比初来乍到的殖民者更早发现了最为优质的草场——"这片土地令人赏心悦目，是新南威尔士迄今发现的最好的地方。土壤肥沃、适合耕种，到处都是茂密的草"①，这次意外让人们迅速意识到新大陆存在着天然的牧场。牛群活动的尼平河南岸正是后来麦克阿瑟建立卡姆登庄园的所在地。

正如上一章所提及的，翻越蓝山后第一轮大规模的内陆探险开始。1813—1830 年间约翰·奥克斯利（John Oxley）发现了亨特河北部的利物浦平原，以及拉克伦河谷和麦考利河，蓝山后的平原向内陆拓展了至少900 公里。乔治·伊万（George Evans）、阿伦·坎宁安（Allan Cunningham）发现了纳姆沃伊和圭德河沿岸的麦克尔草地以及昆士兰的达令丘陵。汉密尔顿·休姆（Hamilton Hume）等人横穿蓝山南部到达菲利普港，查尔斯·斯图特（Charles Sturt）沿着马兰比季河找到河流的入海口。澳大利亚内陆的基本地理面貌被厘清：除去东部的高地和小桉树灌木林外，内陆的大量土地皆为适宜放牧的萨凡纳草原。② 以现代农业地理的角度来看，澳大利亚东南部的确具有优越的自然放牧环境：东部山地内侧的新月形地带由平原和低丘构成，常年覆盖着天然草地和稀树林。区域内分布着向西流动的河流网，年降雨量在 400—800 毫米，所以羊群不会因潮湿患烂蹄病。大部分地区最低月平均气温在 10 摄氏度以上，这也有利于绵羊安全越冬。牧民不用筑舍防寒，夜里也不用把羊群赶回驻地。澳大利亚大陆上没有狮虎猛兽，牧场遭遇的最大威胁是澳大利亚野狗，需要 24 小时不间断地看护羊群。羊倌和巡夜人平时都住在可以移动的营房内，羊群夜晚也会被赶到临时搭建的围栏里。

19 世纪初，澳大利亚牧场的羊毛在质量和价格上已经可以同西班牙和德意志产品竞争。1807 年，首批 245 磅羊毛出口，每磅价格为 16.3 先令。1810 年，澳大利亚开始出口羊毛，出口额仅为 167 磅，1811 年就猛

---

① *The Sydney Morning Herald*, 13 August 1932, p. 9.

② 参见 Ernest Scott, ed., *Australian Discovery*, Vol. 2：By Land, New York：Dent, 1966。

增1000余倍，出口额已经达到17.5万磅。① 19世纪20年代开始，英格兰北部的工业革命如火如荼，机器改良了羊毛制品的制造工艺、降低了生产成本，人口的增长带来了对优质羊毛的需求。而羊毛则是价值极高的大宗产品，其价格足够支撑长途运输。此时牧场到港口的平均距离为120公里，使用牛车运输的费用为每磅2便士，从澳大利亚到英国本土的海运费用约合每磅2.5便士。② 牧羊人显然有很大的利润空间。羊毛的优势还在于不同于小麦和其他生鲜制品，在长达6个月的运输过程中不会腐败。与之形成鲜明对比的是，在冷藏运输被广泛运用之前，牛的主产品牛肉一直无法供应出口。在殖民地早期，牛群增长缓慢。但从19世纪初开始，养牛业也开始迅速扩张。新移民的到来，增加了对牛肉的需求，也激励了行业的进一步扩张。牧民们利用大陆广阔的空地，将牛群转移到内陆更远的牧区。

二　牧人的荒野进军

养羊业作为澳大利亚的一个主要经济部门的出现引起了英国政府的重视，他们意识到澳大利亚不仅是流放犯人殖民地，而且有可能成为提供原料、进行投资和销售工业品的市场，因此大批资本被投入细羊毛生产。在英国资本家和澳大利亚本土牧场主的推动下，牧羊人开始向荒原大进军，迅速占据了适宜放牧的土地。此时，新南威尔士和塔斯马尼亚是王家殖民地。私人只能通过被赠予、购买或者租赁的方式获得。但是政府已经不像殖民早期那样倾向于将土地赐予或者以低廉的价格出售给新移民。当时的殖民政府已经意识到一个潜在的问题：牧羊业是建立在大规模土地粗放利用基础上的农业形态，所需劳动力极少，一旦未来人口增加，澳大利亚势必将寻找能够支撑更多劳动力需求的集约型农业生产方式。1826年政府颁布了《移民点限制法令》，划定19个县作为合法移民点，其具体范围是由悉尼内陆推进240—320公里，以今天塔里地区

---

① E. Macarthur Onslow, ed., *Some Early Records of Macarthurs of Camden*, Sydney: Rigby, 1973, p. 102.

② Geoffrey Blainey, *The Tyranny of Distance*, Melbourne: Sun Books, 1966, p. 130.

的曼宁河和马兰比季河为界。① 同时，受爱德华·吉本·韦克菲尔德（Edward Gibbon Wakefield）系统殖民论的理论影响，政府开始以较高的价格将土地出售给富人，土地出售获得的资本用以鼓励移民，满足殖民地不断增加的劳动力需求。

畜牧者强烈反对《移民点限制法令》。早在1830年前，他们就已经在"禁地"放牧，身在悉尼的殖民地总督对此无能为力。这些人被称为"公地的非法占有者"（squatter）。这一具有讽刺意味的词汇后来越来越丧失本意，而是单纯指代这一特殊时期的畜牧者，因此后文将使用"牧场租借人"一词。大部分牧场主拒绝以高昂的价格从政府手中购买土地。他们更倾向土地赠予或者花费较少的地租获得土地的使用权。19世纪20年代，牧羊人追随探险家的足迹越过蓝山山脉，沿着内陆河流和溪流进发，19世纪30年代牧羊人继续涌入新的疆土。1831年2月14日，殖民地政府下令取消了土地授予制，所有王室土地均需通过公开拍卖来交易。农村地价也由1831年的5先令每英亩提高到1839年的12先令每英亩。出现流拍等情况时，所拍土地可在次年通过选地（selection）交易，这也是选地首次被引入澳大利亚的土地法。②

1835年，牧羊人已经在悉尼以南320公里的莫纳罗以及以北400公

---

① 随着殖民农牧业的发展，尤其是牧羊的荒野进军，澳大利亚的土地制度发生过较大的变化。在殖民地早期，澳大利亚的土地分配是以敕令和授予王家土地的方式来实现的。1787年4月25日，总督正式签发了第一份敕令批准授予刑满释放犯人土地。土地的优先授予权限于自由移民和为新南威尔士殖民地服务的海军军官，而土地的授予范围很快扩张至整个东部沿海地区。当时规定每户授予以100英亩为限，并以50英亩为单位按照每英亩1先令的价格交付土地金（退租金 quit-rents），5年内付清。原则上这些授予的前提是土地被部分开垦，但是这一前提并未被强制执行。直到1811年所有被分配和开垦的土地都位于悉尼的周边。从1811年开始，殖民地以14年或21年的租期开放租用土地，租约和租金应总督的个人考量不时地变化。1825年开启了殖民地土地自由买卖的时代。当年的3月24日开始，殖民地允许以每英亩5先令的最低价格通过私人招标出售土地，上限为单位个人不超过4000英亩，单位家庭不超过5000英亩。直到1831年这套制度与先前的以敕令颁布的土地授予并行不悖。划定19县作为合法定居点的做法也是在此基础上实现的。其间，1829年租约被自由授予制取而代之。5年后，租约制度又被重新引入。实际上殖民地土地退租金的支付是非常敷衍和含糊的，尤其在后期政府也提供了种种优惠政策。参见 Samuel MacMahon, *Land Utilization in Australia*, London: Melbourne University Press, 1964, pp. 25-27.

② Samuel MacMahon, *Land Utilization in Australia*, London: Melbourne University Press, 1964, p. 29.

里的新英格兰平原建立了牧羊场。此时，塔斯马尼亚牧场范围也蔓延至高地。为了扩大放牧范围，塔斯马尼亚的牧羊人乘坐小船穿过巴斯海峡来到大陆的南端进驻至波特兰与后来成为墨尔本的大片区域。① 截至1839年，从这两大区延伸至沃南布尔的所有土地已经被紧紧挨着的一个个牧场占据。"边境"以每月16—20公里的速度前进，最终以菲利普港为中心的三片畜牧区在维多利亚中部（此时维多利亚殖民地亦尚未建立）相遇。牧羊人大多沿着墨累河的支流定居下来。他们很清楚，最理想的牧场必须排水良好，全年温暖，距离水源最好不能超过一天的路程。在悉尼以南，1844年牧羊人来到了昆士兰南部的达令丘陵。至此，总数约为2000人的牧场主们占据了澳大利亚东南部从达令丘陵到阿德莱德，西起蓝山山脉，约1600公里长，320—800公里宽的地带成为殖民地的"天然"牧场。这片牧场相当于整个法国的国土面积，这无疑为畜牧业的扩张提供了充足的空间。到1850年，在过去被一直封锁的广大地区，主要是从布里斯班向南到阿德莱德一线以西320公里的地区几乎都被辟为牧地。在这片辽阔的地区里，到处都能看见白茫茫的羊群。②

据不完全统计，在1830—1850年间，牧场主占用土地达28万平方千米。在牧羊业的初创年代，每个牧场的规模是8—12平方千米。牧民砍伐当地的桉树，建筑简陋的小屋作为居所。牧场的饮食单调，面包、肉、茶叶、糖几乎就是全部的食谱。不少牧场主并非粗鄙的村夫，而是接受过一定教育的平民，他们对这样的生活有备而来，以此为权宜之计。从政府获取补助的自由移民也企图在这里谋求比在英国更好的生活。③ 一些经济上更富裕的投资者，会将牧场交给专人看护，自己居住在城市。④

仅仅是自然条件的优越并不足以诱发澳大利亚的羊毛繁荣，刺激畜牧业发展的重要原因是欧洲羊毛市场的发展与变化。1822年英国开始鼓

---

① W. A. Brodribb, *Recollection of Australian Squatter 1835 – 1883*, Sydney: John Woods, 1978, p. 79.

② Ernest Scott, *A Short History of Australia*, Melbourne: Oxford University Press, 1947, pp. 120 – 131.

③ C. P. Hodgson, *Reminiscences of Australia with Hints on Squatters' Life*, London: Wright, 1846, pp. 31 – 56.

④ New South Wales Legislative Council, *Select Committee on Immigration, including Replies to a Circular Letter on the Aborigines*, Sydney: Government Printer, 1849, p. 442.

励澳大利亚的羊毛生产，减少从德国进口，政府将澳大利亚羊毛的税率降低到德国羊毛税率的 1/6。进入 19 世纪 30 年代以后，英国毛纺织业又获得了新的大发展，对羊毛的需求较 20 年代末更大幅增加。由于技术革命，毛纺织产品的成本进一步降低，而质量进一步提高。羊毛价格一直上涨，仅在 1836 年和 1837 年两年内就上浮了两倍，为了追逐利润，英澳资本家纷纷向澳大利亚牧业投资。西欧诸国在 40 年代因政治动乱提供给英国的羊毛进一步减少或者中断，这为澳大利亚养羊业的发展提供了极为有利的、持续增长的市场条件。[①] 一些拥有巨额资本的资本家甚至移民到这里经营牧羊场。澳大利亚殖民地正式成为英国重要的羊毛原材料基地。所以从某种程度上说决定澳大利亚牧场扩张的是远在 20000 公里以外的英国市场的需求。1821 年，新南威尔士殖民地育有 139000 只美利奴羊，1850 年，美利奴羊数量增至 1200 万只，牧场平均规模已经达到 120 平方千米。从 1820 年到 1850 年，英国进口的羊毛从 970 万磅增加到 7420 万磅。与此同时，澳大利亚向英国出口的羊毛从 9 万磅增加到 3900 万磅。[②]

既然牧场的范围已经超越了规定界限成为既定现实，理查德·伯克（Richard Bourke）总督上任后着手进行有秩序的管理。殖民地当局进一步明确牧场租借人对土地只有使用权而无所有权。1839 年，新南威尔士立法委员会将 19 个县划为多个畜牧区，每个牧场租借人必须每年交纳 10 英镑获得放牧许可证，并支付每只羊 0.5 便士的税收。这些费用对于牧场主来说很低，不会打击积极性，但是又足以维持牧场区的日常管理。但是此后，政府和牧场租借人之间常因土地所有权问题发生争议。1847 年殖民政府通过法案，将殖民地的土地划为三类：划界地、缓冲地和未划界地。每类土地分别以不同方式管理。第一类土地以 1 英镑/英亩的最低限价进行拍卖，缓冲地以最高 8 年为限出租，8 年后每年续租。未划界地以 14 年为上限出租。承载力为 4000 只羊的牧场的最低地租为每年 10 英镑，承载力超过该水平的牧场额外收取 2.5 英镑/1000 只羊的费用。如果牧场租借人可以以 1 英镑/英亩价格购得土地，在土地被其他人购得的情况

[①] Alan Barnard, *The Australian Wool Market*, 1840-1900, Victoria: Melbourne University Press, 1958, p. 215.

[②] Alan Barnard, *The Australian Wool Market*, 1840-1900, p. 218.

下，牧场主所进行的基础设施建设还将获得补偿。① 这一法案的颁布使得牧场租借人实现了有限的土地所有权，稍许缓解了牧场主与殖民地管理者之间的矛盾。

其间，通过拍卖交易土地的原则在1842年的《议会帝国法案》（Imperial Act of Parliament）中得到重申。该法案规定了土地在拍卖前需要进行勘探，并将底价（upset price）规定为固定的每英亩20先令。另外，法案还规定，除调查费用外，一半的销售收入将用于支付个人移民来澳的费用。同时在该法令下，面积为20000英亩的特殊地块成为殖民地土地法中的例外。这部分土地可以在土地调查之前，通过不低于底价的私人合同出售。实际上，殖民地早期澳大利亚的大部分土地都是畜牧业用地，早期的土地占用许可也是针对畜牧用地的，随着1827年这类许可的停止签发，牧场租借人只能在缴纳土地金后获得年度许可。因此，1847年的土地分类是对牧场租借人长期土地租赁权的稳定。② 另外，1847年的土地分类维持了通过拍卖或私人合同出售的原则，更重要的是引入了一种新的制度，在现有土地法下为以畜牧为目的的土地租赁单开了一个缺口。这种租赁制度不仅开启了澳大利亚的亚畜牧时代，也为牧场租借人和土地领有人之间的特殊劳资关系奠定了基础。③

1847年以前都已经取得许可证的牧场中，只有很少的牧民享有永久的保障权，因此牧场主对于牧场的投资都维持在最低的限度。牧场租借人通常占领的地方都沿河流附近，牧羊人过着几近半游牧的生活，基本上不会进行修建篱笆、供水设施这样的固定投资，他们甚至不会将资金

---

① New South Wales Legislative Council, *Orders in Council Respecting Occupation of Crown Lands*, V. & P., 1861, pp. 3375-3384, https://faolex.fao.org/docs/pdf/sk63850.pdf, 2022年3月访问。

② New South Wales Legislative Council, *Orders in Council Respecting Occupation of Crown Lands*, p. 3383, https://faolex.fao.org/docs/pdf/sk63850.pdf, 2022年3月访问。

③ 作为英帝国的边疆，殖民地时期的澳大利亚的特殊性还在于它是一个迅速成长中的殖民地，土地分配和占有随着殖民地的分化和演变而经常变化缺乏稳定性。直到1861年，1847年的法律在新南威尔士一直有效执行。而维多利亚和昆士兰分别于1851年和1859年与母殖民地分离，土地法也相继由当地殖民地议会法案废止。特别是随着1851年金矿的发现，以及随之而来的人口涌入极大地改变了殖民的条件。殖民地必须采用不同的土地分配制度来确保工业和农业人口的定居。相较而言，维多利亚、昆士兰和塔斯马尼亚后来的土地条例与新南威尔士更接近，都坚持有条件占有和递延付款等规定。而西澳和南澳则更具地方性，直到殖民地晚期它们的土地分配才与东部接轨。

投入到大规模的毁林造地的运动中去。① 因为一旦被政府驱赶，这些投资就得不到回报。而且第一代移民通常还怀揣着挣钱之后回到英国的想法，并没有打算成为澳大利亚内陆永远的定居者。经验稍许丰富的牧民逐渐认识到澳大利亚气候干旱与潮湿交替的节律。他们自然也认为在好年景尽可能扩大利润才能够熬过最坏的时节。直至19世纪50年代的繁荣岁月里，维多利亚和新南威尔士较富有的牧场主才有能力负担起早期无法实现的大规模植被清理和基础设施建设。从60年代开始，情况有所改变，为了给牧场寻找新的草场，牧羊人不得不着手清理大片森林，对树木进行环剥树皮。② 和砍伐树木相比，环剥树皮的方法操作简单且代价更低。淘金热后面临失业的矿工也成为廉价的劳动力。大片的桉树被砍伐清理之后，取而代之的就是低矮松树灌木丛。19世纪60年代中期，畜牧的边界移至昆士兰的西部边境，80年代中期牧场已经遍布整个澳大利亚。澳大利亚出栏绵羊数量从1860年的2000万只增加到1870年的4000万只，直至19世纪90年代中期达到1亿只。③

三　羊蹄、牧场的生态变迁与牧人的生存策略

牛羊的啃食和踩踏对澳大利亚的土壤和原生植被产生了重要的影响。原来澳大利亚当地常年生的深根草种适应于澳大利亚干旱和湿润的气候交替以及有袋动物的吃食和柔软爪蹄的踩踏习惯。山坡和平地上的深根草都是呈块状分布的。块状的分布可以在干旱季节保护植物的根部，维护植被已然占据的领地，等待时机充分生长。有袋动物也不是有攻击性的食客。他们小口啃食植物底部，而将种子、穗留给鹦鹉和麻雀，这样保留下来的草根在雨季就可以再次生长，种子也在所到之处生根发芽。

牧场的绵羊会把最为鲜美的草吃光，在降雨稍少的地方，绵羊也会吃本土的滨藜（Atriplex）和岩蕨，最终留下的都是难啃、没有太多营养

---

① S. H. Roberta, *The Squatting Age in Australia*, 1835–1947, Melbourne: Melbourne University Press, 1971.

② W. E. Abbott, "On Ringbarking and Its Effect", *Proceedings of Royal Sociery of New South Wales*, Vol. xiv (1880), pp. 93–102.

③ Alan Barnard, *The Australian Wool Market*, 1840–1900, p. 219.

价值的植物群落。牛羊会吃掉整个植物，包括底部的叶子和穗子。在食物短缺的时候，它们就会吃掉草丛下面的保护根。很快深根的草类就被过度地啃食了，它们的种子没有机会得到繁殖。牧场营地周围很快会成为一片空地。当牲畜不得不跑到更远的草场觅食时，原先的营地就会被放弃。牧民长途转场放牧的习惯和外来草种的到来会进一步冲击本地牧草。被放弃的土地不会裸露太久。一些劣质草种，例如苍耳，就会随牧群而来，乘虚而入。它带刺的种子钻进羊身上的毛里，很容易就传播开来。苍耳最初在多石的山坡上稀疏生长，现在一跃而下，在没有竞争的情况下接管了大片空地。在许多地区，在这个新的环境中本地多年生的可食性草类竞争不过其他的物种，尤其是殖民者引进的一年生英国草种。英国的草种很快就占据了山坡和土壤变得越来越坚实的平原。从19世纪30—60年代初，移民偶然带来的荨麻、苏格兰蓟、苦薄荷、小金莓遍布牧场、迁徙沿途、绵羊放牧区河流浅滩之间。[1] 羊群、牛群坚硬的蹄子会让土壤变得坚实。对于这些具有数千年坚硬土壤经验的外来杂草，亦是最友善的土壤与气候。

　　第一代牧民不久后就意识到在土地被羊群啃食和践踏后，即使是休整一段时间，也不能恢复到最初的状态，土地的承载力是会越来越低的。"尽管羊不多，但是三年内圈占土地已经让牧场和周遭变成了两个不一样的世界。"[2] 约翰·比格在1822年调查报告中评价道：小农场主是中间层和底层人物，他们以有限的财富开始了殖民地的事业，他们唯一的依赖就是土地的产出。而正是这些人对财富的需求，使得那些反复耕种且并不肥沃的土地生产力已经枯竭。[3] 牧场扩张带来的一个必然的结果是单位面积可以承载的牲口数量的不断下降，牧民们必须为羊群寻找新的食物和水源，培养新品种牧草。19世纪60年代里，夫里纳用于喂养绵羊的冰

---

[1] R. M. Moore, "Ecological Observations on Plant Communities Grazed by Sheep in Australia", in A. Keast, R. L. Crocker, C. S. Christian eds., *Biogeography and Ecology in Australia*, Sydney: W Junk-Den Haag, 1959, pp. 500–513.

[2] W. W. Froggatt, "A Century of Civilization from a Zoologist's Point of View", Proceedings of Linnean Society Sociery of New South Wales, Vol. xxxvii (1913), p. 22.

[3] Thomas Bigge, *Report on State of the Colony of New South Wales*, London: The House of Comons, 1822, p. 45. 参见古滕堡电子图书计划, Report on State of the Colony of New South Wales, with Addenda. (gutenberg. net. au)，2023年1月访问。

梨和木棉,正在被混合饲料取代。在达令丘陵和较远的地方也出现了类似的情况,紧接着干旱让情况变得更糟。

当1866年和1869年的干旱来袭时,牧场主们第一次深刻地体验到澳大利亚气候在大范围内对土地、牧草及其种群的影响。在麦考利沼泽附近,定居者已经"快要饿死了",从杜博(Dubbo)到巴旺-达令(Barwon-Darling)的广袤土地上一根草也没有。从博甘(Bogan)到温特沃斯(Wentworth)的草场此时也成为荒漠,羊"像蝗虫一样,四处游走,吃光了每一口植被"。[1] 整个19世纪70年代气候条件有利,澳大利亚东南部仅仅在1877年和1878年期间经历了一次短暂的干旱。但是草场再也没能从60年代末的干旱中恢复过来,重要原因就在于牧草种类的减少。一旦经历长期干旱,绵羊和牛将会把数百万公顷土地变成了尘土,然后牲口也大量死亡。为南澳大利亚州政府工作的德国植物学家理查德·肖姆伯格(Richard Schomburgk)就观察到,澳大利亚所有殖民地的原生草都在迅速消亡。在一些地区,所有一年生植物都灭绝了,甚至每年夏天袋鼠草都变得越来越稀少。[2] 当时有人将此归结为整个殖民地日益严重的过度放牧。《库纳布尔独立报》(*Coonamble Independent*)的一份报告将1877年和1878年干旱年份数百万只羊的死亡也归咎于此,并称这是"澳大利亚定居者的最大罪恶之一"[3]。《悉尼晨锋报》的文章提及,作者1867年到访的牧场畜有12000只羊,但到了1877年,羊群已经高达67000只。文章还描绘了数千具散发着恶臭的尸体散落在畜群中的恐怖景象,并认为牧羊人的"贪婪"是罪魁祸首。[4]

过度放牧的情况在19世纪80—90年代持续上演。1879年,新南威尔士西部约有500万只绵羊,三年后绵羊数增至1000万只。尽管80年代上半期干旱再次发生,但是当地的羊群数量仍在增长。1884年杜博的绵羊就像是"行走的骷髅",而从杜博到尼根(Nyngan)的平原已经是

---

[1] J. Russell and R. F. Isbell, eds., *Australian Soils: The Human Impact*, Brisbane: University of Queensland, 1986, pp. 374 – 396.

[2] Richard Schomburgk, *Report on the Progress and Condition of the Botanic Garden and Government Plantation of* 1881, Adelaide: Botanic Garden and Government Plantations, 1882, p. 78.

[3] "Flocking in the Dust", *Coonamble Independent*, 29 September 1872, p. 8.

[4] "The Dread Drought", *Sydney Morning Herald*, 12 March 1877, p. 3.

"一片沙漠，地上一根草都没有"。此前这一区域的牧民会把羊群赶到达令河养肥，而整个80年代早期，牧民不得不将羊群赶到1000多公里以外的罗克汉普顿（Rockhampton）。① 巴旺当地的牧站一共损失了近4万只羊。② 而整个新南威尔士境内的损失应该高达900万只绵羊。杜博境内的麦考利河岸边兴起了收集和清洗死羊羊毛的产业。最极端的情况出现在新南威尔士西部，1891年这里的羊群数量达到1350万只。③ 由于放牧的干扰和对原住民日常焚烧的抑制，灌木林开始占据草场，1895年干旱再次来袭，持续了整整七年，新南威尔士西部的畜牧业破产。

生态环境的巨变与牧场的损失真的仅仅是由牧民的贪婪无知引起的吗？要回答这个还需要了解，在环境退化与干旱席卷的过程中，牧民们作为一个高度分化的集体是怎样应对的，他们的生活是怎样的？

首先，并非所有地区的牧场都会过度放牧，牧场的生态印记也呈现出比较明显的地区差异。在放牧条件尚可的巴瑟斯滕，牧场主大多较为温和，而在自然禀赋稍差的古尔本地区，人们对待土地更加粗暴。在1828—1829年的旱灾期间，大量的牧群就被迫迁徙到草量更加充足的地区。19世纪30年代，流行性感冒（Catarrh or influenza）夺去很多绵羊生命。④ 疥癣（scab）在新南威尔士、维多利亚和南澳大利亚也很常见，这些疾病的广泛流行一直持续到19世纪60年代中期，随着科学护理和药物的普及才得到控制。⑤ 如果羊群因此受到损失，过度放牧经常会成为止损的方式。对于边远地区的牧羊人来说，原本牧场的畜养能力更弱，可以容忍的气候边际变化也更低，旱灾对这里的打击通常都会是灾难性的。19世纪70年代的自由移民通常还会以借贷的方式投资，因此他们自然更倾向于过度放牧，囤积羊毛。另一方面，牧羊人们并不像人们经常说的那样贪婪无知；他们中的许多人都有英国国内畜牧经验。问题就在于，

---

① "From the Warrego Southwards", *Queenslander*, 8 April 1882, p. 434.
② "Overstocking and Its Effects", *Sydney Morning Herald*, 24 September 1884, p. 3.
③ R. L. Heathcote, *Back of Bourke: A Study of Land Appraisal and Settlement in Semi-Arid Australia*, Melbourne: Melbourne University Press, 1965, p. 178.
④ P. Mylrea, "Catarrh in Sheep", *Australian Veterinary Journal*, Vol. 69, No. 3（August 1992）, pp. 298–300.
⑤ 杰弗里·博尔顿：《破坏与破坏者：澳大利亚环境史》，杨长云译，中国环境科学出版社2012年版，第80—81页。

在英国他们可以预判牧场的放养率和恢复时间。但是想要凭借既往经验对澳大利亚牧场进行相关评估难度是很大的。特别是在内陆地区,仅仅从景观上看"每年100毫米的地区看起来与200毫米的地区完全相同",但是放牧后的恢复期则相差甚远。① 整个澳大利亚东南部气候的年际变化剧烈,无论是降雨、气温还是日照强度都如此。极旱的年份和湿润的好年景不期而遇。在这种情况下过度放牧成为一种可能的选择。

1884—1885年新南威尔士殖民地政府成立调查委员会,调查旱灾最为严重的西部内陆的水资源保护,其目标在于"避免殖民地不时遭受的周期性干旱的灾难性后果"②。委员会专员们经过调查发现:被采访的牧民对于节约用水毫无兴趣,他们表示牧场需要的是草。一些土地所有者甚至认为土壤的退化和草地的消失改善了平原的蓄水能力:以前土壤疏松,降雨会流入草的根部,现在由于牛羊的踩踏,水就会流入平地和蓄水箱。③ 这些回应让委员会感到非常困惑——"抱怨缺少草难道不意味着需要进行水资源保护和灌溉吗?"④ 1885年5月,委员会询问地区调查员亚瑟·德赫斯特(Arthurt Dewhurst)灌溉牧草的益处。德赫斯特认为平原上没有足够的水可以被用于灌溉。而当被问及是否可以使用被浪费的雨水时,他的答案也是否定的。实际上,专员们的问题是由殖民地政府支持内陆小型牧羊和种植业的田园理想决定的,他们与同时期的灌溉愿景如出一辙,而土地所有者显然对保护资源并无长期兴趣。专员们对平原上土地投入的规模之低不甚了解,也低估了投机主义的盛行。当被问及"一个牧场主如何能种植足够的干草来喂养18万只羊时"⑤,巴旺当地的大牧场主,也是剪羊毛机的发明人费德里克·约克·沃尔斯利(Federick York Wolseley)直言不讳地表示:"放弃一部分羊远比保证全部羊群

---

① 杰弗里·博尔顿:《破坏与破坏者:澳大利亚环境史》,第89页。
② William John Lyne, "Royal Commission-Conservation of Water First Report-Minutes of Evidence", *Votes and Proceedings of the Legislative Assembly During the Session* 1885 – 1886, 1886, p. 6.
③ William John Lyne, *Votes and Proceedings of the Legislative Assembly During the Session* 1885 – 1886, p. 178.
④ John Lyne, *Votes and Proceedings of the Legislative Assembly During the Session* 1885 – 1886, p. 152.
⑤ William John Lyne, *Votes and Proceedings of the Legislative Assembly During the Session* 1885 – 1886, p. 274.

成活的经济效益高。"① 财务状况不济的牧民们选择余地则更小,他们不得不通过过牧来弥补损失、偿还债务,这样做才有经济意义。这也就不难理解他们对于平原环境和羊群的态度。在遭遇极端天气情况下,数百万只绵羊的损失并非由于无知、贪婪抑或缺乏蓄水的手段,而是一种管理学上的决策。

其次,干旱不仅仅是抽象的概念还是实实在在的生活。在殖民地时代的澳大利亚东南部,干旱也不是独立的事件,而是长时段的挑战,用数代人的生命去度量的生存试验。对于更多的牧人来说,旱区的生活意味在反复发生的旱灾中,改变自己的行为去适应气候,解决问题,找到生存之道。19世纪80年代,农业地理格局进一步明确,牧民对干旱的应对更加分化。此时,东南部沿海最肥沃的土地用于奶制品生产,桉树疏林地带被用于肉牛畜牧。牛羊的混牧区位于作物生长期7—9个月的高地以及东部、西南部高地的斜坡上。小麦和羊毛生产混合区限于东部高地的北部和东部斜坡。剩下的大面积土地都为畜牧区,一直延伸到内陆的辛普森和吉普森沙漠。②

沃特维·福金纳(Otway Falkiner)是富可敌国的大牧场主,他的牧场位于大分水岭的南端和新南威尔士的西部平原,这里的年降雨量约为400毫米。沃特维展开了对干旱最为积极的应对。他改造水系,建造蓄水设施。在干旱袭来时通过大型的转场放牧,调控农产品价格,选育耐旱的美利奴羊品种来减轻干旱的影响。③ 奶农约翰·麦凯恩(John McCann)一家生活在沿海冲积平原,这里拥有620毫米的年均降雨量,但是会遭遇极端干旱的春夏两季。相较于牧民,奶农对干旱更加敏感,他们也开始投资建筑水坝,但由于在当地居住时间不长。他们对于规律性的降水也有不切实际的期待,所以也未在好年景扩大种植牧草、粮食的面积,增加收益。他们应对干旱的方式是因地制宜的:在附近的树林中捕捉负鼠出售皮毛,砍伐金合欢树出售树皮。世界时尚市场对前者多有需求,后

---

① William John Lyne, *Votes and Proceedings of the Legislative Assembly During the Session* 1885 – 1886, p. 183.

② Bruce Davison, *European Farming in Australia*: *An Economic History of Australia Farming*, Amsterdam, Oxford, New York: Elsevier Scientific Publishing Company, 1981, p. 38.

③ Tim Hewat, *Golden Fleeces*: *The Falkiners of Boonoke*, Sydney: Bay Books, 1980, p. 131.

者是制作鞣皮制剂的重要原料。另外,由于沿海的干旱与内陆并不同步,麦凯恩还通过低价购入旱区羊群等方式,从内陆的干旱中牟利。①

查尔斯·库特(Charles Coote)生活在小油桉灌木区(Mallee)的东缘。这里有季节性河流,是东南部最干旱的耕作区,只有极端天气系统才能带来降雨。在人工建坝之前,墨累河是唯一一条不断流的河流。1892 年,小油桉灌木区是在边疆地区,查尔斯·库特后来选地到这里。他的祖辈是并未积累太多财富的矿工。对于贫寒又愿意付出苦力的年轻人来说,小油桉灌木区是个不错的选择。查尔斯的农场主事畜牧和小麦种植。农场采取粗放型的经营,不施肥也不犁地。由于对气候有所了解,农场会打井、修筑贮水池蓄水——完整地经历了这里的数次旱灾后,他开始了解气候的无常,"不再没有理由地期待好天气",而是未"旱"绸缪。其间,殖民地政府资助小油桉灌木区的居民从墨累和古尔本河调水。与很多边疆地区的居民一样,他们的日常生活朴素与自足,过着低于同等收入水平的生活。最终查尔斯一家成为联邦干旱(Federation Droughts)②的幸存者。③ 与之相似,生活在维多利亚东北地区的牧民查理·格罗斯曼(Charlie Grossmen)和家人长于观察和学习农务。在经历了 70 年代的干旱后,查理的农场开始修筑水井和简易的储水设施,调节播种的时间,在丰年储存粮食和牧草。他还开始了多样化的经营,例如从事园艺型农业,种植小麦以降低旱季的风险。除此之外,农场还会在旱季采摘食物,砍伐木材出售。多样化的经营意味着好年景收益不会过高,但是坏年份可以减少损失。④

对于内陆干旱最为消极的应对就是离开。亨特(Hunters)和布卢维斯(Brewers)是 19 世纪 70 年代开始在新南威尔士西部拉克兰河生活的第二代牧民,当地年降雨量略低于 400 毫米,两人的祖辈是早期探险者与

---

① 参见 Rebecca Jones, *Slow Catastrophes: Living with Drought in Australia*, Melbourne: Monash University Publishing, 2017, pp. 34 – 37.
② 澳大利亚联邦成立于 1901 年,而这次旱期历时漫长,贯穿澳大利亚联邦成立前后的数年,因此被称为联邦干旱。
③ Charles William Coote, *Diaries and Papers*, *Melbourne*: University of Melbourne Archives, 1870 – 1900, 7 March 1878 and 19 May 1900.
④ 参见 Charles Grossman, *Diaries*, *Papers and Photographs*, MS 12589, Melbouren: State Library of Victoria, 1880 – 1914.

畜牧先锋，因此他们都拥有一定财产和家庭支持。但是他们都极少投入资金用于牧场的维护，缺少蓄水的基础设施，对于周遭的环境缺乏足够的知识。他们尝试打过井，但是水含盐度太高。与布卢维斯相比亨特家境更加优渥，他和家人在城市购置房产，经常回到城市生活，都市生活的舒适使得他缺乏了解牧区土地的动力。他购置牧场还具有投资性质，投入农牧生产的同时他也坐等地价提高，因此也并未真正尝试去了解土地。另外，在干旱的年份他们会减少牲口数量，转场放牧，但是效益不佳。而在90年代末持续的干旱到来时，撤离是他们唯一的选择。[1]

对于牧民集体来说，干旱是一直存在于现实生活中的撕扯。干旱不仅仅是气候现象和气象灾难，旱情是生态环境、疾病、作物价格、财务状况共同造就的。牧民们因由具体环境、个体经验对于干旱持不同态度，而他们应对干旱的策略则直接受制于前者。如果居民将干旱的发生视为常态，这种心理预期有利于他们更好地绸缪、以适应干旱。在干旱来临伊始，他们就在农场上观察、学习。早年的经历和周期性发生的旱灾直接改变了他们的农业实践，帮助他们在未来岁月中更好地应对干旱。旱情本身也是一种自然的律动，它是大自然在干旱与湿润之间的调节，旱情也让土地休养生息，激发植被自身的应激反应，更强壮的植被会在雨水再次到来时获得新生。19世纪中后期开始流行的多种气候循环理论也给了农民希望，以及在干涸之地坚守、耕耘的合法性。换言之，当牧民接受干旱是农业环境的重要组成部分，继而在农业生活中与之艰难共舞时，干旱本身也成为重要的环境能动力，干旱倒逼着农民改革与创新，更有效率地利用土地和水。从这个角度看，干旱反而成为重建农场的恢复力。

反之，如果牧民由于经验缺失则倾向于将干旱视为反常，这种预判让他们鲜少对日常生活作出相应的安排来适应干旱。而且在这几段故事发生的早期，澳大利亚乡村一直缺少稳定且可靠的气象记录。农民对于气候与气象的知识更多来自日常生活，他们对于干旱的理解是由个体经验塑造的认知。以上两种截然不同的干旱叙事也一直存续于澳大利亚历史，并影响着当代澳大利亚人的生活。包括野生采摘、伐木出售在内的

---

[1] Rebecca Jones, *Slow Catastrophes: Living with Drought in Australia*, pp. 34–37.

活动不仅改善了旱情时牧民的经济状况,丰富了他们的膳食结构,也改变了对澳大利亚殖民时代农业的固有印象,即基于进步叙事的官方定义。半干旱区和干旱区的农牧业并不现代化,帮助他们渡过难关正是前现代的生存方式,勤俭与自足是美德也是生存的必要条件。公地、现代农业意义上的边疆地带也成为农场的延展,是澳大利亚干旱区农牧文化的一部分。牧业也不仅仅是生产畜牧产品的过程,殖民初年的畜牧业是涉猎范围广阔,层次丰富的一系列劳动的组合,是牧民与周遭环境的复杂互动。而转场放牧等方法使得殖民早期的社会极具移动性。随着社会稳定,牧民被要求固定地居住于驻地,这种稳定性反而破坏了他们从干旱中积累下来的生存战略。

四 一段插曲:兔灾

除了旱灾之外,东南部的牧民们还曾经有一个共同的敌人——兔子。1859年一位名叫托马斯·奥斯汀(Thomas Austin)的农民收到英国送来的24只欧洲野兔,随后就将它们放归到农场中。1865年奥斯汀的农场附近已经有2万只兔子。19世纪末年,澳大利亚的兔子数量多到了灾难的程度,并造成了严重的环境破坏。它们与本土动物争夺栖息地,造成了小型有袋动物的大量减少。它们环剥树皮,啃食牧草,尤其在干旱季节,它们成为牛羊的"天敌",被密集的兔洞穿空的土地也意味着严重的水土流失。兔子还以每年近130千米的速度在澳大利亚境内迁徙,从最初的落脚地维多利亚,进入新南威尔士、南澳大利亚、昆士兰,直至西澳大利亚。铺设陷阱、下毒、捕杀、修筑防护围栏以及病毒干预几乎无济于事。[①]

因由赫然的数据,这些疯狂的野兔一直是作为外来物种横扫原有生态的破坏者被记录在案的。但是回到历史场景中,我们则会发现兔灾不仅仅是一般意义上的生物入侵故事。兔灾的始作俑者托马斯·奥斯汀出生于英国萨默塞特,1831年他来到维多利亚殖民地。他在这里建造了占

[①] 参见 Brian Coman, *Tooth & Nail: The Story of the Rabbit in Australia*, Melbourne: Text Publishing, 2010.

地近1.2万公顷的休养农场。早年在英国生活时期他便是狩猎的狂热爱好者，移民澳大利亚后他发现当地没有适合用于打猎的动物，便让自己在英国的侄子邮寄一批"猎物"，这批猎物中除了这24只兔子，还有72只鹧鸪和麻雀。而托马斯把欧洲野兔引入澳大利亚绝非偶然。[①]

他有一个身份很少被提及，他本人是维多利亚驯化协会（Acclimatization Society of Victoria）的杰出成员。驯化协会是广泛存在于殖民帝国内的半专业化组织，它的出现与驯化（acclimatization）这一概念密切相关。现在驯化指的是对外来作物的管理，但是19世纪这个单词意义则更丰富：在法国及其殖民地，驯化指的对新环境的适应，意味着在生理、结构层面上的生物变化。而在英帝国，这个词多用于表示外来生物从一处转移到另一个气候相似的地方。所以英语语境中的驯化通常指的是以科学为基础的功利性的动植物移植。

而在各地的驯化协会成立之前，新旧世界间双向多维度的物种移植已经出现了。既有新大陆物种进入旧世界，也有旧世界的物种进入新世界。前者多出于对异域生物的好奇、欧洲博物学传统，其中也饱含欧洲人对异域物种在医药卫生和潜在经济价值方面的期待。18世纪，英国人在东印度公司、约瑟夫·班克斯（Joseph Banks）等人的赞助下开启了帝国范围内的植物驯化。1837年维多利亚女王登基时，帝国已经拥有8个植物园。在伦敦动物学会的赞助下，威廉·斯旺森（William Swanson）和阿尔弗莱德·罗素·华莱士（Alfred Russel Wallace）则将世界各地的动物带回英国。后者多由于殖民地新移民对欧洲景观的思念，这种怀乡情谊中也包括对在殖民地恢复欧洲式猎鸟、猎禽和捕鱼活动的憧憬。两者的目的也互有重叠，其中最著名的例子便是西班牙美利奴绵羊进入澳大利亚，它在经济上难以匹敌的成功也激励了更多的驯化热衷者。1803年梅花鹿来到悉尼、1830年猴子到达霍巴特、1864年鳟鱼和鲑鱼进入澳大利亚水域、1885年狐狸在维多利亚和南澳扎根……新移民用实际行动把外来物种变成改造移居地生物系统的工具。这些动物为澳大利亚人提供了优质蛋白，而其中部分则因过度繁殖、啃食苗稼等原因在特定历史时期被宣布为"害兽"。尽管如此，驯化的热衷者弗兰克·巴克兰（Frank

---

[①] Brian Coman, *Tooth & Nail: The Story of the Rabbit in Australia*, pp. 34–45.

Bucklan）仍在《不列颠鱼类博物志》中自信地写道："人类唯一的选择是稍微重新安排自然以适应自己的需要。"①

为什么在众多外来物种引发的生态问题中，兔灾成为最夸张的案例呢？这是澳大利亚独特的生态环境和澳大利亚人一系列"神操作"共同造就的。澳大利亚被称为"最年轻的国度，最古老的大陆"。6600万年前澳大利亚大陆与北方大陆分离，与其他地域的生物交流中断，开始了漫长的独立进化。由于当地自然条件单一，演化历程也就更加缓慢。客观地说，自然界的物种传播与交流是一种持续且恒久的正常现象。但是当物种交流的频次在短时间内急剧上升，尤其是发生在完全隔绝的生态系统之间时，对于自然条件单一的一方来说，这种生物交往成为杀伤性武器。牛羊的到来已经是对澳大利亚原有生态系统的全面扰动，而这在当时是殖民者喜闻乐见的变化，是驯化者的胜利。

兔子引起恐慌则是因为对于澳大利亚牧民来说，它们是与牛羊抢食的竞争者。7—10只兔子的食量与1只绵羊相当。在干旱时期，兔子完全可以把牧草一扫而光，光秃秃地剥去一片草地，不给绵羊、牛留下任何食物。在捕杀和毒杀被证实无效后，澳大利亚人开始使用生物手段进行趋利避害的防控。他们曾经从英国引进兔子的天敌雪貂和黄鼠狼，但是雪貂不能度过维多利亚的寒冬，黄鼠狼会糟蹋其他动物。19世纪末，澳大利亚科学家开始研究病毒在控制野兔种群方面的潜力。20世纪50年代黏液瘤病毒被首次引进，它杀死了当时澳大利亚99%的兔子而没有感染任何其他物种。② 从经济学的角度来看，黏液瘤病毒的使用曾经是巨大的成功，它为澳大利亚的农业产值贡献数十亿。但是从生态学角度来看则遗患无穷，人与兔之间的持久战也由此拉响。在兔子暂时从生态系统中被移除后，大量的食肉动物，如老鹰、狐狸、猫和山雀等将注意力转向了小型有袋动物，几乎造成兔耳袋狸和猪脚袋狸的灭绝，继而食肉动物数量也迅速下降。更糟糕的是，不久之后没有被黏液瘤病毒杀死且对其

---

① Frank T. Buckland, *Log-Book of a Fisherman and Zoologist*, London: Chapman & Hall, 1875, p. 45.

② Brian D. Cooke, *Analysis of the Spread of Rabbit Calicivirus From Wardang Island Through Mainland Australia*, Sydney: Meat Research Corporation, 1996, pp. 12 – 19.

免疫的兔子回到已经被黏液瘤破坏的生态系统中,迅速繁殖。此后的漫长岁月中,澳大利亚尝试过数个种类的病毒,但是兔子的数量依然居高不下。①

也就是说与传统观念相反,兔子并不是一个精明的入侵者。与有袋动物不同,它们并非低能耗的动物,不能控制自己的繁殖来适应澳大利亚干旱的环境。它们也不能像竞争者兔耳袋狸一样通过吃多样化的食物提高生存机会。兔子唯一真正的优势在于它是一个快速的繁殖者,因此当生态系统处于不平衡状态或捕食者数量较少时,它可以迅速填补空白。澳大利亚人出于消灭兔子引进的生态武器,最终为兔子的繁殖铺平了道路。如果人类不加以干预,兔灾并不会这样持久,在澳大利亚不受狐狸、猫和兔子根除计划影响的地区,兔子的数量实际上已经很低,而在袋鼠岛等地野兔种群已经灭绝。近年来,澳大利亚科学家对于生物防控手段的使用更加谨慎,但是依然状况百出。在极端的情况下,防控本身成为生态威胁。在麦格理岛的灭兔计划中,科学家预料到当地鸟类可能会因误食毒饵或者兔子的尸体少量死亡,但是他们却没有想到,在兔子被消灭后,入侵性杂草霸占了麦格理岛,90%的固氮草类从岛上消失。

兔灾并非偶然的生物入侵事件,不同于阿尔弗莱德·克罗斯比(Alfred Crosby)在《生态帝国主义》记录的那些无意间佐助了欧洲殖民的杂草和病菌,19世纪的物种驯化是一种有意识且自信的人工选择。大自然并没有预先注定绵羊在澳大利亚的绝对优势,欧洲纺织业的机械化促成了这一点。殖民主义的功利目标使驯化成为那个时代的基本科学问题。其代价就是殖民地生态的崩坏和土著社会的全面边缘化。而生物手段的生态灾难防控则继承了驯化爱好者的逻辑——对自然进行一点点改变,让它朝着有利于人类经济增长和文化偏好的方向发展。只是此时,澳大利亚人即使大费周折已经很难逆转生态平衡中发生的那些改变。

与兔子相比,牛羊以及牧民对于利润的追求对生态与景观产生了不可逆转的影响。19世纪末,原来覆盖在新南威尔士西部370万公顷的原生草原已经消失或者被新的草种取代,而整个澳大利亚东部只有1%的温

---

① Brian D. Cooke, *Analysis of the Spread of Rabbit Calicivirus From Wardang Island Through Mainland Australia*, pp. 37–41.

带草原被认为是未经改造的。① 而牛羊曾经踏过的高低起伏的米歇尔草原，牧人曾经见过的甲尾小袋鼠、月牙钉小袋鼠、长尾跳鼠再也不见了。而截至 1900 年之前，新南威尔士西部所有的 61 种本土哺乳动物中，有 24 种遭遇灭绝，17 种濒危。②

五　畜牧业扩张下的土著社会

在羊群涌入内陆的过程中，殖民者与更多的土著居民相遇了。为了尽快占领土地，牧场租借人使用军事暴力驱赶土著居民，有时签订欺骗性的土地合同截断土著们对土地和水资源的自由使用。更多时候殖民者会在与土著居民未达成任何谈判协议的情况下占领土著土地。而土著居民也会以偷袭或者偷盗白人所畜牲口的方式来对抗。1830—1850 年，白人与土著之间就土地和水资源发生了最为激烈的冲突。根据殖民时期的记载和近年来的口述史研究，19 世纪 30 年代仅仅墨累河南部，白人与土著直接因由土地与水资源争夺发生数十次争端。

1835 年，当约翰·贝特曼（John Batman）带领的塔斯马尼亚牧民越海北上后，他们与当地的库林（Kulin）部落相遇了，并从他们手中"购买"了约 24 万公顷土地，而后获得政府的许可成为私人财产。在这次一厢情愿的交易中，这片土地的原拥有者仅得到了一些手工工具、面粉和衣服作为交换。这块土地就是后来的墨尔本。

1841 年，在博甘河（Bogan）和麦考利河之间的盐沼平原上，牧业边境的推进遭到了残酷的阻碍。此时适逢旱季，在一个少雨的冬天之后，9 名为牧场租借人威廉·李（William Lee）工作的牧工将数百只羊和牛驱赶到经营许可区域之外的"禁区"深处寻找水源。此时博甘河以及近乎干涸，牧人们遂继续北上，前往 1835 年托马斯·米歇尔（Thomas Mitch-

---

① Natural Resources Advisory Council, *Understanding Our Native Grasslands: Agricultural, Environmental and Indigenous Values and Management for the Future*, Sdyney: New South Wales Government Print, 2010, p. 10.
② Daniel Lunney, "Causes of the Extinction of Native Mammals of the Western Division of New South Wales: An Ecological Interpretation of the Nineteenth Century Historical Record", *The Rangeland Journal*, Vol. 23, No. 1 (September 2001), pp. 57–67.

ell）绘制的地图上标记为无望山的地方。在红灰色的沙土平原跋涉了 16 天后，人们终于发现了一个被茂密的草地包围的沙地潟湖，这里正是米歇尔第二次探险中标记出的卡诺巴（Canoba）池塘。在旱季，它是方圆 100 公里内唯一的水源。这里远离定居的核心地带，也远离殖民地的法治与文明。尽管明知已经超越了在公地放牧许可的范围，牧人还是开始建立畜牧站。他们还招募了大约 50 名威拉德朱里（Wiradjuri）土著居民砍伐树木和搭建庭院、建造牲畜饲养场和棚屋。然而两周后，约 40 名来自临近部落的土著人聚集在白人居住地，并袭击了 3 名在牧场上工作的白人男性。[1] 根据后来的法庭记录："他们的头骨被斧头和回旋镖砍成了碎片"，然后"'黑魔鬼'在牧场周围的草地和灌木丛中蹒跚而行，放火焚烧，他们剥去死者身上的衣服和物品，掠夺了大量物资，并开始用矛刺牛"。[2] 在这场冲突中，3 名牧场工人死亡，2 名受伤。土著则至少有 10 人死亡，但是不同于对土著袭击场面的细致描写，土著的死亡记录则只有数字。法庭上，白人殖民者甚至只能确认这 10 人中"有两三名死者可能参与了对白人的谋杀，但不确定有多少人以及谁是凶手"。然而土著为什么会突然出现呢？答案也显而易见，"所有证据表明，他们来自该地区，他们试图保护他们的水潭，这是 70 英里内唯一水源"[3]。有一个细节也足以说明此时平原上的干旱和水源的珍贵。在杀戮过后，白人殖民者返程途中口渴难耐，不得不宰杀一头牛，喝牛血止渴。[4]

1846 年，米歇尔再次到访时注意到，十年前他估计有数百人居住的地方已经没有土著居民活动。他打听到，曾经在探险中帮助过他的博甘部落酋长被杀了，有些女性部落成员成为麦考利河沿岸牧站雇用的佣人。[5] 1860 年，水潭附近又建立了新的牧场。截至 1881 年有 400 多白人殖民者在附近的村庄定居。惨烈的边疆冲突故事也流传下来：1874 年，

---

[1] "Legislative Council", *Sydney Morning Herald*, 12 June 1842, p. 8.

[2] "Legislative Council", *Australian*, 17 August 1842, p. 9.

[3] "Legislative Council", *Australian*, 24 August 1842, p. 9; "Legislative Council", *Sydney Morning Herald*, 21 June 1842, p. 13.

[4] "Legislative Council", *Australian*, 3 August 1842, p. 11.

[5] Thomas Mitchell, "Sir Thomas Mitchell Field books, Sketchbooks and Expedition Journals (1828–1855) Vol. 17", *Sir Thomas Mitchell-Papers*, 1708–1855, Series: C 40–C 56, Syndey: Mitchell Collection, State Library of New South Wales, p. 45.

一篇报刊文章中将被杀害的白人人数夸大到了 7 人，此后不久，这里被划为"黑人保护区"。数年后，一位白人记者再次乘坐邮车来此探访，他的游记中将被杀害的白人男子增至 9 人，冲突发生的地点也被戏剧化地冠以"谋杀树桩"（Murdering Stump），"他们在不知不觉中被奸诈的黑人无情杀害"——这也成为一个甘博河白人社区世代相传的故事。[1]

无独有偶，1844 年在墨累河流域南部的平贾拉（Pinjarra），殖民者首领斯特灵（Stirling）下令袭击偷盗牧羊的土著人部落，结果土著死亡 30 人，斯特灵向幸存的土著居民明确地表示：他就是要给土著们上一课。这不仅仅是针对墨累河沿岸的土著居民，更是针对所有袭击欧洲人财产的土著部落，如果他们试图复仇，那么欧洲人就会开始杀戮妇女和儿童。斯特灵表示：整体上来说我们对土著还是温和的，但是如果有土著试图要以相似的方式在他们周围生存，我们就会尽一切可能破坏。[2] 在朗斯戴尔（Lonsdale）等地殖民者成立了土著警察队（Native Police Force）来维护白人牧场主的利益，对土著进行严厉打击。在内陆地区，白人牧场主则更多以私刑的方式惩戒土著的反击。土著史学者理查德·布鲁姆（Richard Broome）认为，在牧羊人大跃进的过程中，杀戮非常普遍，"边境暴力已经正常化"[3]。

博甘河与平贾拉发生的事件都是边疆冲突的典型案例：以土著的滋扰开始，以白人反抗为名的血腥报复告终。在这样的故事中，干旱是畜牧发展的障碍，也是牧场扩张的动力和边疆种族冲突的重要原因。牧民的终极目标就是从土著手中掠夺土地和河流资源，并不惜武力采用一切可能的方式维护欧洲人的专属所有权，维护欧洲人对于土地和资源的控制。抵抗抑或拒绝放弃传统的生活方式，就意味着被驱逐和赶尽杀绝。最终土著居民没有能够抵挡住白人殖民者的火药与枪炮。在不到五六年的时间内，殖民者采用军事暴力阻止了大部分区域内土著们对土地、河

---

[1] 参见 Cameron Muir, *The Broken Promise of Agricultural Progress: An Environmental History*, London: Routlege, 2014, p. 55.

[2] Henry Reynolds, *Forgotten War*, Sydney: New South Wales University Press, 2013, pp. 123–126.

[3] R. Broome, "Aboriginal Workers on South-Eastern Frontiers", *Australian Historical Studies*, Vol. 26, No. 103 (October 1994), pp. 202–220.

流资源的自由使用。

　　因此,羊毛繁荣是以土著社会的经济生活遭受破坏为代价的。首先,丧失了大量土地和河流资源的土著居民生存空间收缩。大批的土著被驱赶到了距离海洋和河流较远的内陆地区。渔猎曾经是东南部的土著居民一项重要的生产活动,他们通常会沿河流布下捕鱼陷阱。每一个陷阱都由三四个横跨河流的石墙组成,每个石墙都有枝条或是灌木做的入口,这样鱼可以在陷阱内部自由的活动。① 土著居民被赶出河流及其附近区域后基本丧失了这一重要的食物来源,而牛羊的到来会消耗并污染水源。② 其次,随着畜牧业的发展,殖民者对牧场面积的要求继续扩大,土著居民被迫流浪、内迁。土著居民赖以生存的生态环境被强行改变也进一步限制了他们的生活。畜牧不断推进的过程也是澳大利亚原有景观被欧洲景观替换的过程。本土的草场、桉树林逐渐被人工种植的畜牧场所取代。在欧洲人殖民之前,澳大利亚大陆存在大量有袋哺乳动物,这也是土著的肉食来源之一。环境的变化,白人的捕杀让大量有袋哺乳动物在短时间内迅速灭亡,取而代之的是欧洲大陆来的狗、牛、羊。畜牧业的推进更是加速了这个过程。除此之外,人工草场的种植几乎摧毁了沿海土著部落的主食薯类植物。③

　　然而,不同于生态帝国主义所描绘的"无声"消失的土著居民,澳大利亚土著以进入白人农牧场工作的方式来应对生态危机,在生存空间持续压缩的情况下,他们甚至习得全新的生态语言,放弃迁徙游牧转而进行现代农学意义上的农田耕作,企图以这样的方式来获取生态资源,尽管这样的应对很多时候是无力的,但是这种"软"对抗提供了不同于典型"新欧洲"所发生的生态帝国主义的另一种版本。在遭遇过最暴乱的短兵相接后数年,一些土著居民就被迫或自愿进入殖民者开设的牧场、

---

① Simon Ryan, *The Cartographic Eye: How Explorers Saw Australia*, Sydney: St. Lucia, 1996, p. 196.

② Simon Ryan, *The Cartographic Eye: How Explorers Saw Australia*, p. 119.

③ W. E. Wood, "Increase of Salt in Soil and Streams Following the Destruction of the Native Vegetation", *Journal of the Royal Society of Western Australia*, Vol. 10 (1924), pp. 35 – 47.

农场工作。① 在朗坎（Lachlan）、马兰比季和圭地尔（Gwydir）等地区，甚至在武装反抗仍然激烈的时候，已经有土著进入畜牧业劳作。② 土著劳工对于殖民者来说是优质劳力，他们对丛林环境很熟悉，能够轻易在山林中找到食物，并且愿意进入白人殖民者不愿意去的边远地区。对于土著居民来说，在丧失了大量土地后，部落已经不具备进行传统迁徙狩猎采集的客观条件，进入白人的牧场工作，在一定程度上维持了和传统土地的联系。

而那些没有进入白人农场工作的部落成员，就被迫迁居到分散在新兴农牧业中心的边缘地区。由于游猎生活所依赖的生态链条被打断，加之内陆自然环境的限制，部分土著居民逐渐发展起农牧生产且渐剧规模。在库林（Kulin）部族的居民被赶出阿克隆河（Acheron River）沿岸传统居住地后，由于这片居住地在库林人文化中具有重要的意义。因此一部分的族人在附近的克伦达克（Coranderk）暂时居住下来。他们清空了土地上的植被，进行土地开垦和庄稼种植，主要种植麦子和牧草。③ 这种情况在此后的一段时间内，越来越普遍。19 世纪 50 年代，一份来自驻地警察的调查报告称：他们遇到 40 多个土著居民，不仅报出了首领名字，还表示已经在这些地方居住了一些年。④ 在格拉斯特（Gloucester），60 个土著在面积约为 35 公顷的教堂和学校土地上种植蔬菜，他们认为自己已经"占有"了土地。⑤ 在温翰（Wingham）附近的克拉瓦拉（Killawarra）土著居民甚至建立起了 3 个较大型的农场，占地均在 20 公顷左右。在南部沿海也有相似的情况被报道，贝格（Bega）附近的塔拉（Tathra），"库林

---

① Ann Curthoys, *Race and Ethnicity: A Study of the Response of British Colonists to Aborigines, Chinese and non-British Europeans in NSW*, 1856–1881, Phd thesis, Sydney: Macquarie University, 1973, p. 56.

② Ann Curthoys, *Race and Ethnicity: A Sudy of the Rsponse of British Colonists to Aborigines, Chinese and non-British Europeans in NSW*, 1856–1881, p. 87.

③ Diane Barwick, "Coranderrk and Cumeroogunga", in S. Epstein and D. Penny, eds., *Opportunity and Response: Case Studies in Economic Development*, Melbourne: Melbourne University Press, 1972, p. 47.

④ Aborigines Protection Board, ABP Register of Reserve (1853–1867), *NSW State Archives*, 1883, Folio, 20, 69, 70, 71.

⑤ Aborigines Protection Board, *ABP Report of Protector*, 1883, p. 23.

族人在这里耕作了多年，有 3 公顷被开垦，有 1 公顷被围圈"[1]。麦考利港附近的罗兰德（Rolland Plain）平原情况也类似。1867 年警察调查汇报称："这里已经被土著占领多年，有 4 亩地被粗略地开垦过，他们在上面种植了南瓜和玉米。"除此之外，还有记录显示，土著居民也开始种植烟草、西红柿。[2] 在库纳巴拉布兰（Coonabarabran），土著农场不仅种植玉米，还畜有绵羊 200—300 头，其中部分用于销售。[3] 土著农场主拥有马匹和二轮马车、船只。土著日具规模的农业发展持续到了 70—80 年代，这部分土著居民基本上已经放弃了原来的迁徙游猎，转而依赖定居农耕。[4] 很多土著部落的家庭基本上形成了这样的劳动分工格局：妇女、儿童、老人和部分的成年男子留守在家庭内部从事家务劳动、农牧作业，维持原有的自给自足的生活。另一部分成年男性则出外在白人农场或者牧场做工，获取一定的现金收入，这部分收入也构成了这些家庭主要的经济来源。

但是畜牧的扩张使得土著劳工和白人农、牧场主之间的雇佣关系越来越不稳定。在 19 世纪 50 年代拓荒运动的推进过程中，为了满足激增人口的土地需求，殖民地开始推广集约化的小农家庭经济，畜牧业逐渐被转移到了北部、南部以及东部新兴农业带的边缘。小型农场取代了之前蔓延的农牧站。东南部沿海粗放式的伐木业和畜牧用地转而变成密集型农业用地。这些农场对于土著劳力的需求远远低于之前的白人牧场主。并且随着种植带的推进，还有大量土著被驱赶出了已经有效开垦的土地，他们刚刚建立起来的生活方式也被破坏，不得不生活在因农耕而繁荣起来的城镇边缘，逐渐陷入贫困。[5] 据统计在马兰比季地区，土著的农田耕地由 10500 多公顷迅速减少到了 5200 公顷，只有本特布里吉（Burnt Bridge）和贝尔布鲁克（Bellbrook）等少数几处存留了下来。其他大部分被白人殖民者抢夺或者通过"租用"的方式兼并，土著再一次失去了对

---

[1] Aborigines Protection Board, *ABP Register of Reserve Folio*, 20, NSW State Archives, 1883, p. 20.

[2] Aborigines Protection Board, *ABP Register of Reserve Folio*, 69, pp. 60–73.

[3] Australian Bureau of Statistics, *ABP Register of Reserve Folio*, 70, 20, p. 61.

[4] Australian Bureau of Statistics, *ABP Register of Reserve Folio*, 71, p. 65.

[5] Australian Bureau of Statistics, *ABP Register of Reserve Folio*, 20, p. 73.

土地的使用权。①

在这种情况下,土著开始用多种方式向白人殖民者索要土地。猎人谷的土著表示:他们不希望从仅剩的沿河土地上被驱赶出来,他们只能从那里获得食物……如果他们穿过白人的场地,白人就会进行枪击……他们希望能够保留河流下游的土地。② 克莱伦斯河(Clarence)地区邦加朗(Bandjalang)部落的土著,采用武装对抗的姿态面对:"走开,带走你们的马,你们为什么又来到山里打扰我们的生活?回到你们山谷的房子里,你们已经拥有了河,还有无边的土地,你们应该已经满意;就把山林留给黑人吧。"③

很多时候土著居民会邀请一位白人警官或者教士,向殖民政府传达他们的愿望。这些警官和牧师通常与土著居民有比较密切的接触,在社会中有一定的地位和公信力,往往也对土著居民抱有同情的情绪。④ 1865年,一位部落首领巴拉克(Balurk)向牧师马卢加(Maloga)表达了这样的请求:"我们希望有充分的土地用于耕种,蓄养牲口,用几年时间慢慢能够维持家庭的开支,用我们的产业支持我们的生活。我们要求的是一种补偿,因为所有原本在部落界内的土地都已经被政府和白人殖民者夺走。"⑤ 牧师使用了基督教的语言和欧洲人的产权概念来描述土著居民的请愿,请求政府"为我们在这片广阔的国土上保有小片土地,因为拥有土地是上帝赋予我们的权力"⑥。少部分土著居民对于土地的正当需求获得了白人殖民者的短暂许可。但是对于大部分土著部落来说,他们并没有能够在他们已经"占据"的土地上将土地所有权合法化。⑦ 土著居民的

---

① Australian Bureau of Statistics, *ABP Register of Reserve Folio*, 71, p. 6.
② Frederick Watson, eds., *Historical Record of Australia*, Series 1, Vol. 5, Sydney: Library Committee of the Commonwealth Parliamentp, 1914, p. 161.
③ Charles Rowley, *The Destruction of Aboriginal Society*, Canberra: Australian National University Press, 1970, p. 430.
④ Charles Rowley, *The Destruction of Aboriginal Society*, p. 430.
⑤ Diane Barwick, "Coranderrk and Cumeroogunga", in S. Epstein and D. Penny, eds., *Opportunity and Response: Case Studies in Economic Development*, Melbourne: Melbourne University Press, 1972, pp. 47–49.
⑥ Charles Rowley, *The Destruction of Aboriginal Society*, p. 78.
⑦ Charles Rowley, *The Destruction of Aboriginal Society*, p. 40.

牧地和农地基本位于白人殖民城市的边缘地带和农场交界处的无人占领区，面积狭小，流动性也很大。土地随时面临被白人掠夺的危险，土著居民渴望在有限的时间内增加土地产出改善生活。因此土著居民想尽办法最大限度地榨取土壤养分。从这个角度上说他们是小规模环境破坏的制造者，也是环境影响的承担者，而后这种"破坏"亦成为殖民者推行科学农业的理由。但是客观上他们对于土地和水资源的要求成为殖民者必须面对的生态与文化制约。

一开始白人殖民者之所以将夺取土著土地所有权视为理所当然，是因为欧洲殖民者看来，只有在土地上发展定居农业、建造城镇的居住者才具有土地所有权。无人居住或是居住者没有采用欧洲概念上的开发方式进行利用的土地就是荒地（terra nullius），他人可以自由获取。而现在很明显，土著对土地所有权的要求已经完全符合欧洲人的标准。但是，土著居民的正当需求并没有得到白人殖民者的许可。殖民地土著保护委员会的调查报告认定"……他们申请的土地肥沃适合农业，如果纳为土著保留地的话就会阻碍殖民开垦，并且土著的习惯和性情不适合定居，也不能适应开垦土地，种植庄稼对持续劳动力的需求"[1]。这些地方的土地确实质量较好，随着新技术的推广和畜牧业的扩张当地经济已经逐渐开始繁荣起来，白人人口增长迅速。在这种激烈的竞争下，东南部沿海的土著并没有能够在他们已经"占据"的土地上将土地所有权合法化，而是被驱赶到了较为贫瘠，沙化的土地上。

土著居民土地产权观念的变化显然引起了白人社会的警觉。在对当地的一份调查报告中，白人殖民者认为土著居民对土地所有权的认识在悄然发生变化——诞生了一种原始与现代并存的混合性概念。随着农牧定居生活的日益普遍，土著已经认可土地作为个人私有财产的概念，承认并接受土地的自由买卖。尽管没有土著居民对这种概念进行详细的解释，但是很明显居民普遍认为最高级别的传统赋予了他们拥有土地的权力，这与威廉·库珀在请愿中所说的"拥有广阔疆土上的小片土地是天赐的权力"表达的是一样的意思。土著居民在每一个申请和要求中充分

---

[1] *Internal Report Under-Secretary for Lands to Principal Under-Secretary*, Treasury, 3 July 1886, NSWSA, CSIL, BOX F1/2594, 86.6915.

表达了自己情绪，通常的表达是"'在我们自己的土地上'拥有土地"①。同时，土著对于土地的权利要求又和白人殖民者有所不同，他们要求完整的土地使用权，但是不要求出让权，这样以保证能够把土地遗留给自己的后代。无论如何，土著要求土地的运动对白人的土地所有权构成了严重的威胁。

基于此英国殖民者开始利用当时盛行于欧洲的利莫里亚传说，抓住了土著是幸存的"低级物种"这个关键词，以贬低和批评为目的，对土著的品质性情，生活习惯和农耕实践进行系统的评价，用断章取义的方式续写了利莫里亚神话。② 利莫里亚是传说中的大陆，远古时沉入海中，近代对于利莫里亚存在与否的讨论开始于19世纪后半叶。德国种族理论家欧内斯特·海克尔（Ernest Haeckel）在其著作《创造的历史》中宣布：利莫里亚确实存在过，这里也是人类的发祥地，澳大利亚的土著正是他们的嫡系后代。③ 其后，布拉瓦茨基夫人（Madame Blavatsky）在《秘密的教义：人类起源》④中揭示：消失的大陆利莫里亚并非存在于印度洋，而是在太平洋。生活在利莫里亚的人种是现代人之前主宰地球的低级种族。她的研究显示，利莫里亚的消失是由于火山爆发，幸存下来的一小撮即现在的澳大利亚土著。因此，澳大利亚土著是"非常低级的人种，从动物和怪兽发展而来……澳大利亚这片原始的土地上不能够创造出任何的生命形式，除非出现新进、新鲜的种族，依靠人工的种植和培育"⑤。罗莎·普锐德（Rosa Praed）在她的自传体小说中这样描述澳大利亚的土

---

① "Cooper to Chanter", *Internal Report Under-Secretary for Lands to Principal Under-Secretary*, 16 Novermber 1887, NSWSA, CSIL, BOX 1/2667. 87. 12756.

② 在板块漂移说成熟之前，从19世纪中叶以后近代地貌学学科体系逐渐成熟，地质及地理工作者对地表形态、侵蚀与堆积作用，作了许多专门的调查和探讨，进行了大量的技术和解释性工作，于是英、德的地质学家和动物学家根据马达加斯加和印度尼西亚的狐猴种群分布，推测出一个曾存在于印度洋的大陆，探讨非洲南部与印度半岛之间是否存在"地桥"利莫里亚大陆的问题。有研究者称利莫里亚主要位于南太平洋，在北美洲和亚洲，被认为是人类的起源地，也成为人类从伊甸园中的更高级生命体堕落而来之假想理论的基石。

③ J. J. Headly, "The Lemurian Nineties", *Australia Literary Studies*, Vol. 8, No. 3（August 1978）, p. 310.

④ H. P. Blavatsky, *The Secret Doctrine：Anthropogenesis*, London：Theosophical Pub & Co., 1888, p. 23.

⑤ H. P. Blavatsky, *The Secret Doctrine：Anthropogenesis*, p. 17.

著:"看起来似乎是以前人类遗留下的幸存者。"① 对于利莫里亚大陆进行系统探讨的还有《利莫里亚问题》一书,书中提出利莫里亚大陆沉没后,这个民族经过亚洲移居到欧洲。此后,波利尼西亚、密克罗尼西亚、美拉尼西亚的祖先相继来到这里,与利莫里亚大陆的居民融合。残留下来的人群在恶劣的条件下逐渐退化。就澳大利亚的具体情况而言,欧洲殖民者认为和西方优越、高效的农耕技术相比,土著只会在地上挖洞栽种根茎植物的行为简直就是一种游戏;在土著看来舒适惬意的饮食、衣装与生活方式令白人无法忍受。由此土著居民经常被描述为懒惰、涣散、低劣的民族,澳大利亚的土著被描绘成了野蛮落后无知的形象。这恰恰符合利莫里亚理论对于澳大利亚土著的定位。相对应地,定居的白人殖民者在面对土著时将自己当作文明的传播者,这为白人在政治的控制和经济的掠夺方面披上了传播文明的华美外衣。

在此基础上,为了能够理所当然地占领土地,驱赶土著,殖民者针对土著居民的生产生活,生态实践展开评述,主题有三:其一,从古代开始直到殖民时代,土著不科学的用火使得澳大利亚丧失了热带雨林,澳大利亚的土著的狩猎导致了大型动物的灭绝,即对土著烧荒引发的森林景观退化的判定。② 其二,殖民时代以来土著居民不科学的耕作对土壤产生了巨大的破坏,给澳大利亚的环境带来了伤害。英国殖民者认为土著在所圈土地上的耕作引起了澳大利亚土壤养分的流失。土著居民在脱离了殖民者的监管和指导的情况下无法成功经营土地。土著居民的农场建立和农地耕作基本位于白人殖民城市的边缘地带和农场交界处的无人占领区,面积基本比较小,流动性也很大。土地随时面临被白人掠夺占据的危险,土著居民渴望在有限时间内使用有限的土地改善自己的生活。

---

① David Hatcher Childress, *Lost Cities of Ancient Lemuria and the Pacific*, Illinois: Adenture Unlimited Press, 1988, p. 88.

② O. C. Stewart, "The Forgotten Side of Ethnogeography", *Method and Perspective in Anthropology, Papers in Honor of Wilson D. Wallis*, Minneapolis: University of Minnesota Press, 1954; A. R. King, *Influence of Colonisation on the Forests and the Prevalence of Bushfires in Australia*, Sydney: CSIRO, 1963; Sylvia Hallam, *Fire and Hearth: A Study of Aboriginal Usage and European Usurpation in South-western Australia*, Canberra: National University of Australia Press, 1975; A. R. King, *Influence of Colonisation on the Forests and the Prevalence of Bushfires in Australia*, Canberra: CSIRO, 1963.

因此土著居民想尽办法最大限度地榨取土壤养分。① 其三，澳大利亚干旱的气候成为阻止土著居民更好地在这片大陆定居的障碍，因为土著对于水源的使用仅限于捕鱼捞虾，换言之，处于人类发展低级阶段的土著社会不具备将大陆宝贵的水资源开发利用的能力。

这些说法实际上建立在默认土著的农业技术是静止不动的基础上。为了给澳大利亚内陆设计一个美好的未来，将内陆拓殖合理化，英国人极力渲染一个事实：在土著到来之前，澳大利亚曾经存在一个辉煌奇妙的过去。通过这种逆推，英国人试图证明，澳大利亚具备成为一个伟大和丰产大陆的潜质，但是由于土著的低劣和无能，澳大利亚将会有停滞和倒退的危险。因此殖民者提出，要优化澳大利亚需要两个转变：第一，大量的白人移民。第二，在干旱缺水的澳大利亚可以依靠农牧开垦来完成利莫里亚神话的复兴。

即使以北美的标准来衡量，澳大利亚"边疆"地区的开发速度也是非常快的，1815年大多数的居民点还遍布在悉尼周围方圆100公里的范围内。50年之后牧民们占据了澳大利亚东部几乎所有的土地。凭借着羊毛的生产与贸易，澳大利亚迅速发展成为社会经济的复杂综合体，进而成长为高度依赖初级农产品出口且高度城市化的国家。在淘金热开始前，在淘金热结束后，牧场主与牧民一直是最熟悉殖民地河流与天气的扩张先锋和受益人，是殖民地经济命脉的掌握者。不同于灌溉种植业改天换地的企图，牧民们几乎是靠天吃饭的，天然草场和稀树草原通常比森林和林地更受青睐，牧场的扩张极限在于地理边界与天气的波动。在个体层面，不确定的所有权阻碍了牧场主对当地生态系统的维护，而当旱灾降临，他们中的一部分人成为沙尘暴的牺牲品。

辽阔的牧场上人与自然之间的生态关系与社会关系一样脆弱和紧张，而且两者之间相互关联。牧场主、牧民是一个身份、知识经验、经济基础都高度混杂的群体，他们可能是对澳大利亚环境怀有好奇和欣赏的人，可能是逐渐接受新气候和新地理并从中寻找机会的人，也有可能是对周遭风景与动物没有任何感情的人，更极可能是与土著居民交火、谈判的人。对环境美学的愿景和对实现愿景的抵制都深深植根于边疆的生态文

---

① R. Gatty, "Colony in Transition", *Pacific Affairs*, Vol. 26, No. 2 (June 1953), p. 127.

化，而最终，后者占了上风。内陆地区的畜牧与科学和现代化鲜有关联，专业农学家以科学农业应对危机的政治倡议停留在了皇家委员会的听证会。

第 五 章

科学农业与小麦带的形成

不同于畜牧业的粗放与狂飙突进，小麦种植业代表着另一种田园理想。源于一线农民的发明创造促成了小麦种植区的内迁。化肥的使用、耐旱小麦新品种的培育和交通运输条件的改善进一步推动内陆麦地的开垦。相较灌溉农业，小麦种植是更加成功的农业定居方式。麦农并不期冀改造澳大利亚内陆的天气与水土条件，而是通过科学农业的手段无限延展麦地的空间。

一 田间的发明与小麦种植区的早期内迁

早期小麦种植区的变化源于农场主、农民在田间地头的技术创造。1834年至1843年间，澳大利亚是小麦的净进口国。[①] 尽管拥有大面积的土地，但是澳大利亚的耕作技术和世界上其他地方相比并不先进，耕地使用单铧犁，作物的收割靠人工，因而产品价格在国际市场也毫无优势。相反，从南美洲和好望角进口小麦往往比在澳大利亚生产更便宜。由于作物生长周期较长，1850年之前塔斯马尼亚人均小麦产量是几个殖民地中最高的，晚熟的英国小麦品种很适合在当地生长。除此之外，塔斯马尼亚的优势还在于它是一个遍布河流的岛屿，行船交通便利。小麦通过水运贩至新南威尔士等地的成本也不高。

塔斯马尼亚的优势地位并没有维持很长时间，南澳很快取代塔斯马

---

① Edgars Dunsdorfs, *The Australian Wheat Growing Industry*, 1788 – 1948, Melbourne: Melbourne University Press, 1956, p. 44.

尼亚成为澳大利亚最大的小麦产地。这一切源自南澳大利亚的农民布尔（J. W. Bull）和约翰·莱德利（John Ridley）脱谷机发明和改进。南澳北部气候干燥，从阿德莱德至圣文森特湾，稀树草原一直延伸到大海。这里的土地很早就被开发用于小麦种植，但是由于当地生长季节短导致产量不高。而且作物成熟的晚春非常干燥，除非迅速收割，否则小麦就会脱落。1843年，布尔设计了一台可以实现田间秸秆谷物梳脱的脱谷机。该机器的一端是由马牵引的平板马车，围绕滚筒建造的木制搅拌器安装在马车前部。一块木板固定在旋转搅拌器的正下方。机器作业时搅拌器将成熟的小麦穗拖到木板上，由于搅拌器和木板之间的间隙很小，谷物从秸秆上被剥去。① 同年，约翰·雷德利（John Ridley）制作了脱谷机的金属改进版。② 他发明的机器增加了一个金属耙子将小麦穗导入。同时剥离谷物的木板被一块开有凹槽的金属板取代，金属板用来固定小麦秸秆，搅拌器剥去谷物后被送进一个封闭的金属盒子，盒子可以从后面倒空。但是南澳的发明也自带地方特质，新的脱谷机只有在谷物成熟和较干燥的气候中使用，因此更适宜在春末夏初的干旱区作业。因此，在沿海的小麦种植区，只有南澳和西澳符合这样的条件。而在维多利亚和新南威尔士，只有内陆区域的初夏才会出现干燥的气候。而曾是主要小麦出口地的塔斯马尼亚，春末夏初通常比较潮湿。正因为气候相宜，1850年后，南澳取代塔斯马尼亚成为最大的小麦产地，在实行机械收割后，小麦生产成本降低，人工使用镰刀收割每英亩需要花费13先令，新机器的使用将成本降至每英亩5.5先令。之后，单铧犁相继被双铧犁和多铧犁所取代，单个劳动力在单位时间内可以耕作的土地面积增加。由于南澳的小麦产地多临近海港，可以通过海运将小麦运抵其他殖民地。

《选地法》颁布后的定居者受制于土地面积狭小，从事羊毛生产难以获利。选地最为广泛的维多利亚和新南威尔士两地农民也开始种植小麦。两地小麦生产地也由最初的沿海平原逐渐转移至大分水岭。这里距离港

---

① Frances Wheelhouse, *Digging Stick to Rotary Hoe: Men and Machines in Rural Australia*, Adelaide: Rigby, 1973, p. 51.

② Frances Wheelhouse, *Digging Stick to Rotary Hoe: Men and Machines in Rural Australia*, pp. 66 – 73.

口 160—240 公里，运输到当时人口最多的城市墨尔本需要花费 2.7 先令每蒲式耳，运输到悉尼需要 3 先令每蒲式耳。19 世纪 60 年代之前，陆上高昂的运输费用，成为内陆小麦种植获利的最大制约。60 年代铁路的建造极大地改变了粮食运输困境。1864 年，维多利亚修建完成了第一条通往墨累河流域的铁路。截至 1895 年，从墨尔本到墨累河已经有 7 条铁路。所有的铁路都途经维多利亚北部的小麦种植区。1876 年新南威尔士的铁路也已经修到未来的小麦种植区，南澳和昆士兰也紧随其后。铁路可以辐射的小麦种植面积高达 51.7 万公顷。铁路的建造和小麦生产的机械化促成了小麦种植区持续从沿海地带向新南威尔士、维多利亚以及南澳内陆的转移。

19 世纪 60 年代末小麦种植区已经到达南澳和维多利亚的小油桉灌木区。如果不使用机械，小油桉灌木区每英亩土地的开垦成本为 2.5—7 英镑。如果先用重型滚筒碾压，之后通过燃烧清理的话，每英亩的开垦成本降为 5 先令。缺点在于树桩残留，会破坏传统的耕作工具。最初，开地的农民用底部有钉子的原木横扫过土地来解决这一问题。① 1876 年，史密斯（R. B. Smith）开发了跃障犁②，使农民在不清理树桩的情况下，就可以实现彻底的翻耕，随后进行小麦播种。作业时，犁铲连接到在犁架上枢的臂上，配重安装在臂的另一端。当犁铲碰到障碍物时，它与所连接的犁臂沿着轴承向上枢转，一旦障碍物通过，配重将犁铲返回土壤。③跃障原理后来被运用于几乎所有的耕作和播种工具。1885 年，麦凯伊（H. V. McKay）成功地在脱谷机上配置了鼓风机，从而可以直接实现从田间将谷物装袋，小麦生产过程实现了全部机械化。尽管脱谷机和鼓风机的结合看起来是一个简单的过程，但它让机械制造商和农民困惑了将近四十年。关键就在于无论脱谷机收割机的操作角度如何，鼓风机必须保持水平作业。④

脱谷机和鼓风机结合后可以在小油桉灌木区新近开垦的土地上作业，

---

① Frances Wheelhouse, *Digging Sticks to Rotary Hoe*, pp. 18 – 19.
② Frances Wheelhouse, *Digging Sticks to Rotary Hoe*, p. 22.
③ Frances Wheelhouse, *Digging Sticks to Rotary Hoe*, p. 28.
④ Frances Wheelhouse, *Digging Sticks to Rotary Hoe*, pp. 87 – 90.

从而进一步推动小麦带从沿海地区沿着铁路向内陆更干燥区域的转移。1860年，澳大利亚几乎所有的小麦都产于生长季节超过9个月的地区。到1890年主要小麦种植区位于生长季节为5—9个月的地区。[1] 1860—1870年间，澳大利亚的小麦播种面积翻了一番，在接下来的十年里，又增长了两倍。增长最快的是南澳大利亚和维多利亚，原因就在于气候条件有利于使用新的收割设备。1870—1890年间，澳大利亚一半的小麦播种面积在南澳。1860年，南澳三分之二的作物是用脱谷机收割的，而这一比例在1870年增加到90%。这些地方气候更干旱，小麦的产量也相应降低。但是农民的收益却不减。这也是澳大利亚农业史上一个有趣的现象：正因为澳大利亚土地辽阔、地价低而劳动力稀缺且资金为王，因此决定农业效益的并非单位面积的产出，而是单位劳动力和资本的投入产出比。在向内陆转移的过程中，大量农民售出了沿海土地，转而以较低的价格购入内陆大片土地，新发明的农业机械也在内陆得到充分的利用。

二　科学农业与小麦带的扩张

小麦种植带的内迁催生了一系列技术革新，而技术的进步又会推动新一轮的小麦种植区的扩张。不同于早期小麦种植区的变化，19世纪60年代末以来小麦种植业的扩张是由实验室里诞生的科学农业和农民共同造就的。1879年南澳的罗斯沃斯农学院成立，康斯坦斯（Custance）成为第一任校长，正是他在科学研究的过程中发现了澳大利亚小麦产量降低的原因。[2] 罗斯沃斯农学院还招收农民学习农业科学知识，其他殖民地也陆续开始各自境内的农业学院。1900年几乎所有的殖民地都成立了专门管理农业事务的部门，农业部指导的农业科研主要在农业学院附属的实验农场进行，目的就是寻求不同种植条件下最佳的耕作方式和耕作品种。农业部还主办杂志，发布新近的研究成果。新品种的选育、土壤肥

---

[1] Edgars Dunsdorfs, *The Australian Wheat Growing Industry*, 1788-1948, p.115.
[2] Michael William, *The Making of the South Australian Landscape*, London: Academic Press, 1974, pp.280-281.

力的保持保障了小麦的生产。1900年后，澳大利亚小麦产量的下降趋势被遏制，小麦出口量持续增长。[1]

1860—1900年间，南澳、维多利、西澳和新南威尔士的小麦产量都曾出现过不同程度的下降。[2] 小麦生产向干旱地区的转移与土地肥力下降则加剧了影响。[3] 这一点在维多利亚表现得较为明显。此外，导致小麦产量下降的主要原因还在于干旱。1880—1886年、1888年，南澳、维多利亚北部和昆士兰主要小麦产区达令丘陵均发生了干旱。新南威尔士小麦种植区的情况则尚好。1895—1903年的联邦干旱对新南威尔士内陆和南澳大利亚小麦种植区的影响最为持久，两地的产量下降幅度最大。[4] 由于统计数据只记录了小麦的播种面积和收获量，许多收成很差的土地可能在干旱年份被用于放牧，从而会导致产量进一步下降。

澳大利亚农民主要种植晚熟的英国小麦品种。这些品种适宜种植于生长季节超过9个月的地区。随着小麦生产内迁至作物生长期只有5—9月的地区后，英国晚熟小麦开始水土不服。麦农遂开始自行选择了生长期较短的海外品种种植。1901年，廉姆·法勒（William Farrer）通过杂交选育获得了既能适应种植区气候又适宜机械化生产的小麦品种"联邦"。[5] 法勒出生于英国，25岁时移民澳大利亚。不同于早期的麦农，法勒不仅有丰富的农场生活经验，他本人早年还受过专业的医学训练。来到澳大利亚后他很快就对农业科学产生浓厚兴趣。1873年出版了他的第一本出版物《草羊养殖》[6]。此后，他的注意力转移到了澳大利亚的小麦育种与种植问题上。法勒掌握的知识与他在澳大利亚农场的观察让他得出判断：农民的困难根源于欧洲小麦不适合澳大利亚的气候。

1875年法勒开始供职于新南威尔士土地部。19世纪80年代初，他开

---

[1] Edgars Dunsdorfs, *The Australian Wheat Growing Industry* (1788 – 1948), p. 535.

[2] Edgars Dunsdorfs, *The Australian Wheat Growing Industry* (1788 – 1948), p. 534.

[3] Edgars Dunsdorfs, *The Australian Wheat Growing Industry* (1788 – 1948), pp. 137 – 142.

[4] Australian Bureau of Statistics, *Year Book*, Canberra: Australian Bureau of Statistics, 1968, 1301.0 - Year Book Australia, 1968 (abs. gov. au), 2023年4月访问。

[5] William Farrer, "Federation Variety of Wheat", *Agriculture Gazette of New South Wales*, Vol. 13, No. 2 (1902), p. 977.

[6] William Farrer, *Grass and Sheep-Farming: A Paper-Speculative and Suggestive*, Sydney: William Maddock, 1873.

始从优质小麦个体样本中挑选种子，并将其种植于新南威尔士的农场，目的就在于寻找最适合澳大利亚气候的物种。很快他将实验扩展到更多的海外品种，1886年他对已经确定性状的多种类小麦进行杂交，试图培育一种不仅防锈，而且可以更好研磨和烘焙的小麦。1898年法勒被任命为新南威尔士农业部的小麦试验员。他与政府化学家格里斯（F. B. Guthrie）合作，后者为法勒提供了可以生产50—100克样品的微型面粉厂和烘焙坊，法勒可以在实验室研磨和烘烤少量多种类型的杂交谷物，并选择最强壮且符合澳大利亚居民饮食、烘焙习惯的小麦。随后，早熟而免于生锈的印度小麦和适合研磨与烘焙的加拿大法夫（Fife）小麦脱颖而出，通过多代的杂交孕育了新的品种扬迪拉（Yandilla）①，法勒又将扬迪拉与源自欧洲的紫秆品种杂交，最终获得了防锈、高产、结实的优质新品种，法勒将其命名为"联邦"，以纪念1901年澳大利亚的建国。联邦小麦不仅成熟得足够早，可以在澳大利亚内陆干旱环境的较短生长时间内获得令人满意的产量，直立的穗和短秸秆使其更适合澳大利亚农民使用的机械脱谷机。② 从1910年到1925年，"联邦"是澳大利亚种植最广泛的小麦。法勒的实验室还创造适应不同环境条件的各种小麦，这些新品种使澳大利亚内陆的大片新地区得以向粮食生产开放。仅在新南威尔士一地，1897—1915年间种植的小麦就增长了4倍。

从19世纪60年代开始，麦农就开始在种植作物之前的休耕期和植被清理之后尚未耕作时期用于放牧，之后再次耕种。这是一种独特的裸地休耕制度：在冬末或春季耕种土地，其间通过放牧与除草，确保地表没有杂草直到第二年秋天再次播种。尽管当时很多麦农并还不完全了解裸地休耕后产量更高的原因，但他们意识到，比起简单的休耕，裸地休耕后可以获得更高的产量。1890年后，越来越多的土地开始实行裸地休耕。

裸地休耕的成功有两个原因：尽管返回土壤的任何有机物中所含的氮最终以硝酸盐的形式供植物使用，但有一段时间，氮要么存在于土壤

---

① 苏格兰移民大卫·法夫（David Fife）培育以乌克兰和土耳其的小麦品种为祖本的红法夫小麦，红法夫一度成为加拿大占主导地位的商业小麦。法夫成熟期晚，使其面临更高的疾病风险。扬迪拉口感则稍差。此后育种专家又在此基础上培育出马奎斯（Marquis）小麦。

② M. Cawte, "William Farre and the Australian Response to Mendelism", *Historical Records of Science*, Vol. 6, No. 1 (October 1984), pp. 45–48.

中的有机物中，要么存在于分解氮的细菌中，在此期间种植的效果会很差。通过在作物播种前 6—9 个月休耕确保了有足够的时间完成硝化过程，并确保有机物中所含的大部分氮转化为硝酸盐，而硝酸盐很容易被植物利用。此外，如果在夏季干燥的澳大利亚保持土地无杂草，通过蒸腾作用造成的水分损失就会消除，冬春降雨产生的一些水分会储存在土壤中，直到第二年秋天播种。实际蓄水量则取决于土壤类型。黏土比沙质土壤储存更多的水分，因此休耕的优势因地区而异。在维多利亚魏马拉（Wimmera）的开裂黏土中，沉降比在小油桉灌木区的砂质壤土中更有效。[1]

1879 年，康斯坦斯教授通过对南澳的麦地进行实验发现，磷酸盐短缺是小麦产量低的原因之一。康斯坦斯建议农民用 5 英担[2]的矿物磷酸盐和 1.5 英担的硝酸盐苏打水的混合溶液喷洒土地。这一措施的费用总成本为每公顷 100 先令，显然超过大多数农民可以承受的范围。土地磷酸盐缺乏的问题直至 90 年代中期才得到初步解决。当时两位南澳大利亚农民克雷尔（Correll）兄弟发现，将种子混合过磷酸钙一起播种的效果与康斯坦斯的建议相似，但是成本降为每英亩 12 先令[3]。不过有些农民对过磷酸钙的影响持怀疑态度。干旱造成的作物损失经常被归咎于人工肥料的施用。另一方面，比起使用磷肥维持土壤肥力，拥有大型农场的农民更倾向于新开垦土地降低种植成本，直到 20 世纪，小油桉灌木区的许多农场都是这样做的。1900 年，南澳大利亚约有 27% 的麦地使用过磷酸钙，维多利亚约为 12%。1910 年，南澳 80% 的麦地播撒过磷酸钙，维多利亚约为 66%，新南威尔士约为 33%。[4] 农民不断追求种植更大面积的麦地来维持产量，19 世纪 50 年代末，维多利亚只有 16% 的耕地面积超过 200 公顷。1879 年，新南威尔士只有 25% 的土地超过 200 公顷。然而 19 世纪 90

---

[1] H. A. Mullett, "Fallowing for Wheat", *Journal of the Department of Agriculture of Victoria*, Vol. 3, No. 24 (1926), pp. 641 – 645; R. D. Lees, "The Effect of Fallowing on Soil Moisture", *Agricultural Gazette of New South Wales*, Vol. 2, No. 37 (1922), pp. 109 – 110.

[2] 1 英担约为 50.8 千克。

[3] Frances Wheelhouse, *Digging Sticks to Rotary Hoe*, pp. 283 – 285.

[4] Edgars Dunsdorfs, *The Australian Wheat Growing Industry* (1788 – 1948), p. 199.

年代，两地几乎一半的耕地面积都属于种植小麦 200 公顷以上的农场上。[1] 19 世纪 70 年代初，澳大利亚从小麦净进口国转变为小麦净出口国，大部分盈余产自维多利亚和南澳大利亚。澳大利亚小麦产量的增长亦与铁快船的发展相得益彰。利用南大洋的西风带，铁快船可以在不到 5 个月的时间内从英国往返澳大利亚。小麦与羊毛一起，成为澳大利亚的重要的出口农产品。尽管澳大利亚的产量不及英国的一半，但大面积的土地和新的收割、种植技术使澳大利亚农民能够以比英国农民更低的单位劳动力和资本成本生产小麦。

三 作为文明必需品的小麦

1898 年，英国科学家威廉·克鲁克斯（William Crookes）爵士在英国科学促进会发表的主席报告中警告："除非世界上的'吃面包的人'找到增加小麦产量的方法，否则白人将被不以'小麦面包为主食的种族挤占生存空间'。"[2] 根据他的调查，吃面包的人口从 1871 年的 3.71 亿人增长到 1898 年的 5.16 亿人。[3] 他认为当时世界小麦供应的丰富源于硝酸盐化肥的使用和美国、加拿大、阿根廷、澳大利亚、俄罗斯和印度等地耕地面积的扩张。但是这两种增产手段都达到了极限：世界上唯一的硝酸盐来源是智利的阿塔卡马沙漠，那里的矿山已经耗尽，适合种植小麦的土地也已经都被耕种。威廉·克鲁克斯对世界小麦总供应能力进行了粗略调查，预测产量供不应求的情况即将到来。他几乎是在高声疾呼：所有文明国家都处于"致命的危险之中"。"时间不多了。在未来三十年内，大批白人可能面临饥饿。"[4] 这个演讲受到了全世界的关注。此时的克鲁克斯已经是知名的科学家，他发现了铊元素，发明了辐射计，并设计了"克鲁克斯管"，同时代的其他科学家依靠这一设计发现了阴极射线和 X

---

[1] J. T. Brown, *Evidence to Royal Commission on the Tariffs*, Melbourne: Government Printer, 1883, p. 250.

[2] William Crookes, *The Wheat Problem*, London: Longmans Green, 1917, p. 38.

[3] William Crookes, *The Wheat Problem*, p. 37.

[4] William Crookes, *The Wheat Problem*, p. 8.

射线。① 但是为什么吃面包的人不能简单地种植或进口小麦以外的食物来解决粮食危机呢？根据克鲁克斯的说法，吃面包的人是"伟大的高加索人种"，其中包括"欧洲、美国、英属美洲的人民、南非、澳大拉西亚、南美洲部分地区的白人居民和欧洲殖民地的白人人口"②。他不仅仅是将对面包有共同文化偏好的人划归为一类，更认为是小麦创造了白人。它不仅塑造了白人文明，还赋予了白人智慧和生物特征。克鲁克斯演讲的时候，正值社会达尔文主义盛行，社会对种族差异和等级观念的关注正是以生物进化为学理基础的。正如克鲁克斯解释的那样："我们生来就是吃小麦的。其他种族在数量上远远超过我们，但在物质和智力进步方面差异很大，他们吃玉米、大米、小米和其他谷物。但是，这些谷物都没有小麦那样的食物价值，以及维持健康方面的作用，正是由于这个原因，文明人类积累的经验使小麦成为唯一促进肌肉和大脑发育的食物。"③

凡此，小麦是世界上伟大文明的饮食纽带，而欧洲白人则是这一文明的继承者。小麦的种植不仅是先进的社会和文化的物质基础，小麦本身也为以面包为食者的身心优势提供了营养支持。小麦的驯化、种植与食用为欧洲白人提供了解释种族差异的另一种方式：不同于水稻、玉米和其他谷物等其他任何形式的种植农业，小麦被视作人类文明的唯一证据。1860年，俄亥俄州农业部部长约翰·克利巴特（John H. Klippart）借鉴了当时最新的谷物植物学和谷物博物学文献，撰写一部小麦植物史。克利巴特认为，学校的创建、法律体系的创建都并不能成为文明的证据和可靠的衡量标准，因为"许多野蛮的国家和野蛮的部落都有自己制定的法律，而许多文明社区对学校一无所知"。因此，文明的特征不存续于社会制度中，文明的证据存在于大自然中。"文明的真正而明确的象征，以及随之而来的启蒙与复兴都体现在小麦的种植中。"④

随着小麦的种植与消费逐渐被视为白人文明的主要生物基础，欧洲人是如何解释小麦是源自肥沃新月区的生态遗产的呢？早在1906年农学

---

① William Crookes, *The Wheat Problem*, p. 7.
② William Crookes, *The Wheat Problem*, pp. 6–7.
③ William Crookes, *The Wheat Problem*, p. 29.
④ John H. Klippart, *The Wheat Plant: Its Origin, Culture, Growth, Development, Composition, Varieties, Diseases, Etc.*, Cincinnati, London: Wentworth Press, 2016, p. ix.

家和植物学家亚伦·阿哈伦森（Aaron Aharonson）在巴勒斯坦发现一种野生小麦之前欧洲人就知道小麦在埃及和波斯有着悠久的历史，除了历史文献之外，欧洲考古学家也在埃及与波斯的古代墓穴里发现了谷物的物证。欧洲自视从"近东"文明中汲取了思想和文化养分，有着相似的制度和知识传统，这里也是欧洲宗教的来源，那里是犹太教、基督教和伊斯兰教亚伯拉罕宗教的发源地，因此它与《圣经》有着强烈的联系。《伊甸园》和《坠落凡间》正是土地肥力下降后人类开始生产和储存粮食的场景，即农业起源的故事。但是近来"这个地区的人民的地位开始动摇"。在19世纪的文本中，作者通常将讲波斯语和阿拉伯语的人归入"文明种族"类别，"文明"通常可以与"白人"互换。① 1890年一本德语出版的百科全书显示了高加索、蒙古人和黑人"三大种族"的地图，其中，中东被归为高加索，而鲁西亚、拉普兰和芬兰则是蒙古人，这表明肤色并不总是种族分类的主要决定因素。② 然而，更多文本中关于小麦地理起源的讨论，将地点从埃及和波斯转移到了古希腊和罗马，小麦的起源叙事以德米特神和塞雷斯神（Gods Demeter and Ceres）的传说呈现。③

在澳大利亚，复述小麦作为生物基础的白人种族神话则是英国殖民的回响。19世纪末，使用地下水建立远程灌溉定居点的尝试失败，在汇编了足够多的关于降雨量和澳大利亚内河流量的数据后，灌溉主义者也认识到地表水灌溉只能在靠近河床的适度规模上进行。旱地农业成为将农业带到澳大利亚内陆大片地区的最大希望。农业科学家的任务是在炎热干燥、小麦曾经无法存活的地方实现农业。新南威尔士州农业部于1910年在悉尼召开了第一次全国"小麦种植者特暨旱作农业会议"。会议主旨报告的开始即指出："如果不是在这里，哪里有神话成真？伊西斯（Isis）在尼萨（Nysa）的纵队已经倒下，但她的黄金宝藏已经增倍百万，

---

① 参见 Alastair Bonnett, *The Idea of the West*: *Culture*, *Politics and History*, Houndmils, Basingstoke, New York: Palgrave Macmillan, 2004.

② Warrick Anderson, *The Cultivation of Whiteness*, Madison: Duke University Press Books, 2006, pp. 45 – 56.

③ John H. Klippart, *The Wheat Plant*: *Its Origin*, *Culture*, *Growth*, *Development*, *Composition*, *Varieties*, *Diseases*, *Etc.*, Cincinnati, London: Wentworth Press, 2016, p. 60.

并征服了白人所到之处的世界。当你穿过麦田时，你会从耳边的沙沙声中听到黑眼睛女神温柔的声音：欢呼、欢呼。"①

旱作农业会议的开幕致辞中也提及了威廉·克鲁克斯爵士的《小麦问题》。实际上直到20世纪30年代，《小麦问题》被《新南威尔士州农业公报》（*Agricultural Gazette of New South Wales*）等多家媒体数次引用。小麦被誉为"谷物之王，是文明生活的必需品"②。澳大利亚人显然共鸣于克鲁克斯的恐惧：澳大利亚内陆的土壤贫瘠，需要科学助力农业才能成为可能。他们自然也担心毗邻北方地区的亚洲非白人族裔的虎视眈眈。③

四 作为资源边疆的麦地

19世纪60年代，最适合用于耕种的土地早已经被牧场租借人所占有，如何从牧场租借人手中将非法占据的土地重新分配和经营是整个19世纪的最后40年澳大利亚农牧生产的核心。小麦种植与灌溉农业一样都成为备选的方案。但是麦田里也鲜少有小农的田园牧歌。

小麦大面积种植之所以成为可能的制度原因在于选地者成功地获得了比19世纪60年代殖民地土地法所允许的更多土地。这些土地是通过允许他们以家人的名义征用土地来实现的。此外，1880—1890年的土地法实际上承认了农场规模的重要性，并允许定居者占据比60年代土地法更大的面积的土地。按照1847年的租借法令，牧场租借人租用期限为8年或14年，最迟1861年这些土地的租期合约将满。大量的滞留矿工、加之部分为牧场租借人的牧工都强烈呼吁政府"开放土地"。当时下议院已经实现了每位成年男性一票的选举制。下议院中大量的代表均为前矿工和普通劳工，他们自然极力呼吁分配土地。由于选民的呼声太强大以至于

---

① New South Wales Department of Agriculture, "Conference of Wheat-Growers, with Special Reference to Dry-Farming", *Farmers' Bulletin*, Vol. 3, No. 42, Sydney: Government Printer, 1910, p. 6.

② Commonwealth of Australia, *Wheat Growing in Australia*, Melbourne: Australia Department of External Affairs, 1915, pp. 5–6.

③ "Caucasian Australia", *Argus*, 16 March 1922, p. 7.

这一方案在上议院遭到的阻拦犹如螳臂当车。在各殖民地的自治政府成立后，分配土地的权力亦转交给殖民地政府。这些土地中主要是尚未被利用的国有王家土地（Crown Land）以及国有租赁地，后一类土地中就包括了大量为牧场租借人所占据的土地。从1861年至1870年各殖民地政府分别通过了各自的《选地法》来分配、买卖和管理土地。尽管各法案有很大差异，但是基本目标是一致的：将土地分割为16—260公顷不等的大小分配给平民，无论土地是否为牧场租借人所控制。在新南威尔士，土地规模一般为每人16—130公顷。在所有的殖民地，法案只适用于种植条件良好，并且降雨比较充分的土地。政府认为只有在这样的土地上，资产并不多的农民才有可能生存下来，经过几年的开垦有所收获，并且支付购地款。截至1870年，约有12万农民以这种方式在澳大利亚开始从事农业种植，所拥有土地面积约为800万公顷。①

这些定居点引发了农民与牧场租借人之间的矛盾。政府允许牧场租借人在农耕区的外围放牧，如果土地尚未被出售，那么牧场租借人可以继续以租赁的方式获得使用权。1884年，在大量土地被分割的情况下，即使最大面积的牧场也不过500公顷。对于曾经动辄据有1.2万公顷牧场的牧场租借人来说，土地太过狭小。在这种情况下，大量的牧场租借人开始钻政策的空子，以妻子、子女甚至牧场雇工的名义按照早期的《选地法》获得土地。在土地获批后再从雇工手中转购土地。新南威尔士、维多利亚和塔斯马尼亚早期的《选地法》并不限制个人的土地买卖时限，因此这种做法极为普遍。等到政府开始颁布新的法规限制私人间的土地买卖和购买条件时，牧场租借人早已将大片优良土地收入囊中。

根据1882年新南威尔士殖民地的调查，从1862—1882年间，有8.7万人参与了526万公顷的土地购买，其中大约有三分之一被转手，还有三分之一被放弃耕种，这部分土地通常会以略高于最低限价的方式拍卖，通常买家就是附近的牧场租借人。《选地法》实行20年后，只有三分之一的土地仍然掌握在普通农民手中。维多利亚1869年颁布了严格的限制条款，要求农民购得土地后至少需要在地两年半，并且在两年内修筑围

---

① B. R. Davison, *European Farming in Australia: An Economic History of Australian Farming*, Amsterdam, Oxford, New York: Elsevier Scientific Publishing Company, 1981, p. 139.

栏，用于开垦土地的费用不得低于每公顷50先令。法案还规定了土地三年内不能上市交易的条款。经过调查1878年至少有三分之一的土地转手最大的牧场主手中。[1] 在昆士兰和南澳殖民地，根据不完全统计也有三分之一至二分之一的土地控制在牧场主的手中。[2]

有不少流入了富裕的牧场主手中的土地适宜用于庄稼种植和奶牛养殖，大牧场生产的谷物、蔬菜和牛奶很快对普通农户的产品形成强大的挤压。尽管1869年维多利亚甚至立法规定大牧场主手中的土地只能用于生产自足的粮食和干草。即使如此，也只有临近港口和交通便利地区的小农场才能完全依赖庄稼种植和奶牛养殖谋生，大量边远地区的农户会因高昂的交通费和市场需求不稳定，而在经营数年后面临破产，然后不得不将农场转卖给附近的牧场主，为其打工赚取工资。抑或将农场抵押给牧场主，换取周转资金继续维持。只有那些以同样的"诈骗"方式，以家属名义获得较多土地，用于经营羊毛业的农民有所获利。这种方法被越来越多的家庭采纳。也正是在这样的情况下，政府开始意识到大量农民破产的原因在于农场规模过小。不少殖民地开始建议给农民减负，降低开垦费用的下限，减少在地时间的要求，以便农民可以外出打工补贴家用。在新南威尔士、南澳和昆士兰的官方调查中，不少人建议扩大选地的规模。[3] 除去政府依然持有大量土地的昆士兰外，这一建议在其他殖民地几乎没有任何可行性，扩大分地意味着全盘的结构性调整。

19世纪90年代开始在西部平原小麦种植区的土地所有者，通过受贿官员、借用家人名义等方式延长租约，或者获得限制较少的改良租约来扩大土地的放牧范围，同时将最好的土地用于小麦生产。1900年，由于政策受阻，新南威尔士政府取消了对麦考利沼泽最富饶的牧场哈登里格

---

[1] Crown Land Commission of Inquiry, *Progress Report: Royal Commission into Progress of Land Settlement under the Land Act of* 1869, Victoria Legislative Assembly, V. & P., Vol. 3, Paper No. 65, 1879, p. 673.

[2] Queensland Parliament, *Debate on Land Act Amendment Bill*, Queens Land Official Record of the Debates of the Legislative Assembly, 1879, p. 631; Select Committee of the House of Assembly on Credit Selection under Crown Lands Acts, *Proceedings of Parliament and Papers*, Vol. 3, No. 71, xvii (1879), pp. v – vi, 56.

[3] 参见 J. Black, *Evidence to the Select Committee on Administration of the Land Law*, 1873 – 1874, Land Select Committee Reports to Parliament, pp. 964 – 969.

（Haddon Rig）的拆分。当地的大地产所有者弗兰克·麦克（Frank Mack）和西德尼·奥斯汀（Sidney Austin）曾经是牧场借用人，而后拥有放牧许可证的土地，又逐渐将其转变为自由保有权，继而成为新南威尔士最大的个体小麦种植者，开始以远超出小农的规模种植小麦，进而控制小麦市场。当牧场主顺势成为麦田主人后，大地产与小农之间的纠纷不断。纳罗明（Narromine）牧站就出现了农户将大地主十万袋即将出口英国的麦子付之一炬的事件。这些麦子的所有者正是弗兰克·麦克与西德尼·奥斯汀。他们在纳罗明一地就拥有 2000 公顷的土地。小农对土地的渴求只能以暴力的方式宣泄，实则无法打破大地产者越来越强势的主导地位。[1] 1900 年，政治家休·麦克唐纳在议会会议上辩论时称，"当你在西部平原看到一个有美丽的树木、漂亮的果园环绕的家园"，"走了不多远你就会遇到另一个主人已经离去的房子骨架"，"每一处豪宅都意味着十五个已经无家可归的前房主"[2]，他们可能是曾经的牧工，也可能是经营不下去的小户麦农。

尽管国际大宗商品市场上小麦价格浮动。但是作为一种经济作物，小麦对牧场主和小土地所有者都有着强烈的吸引力。它可以种植在广阔的地区，适合机械收割。尤其是在内陆平原地区，土地几乎不需要任何清理。内陆干燥的气候提供了防锈的保证，而后新培育的麦种和新机器的发明再次为小麦的更广泛种植扫清了障碍，他们唯一需要担心的就是不稳定的降雨。但是一切优势最终造就了澳大利亚的小麦种植的机会主义：小麦种植者都在赌"好年份"，赌"合适"的时候下雨。这也是麦地水土保持措施缓慢的原因，他们的心态是在投资化肥或进行轮作之前耗尽原始土壤。[3]

五　旱作农业的实验场

19 世纪末开始各殖民地政府不仅担心牧草的枯竭，也担心作物种植

---

[1] R. F. Mckilop, *Into the Golden West*: *The Mckillops of Budah*, 1782 – 1974, Castlecrag: MWA International, 2007, p. 107.

[2] "Ilegible", *Daily Liberal and Macquarie Advocate*, 11 June 1900.

[3] Ted Henzell, *Australian Agriculture*: *Its History and Challenges*, Collingwood: CSIRO Publishing, 2007, pp. 131 – 143.

方式的不可持续。政府期冀科学农业可以对此有所纠正作用：培训农民采用更加科学的方法进行操作，农业部门在植物育种、化肥、土壤化学和种植技术方面也进行了全面干预，以稳定小麦的产量，扩大小麦种植面积，防止内陆平原的环境进一步恶化。

就在小麦生产狂飙突进之时，有两件相关的事成为农业部门思考的核心：第一，牧场被废弃后再次利用的可能性；第二，选育出适宜在极端条件下存活下来的作物。后者的关键在于农业科学从业者希望植物能够通过与环境的相互作用来适应环境。19世纪90年代早期法勒就认为实验农场应该以美国的《哈奇法案》①为蓝本，建立农业科技试验农场，进而为农民服务。②他认为农业试验场的建立地点必须能够代表内陆的气候特质。新南威尔士农业部在库巴拉（Coolabah）建立了试验农场，农业部从周边600公顷土地重划拨80公顷土地供农场使用。库巴拉试验场位于杜博红土平原上，法勒曾经在这里担任土地测量员。杜博曾经是牧民的天下，当时是小麦带扩张的极限。这里沿线的村庄主要为转场放牧的牧民和邮政马车提供服务，随着西部主要铁路线的推进与外部的联系加强。试验农场位于铁路以西29公里处。位置在河流平原之外，地处红沙地和山地的边缘。法勒在为农业部撰写的一份报告中写道："库拉巴的极端干燥气候使其成为最适合开展工作的农场，在这里我们将有可能发现或生产适合干燥内陆的品种。"③库巴拉的年降雨量仅有80毫米，在当时的农学研究者看来无疑是试验旱地耕作方法的理想场所。如果作物生长在这里，它们就会在澳大利亚的任何地方成活。1898年，罗伯特·皮科克（Robert Peacock）被任命为农场经理，任务即"让数百万英亩无用的土地被妥善利用的必需知识"④。

---

① 1887年美国国会通过了《哈奇法案》。该法案规定每个州立大学的农学院都要成立农业试验站，以向农民示范其农业科研成果，将有价值的农业信息提供给农民。在具体的项目运作上，由州立大学推选、农业部审核通过，州农业科技服务组织执行，县聘请州立大学农业科研人员，组织农业服务活动，推广农业技术。

② William Farrer, "The Government Experimental Farm", *Sydney Morning Herald*, 3 May 1890.

③ "Report of the Wheat Experimentalist", *Agricultural Gazette of New South Wales*, Vol. 5, No. 15（1904）, p. 7.

④ P. J. Mylrea, *In the Service of Agriculture: A Centennial History of the New South Wales Department of Agriculture 1890 – 1990*, Sydney: NSW Agriculture Fisheries, 1990, pp. 45 – 56.

农场对小麦种植给予特别关注，法勒、植物病理学家内森·科布（Nathan Cobb）博士、农学家乔治·萨顿（George Sutton）都曾在此尝试培育耐旱的小麦[1]，前两者的思路是培育"不需要水的"小麦，后者的思路则是"选择一种能够适应气候，足够早的从雨水中获益的小麦"[2]。实验人员真正开始培育小麦的时候正值联邦干旱期之际。同时，殖民地政府组织失业的工人和选地的农民清理植被开垦土地，农民们依赖于从库拉巴农场获得的信息和作物样本进行后期的种植。此间法勒培育的"马卡罗尼"（Macaroni）尽管耐旱但是产量很低。此后他还曾尝试北非、地中海、西亚和中欧的小麦，但收效甚微。[3] 当雨季再次来临时，小麦试验依然没有取得任何进展。当东部地区干旱爆发时，西部内陆出现了猛烈的风暴和洪水，这是典型的极端变化。1903年9月，暴雨导致附近的牧场溢流，淹没了一些试验地块，强风压弯了许多小麦植株。接下来的一个月，降雨继续，冰雹摧毁了植株，小麦开始生锈病。雨水使支离裸露的地面硬化。在经历了如此长时间的干旱之后，突如其来的暴雨使得牧草和灌木蓬勃发展，但包括老鼠在内的野生动物也开始肆意滋生。播种后的小麦被田间筑巢的老鼠一扫而光。[4]

此后实验农场的工作重心转移至耐旱灌木类的研究。这一转向与农场经理罗伯特·皮科克密切相关。他出生于巴瑟斯滕的农牧混营农场，对西部内陆的土壤、气候多有研究。他了解当地的土壤介于贫瘠的红色砂质壤土和肥沃但难以耕种的黑色龟裂土壤之间，清楚西部地区的干旱与降雨量的不确定性。在法赫等人育种小麦时，他更关注干旱区域的小麦种植技术，例如播种的方式、时间以及播种前的开地准备，机器和化肥的使用等问题。[5] 在内陆长期的生活与观察中，皮科克认为原有的含盐灌木植被高度适应当地的环境，而且物种种群数与量都很可观。在未受

---

[1] "The Heat Wave", *Western Herald and Darling River Advocate*, 15 January 1896, p. 2.

[2] "Experimental Farm at the Bogan Scrub", *Sydney Morning Herald*, 16 December 1897.

[3] "Minister for Lands at Coolabah", *Sydney Morning Herald*, 12 May 1900.

[4] W. Peacock, "Report of the Manager, Coolabah Experimental Farm", *Agrcultural Gazette of New South Wales*, Vol. 3, No. 15 (1904), pp. 23 - 34.

[5] W. Peacock, "Our Western Lands: Their Deterioration and Possible Improvement", *Agricultural Gazete of New South Wales*, Vol. 1, No. 11 (1900), pp. 645 - 656.

干预的情况下，一旦遭遇长期干旱，含盐灌木耐旱的特质与庞大的种群数量有助于支持当地动物的存续。① 在小麦试验失利后，他对内陆丛林在多年牧业经营后的情形由衷震惊：半干旱平原和林地各种各样的袋鼠草和米歇尔草已经被啃食殆尽，少数残余分布在保护区和黏土洼地中。旱季可供饲料补偿的可食用灌木也所剩无几。在可供木本繁衍的河流平原上，松类灌木、菩提科和桃金娘科的灌木疯狂滋长，而水土条件稍差的地方，带刺的灌木所取代之前的丛林。曾经令牧场租借人垂涎的西部平原已经是一片废墟。1900年，皮科克在《新南威尔士州农业公报》上撰文称：内陆的牧业给新南威尔士带来前所未有且随处可见的环境退化。② 皮科克对于环境退化的现实的解释是进化论式的：正是因为适宜当地环境并适宜牧草生长，多刺植被才会取而代之，因此内陆地区看起来杂乱无章的灌木滋生实际上是大自然恢复平衡的恢复机制。③

1902年，皮科克建议停止大面积的作物种植，只保留小规模土地用于滨藜属含盐灌木的种植试验，并成为盐灌木种植的积极倡议者。滨藜属拥有庞大的家族，广泛分布于全球半干旱和干旱气候中，可以耐受含盐量高的土壤。1904年，皮科克在库拉巴实验农场种植了100亩的滨藜。其中最有名的品种叫老人盐灌木（Atriplex nummularia）。这一品种的含盐灌木可以长至3米，并在干旱期间一直保持常绿。灌木的高度意味羊群无法够到高处的枝条，从而预防了过度放牧。灌木也为林下的小动物提供了庇护。在一篇文章中，皮科克列出了13种含盐灌木，并附上了照片、它们的特征细节和种植建议。④ 1903年干旱爆发，试验田中的含盐灌木在草场被摧毁后存活下来。这让皮科克更加确定，对内陆的开垦取决于是否能种植早就适应了当地环境的本土性植被。"必须照顾好西部这些

---

① W. Peacock, "Our Western Lands: Their Deterioration and Possible Improvement", *Agricultural Gazete of New South Wales*, Vol. 1, No. 11 (1900), p. 654.

② W. Peacock, "Our Western Lands: Their Deterioration and Possible Improvement", *Agricultural Gazete of New South Wales*, Vol. 1, No. 11 (1900), p. 656.

③ W. Peacock, "Our Western Lands: Their Deterioration and Possible Improvement", *Agricultural Gazete of New South Wales*, Vol. 1, No. 11 (1900), p. 652.

④ W. Peacock, "Saltbushes, Their Conservation and Cultivation", *Agricultural Gazette of New South Wales*, Vol. 15, No. 3 (1904), p. 211.

宝贵的植物，而不是像往常那样摧毁它们。"[1] 他警告当地的土地所有者不要轻敌，因为"干旱肯定会再次发生"[2]。皮科克认为干旱、过度放牧导致了不同程度的物种灭绝，通过种植含盐灌木可以某种程度上弥补曾经的生态破坏。

负责小麦种植试验的乔治·萨顿也表示，库拉巴仅适宜于种植旱季可以制成干草的谷物。拯救土壤比选择正确的小麦品种或确定正确的施肥量更重要。[3] 但是农业部当时并未将牧草的培育作为优先事项。1908年由于经费等原因农场关闭，尽管皮科克希望继续进行含盐灌木的种植试验，但是未能实现。萨顿也不得不将小麦试验撤到了尼根的一个新的试验农场。[4]

澳大利亚内陆小麦种植区的内迁与小麦带的最终形成建立在民间自发的技术创造和农业科学成长的基础上。而后者很快承担了解决环境退化问题的生态目标和借此改造内陆生态文化的社会理想。内陆的旱作农学试验田虽然未能继续拓展小麦的边疆，但是孕育了早期的生态保护主义。包括皮科克在内的农学工作者意识到他们的首要认为不在于将杂乱无章的灌木丛转变为有序的农田，而在使用生态学的办法恢复土地。他们的使命是救援，而并非革新。尽管在对于内陆定居的欲望和焦虑中，农业科学家更为务实的意见并未能左右农业部门的较为短视的过度开发计划，但是却成为发展主义的要求、定居者的实地农业应对之外的另一股力量。

就在澳大利亚的农牧民和农业科学家为旱地的生存而努力时，澳大利亚干湿更迭的气候和以农牧为核心的经济生活也成为气候周期论风靡殖民地的生态和社会基础。接下来一章展现：殖民地居民对气象的观察、气象规律的总结存在广泛的公共讨论并达成了一定共识，亦有争鸣与误解。

---

[1] W. Peacock, "Saltbushes, Their Conservation and Cultivation", *Agricultural Gazette of New South Wales*, Vol. 15, No. 3 (1904), p. 212.

[2] W. Peacock, "Saltbushes, Their Conservation and Cultivation", *Agricultural Gazette of New South Wales*, Vol. 15, No. 3 (1904), p. 220.

[3] G. L. Sutton, "Cowra and Coolabah Experimental Farms", *Agricultural Gazette of New South Wales*, Vol. 17, No. 2 (1906), p. 562.

[4] "On the Land-Coolabah State Farm: Its Lessons", *Sydney Morning Herald*, 8 July 1908.

第 六 章

殖民时代的气候周期论与气象学

一 事件：澳大利亚气象学史上的一则"冤案"

1887年，悉尼天文台台长和新南威尔士政府气象官（1870—1904）亨利·拉塞尔（Henry Russel）前往欧洲参加在巴黎举行的国际天文摄影大会。亨利·拉塞尔在欧洲期间，由他的助手天文台的绘图师查尔斯·艾吉森（Charles Egeson）作为代理气象官主持天文台的气象观测与研究。从当年的4月开始，查尔斯在悉尼当地的《晚报》发布多次天气预报。[①] 查尔斯基于太阳黑子运动和气候变化之间关系的研究，认为澳大利亚的降雨量变化存在33年左右的周期，他在《晚报》发布的天气预报正是以该周期为基础的。根据他的预测，澳大利亚会在19世纪90年代发生一次严重程度堪比1827—1830年的旱灾。亨利·拉塞尔回国后公开反对他在报纸媒体发布气象预测的行为，并试图阻止查尔斯继续在报纸发布天气预报，却遭到查尔斯与《晚报》的共同拒绝。两人的矛盾最终导致查尔斯被悉尼天文台解雇，失去了工作的查尔斯很快便消失在了公众视野中。他的名字再次出现已经是三年后，1893年《新南威尔士警察公报》上刊登的一条犯罪信息显示查尔斯因为诈骗（3英镑）入狱。[②] 此后查尔斯再次消失，直至1903年《尼尔森晚报》的一则新闻中提及他已经在新南威

[①] Charles Egeson, "The Predicated Droughts", *The Evening News*, 23 May, 12 June, 7 July, 9 September, 13 December, 1887.

[②] "Offences not otherwise Described", *New South Wales Police Gazette*, 15 November 1893, pp. 389 – 390.

尔士的一家精神病院去世。① 除此之外，他离开天文台后的生活似乎没有留下任何痕迹。而从 1895 年开始，查尔斯的预测被事实应验，澳大利亚东部经历了殖民以来持续时间最长、最为残酷的干旱期，即澳大利亚历史上的"联邦干旱"。

二 相关讨论回顾和本章的研究视角

亨利·拉塞尔与查尔斯·艾吉森之间的恩怨在当时算得上澳大利亚气象学界的轰动事件，从事情发生直至 20 世纪初，澳大利亚当地和新西兰的报纸上就有不少报道。由于亨利·拉塞尔本人曾在 19 世纪 70 年代提出过十九年的气候周期论，二人的矛盾一度被媒体描述为气象学家的学术纷争，只不过最终位高权重的亨利·拉塞尔为了捍卫学术权威不惜打压异己。② 对此亨利·拉塞尔曾经表示，他阻拦查尔斯·艾吉森在报纸公开发表预测是因为这些预测在公众间制造了不必要的"恐慌"。③ 而大量媒体对此事的报道也显示出当时气候周期理论不仅是专业气象工作者、气象观察的爱好者也是普通人关心的公众议题，换言之该事件不仅仅是气候史的内史问题。此后很长一段时间内，无论是新南威尔士殖民地还是澳大利亚联邦成立后编修的气候学专著、文集中都对查尔斯·艾吉森本人及其三十三年周期论只字不提。但在国际学术界，查尔斯·艾吉森以太阳黑子运动与气候变化关系为解释核心的三十三年周期论分别在 19 世纪 90 年代末与 20 世纪初被爱德华德·布鲁克纳（Eduard Bruckner）和威廉·洛克耶（William Lockyer）继承和发展。④ 20 世纪 70 年代，随着

---

① "Native Trouble at Kaikohe", *Nelson Evening Mail*, 23 April 1903.

② "Mr Dibbs' No-Confidence Motion", *Evening Post*, November 1, Vol. XL, No. 106 (1890), p. 2; Correspondence, "Drought Prophecy", *Hawera and Normanby Star*, April 18, Vol. XLVI, No. 772 (1903), p. 45.

③ Andrew Noble, "The Development of Meteorology in Australia", *Monthly Weather Review*, 1905, pp. 480–484.

④ William Lockyer, "Simultaneous Solar and Terrestrial Changes", *Science*, Vol. 19, No. 7 (1903), pp. 611–623; 参见 D. V. Hoyt and K. H. Schatten, *The Role of the Sun in Climate Change*, New York/Oxford: Oxford University Press, 1997, p. 279.

国际气象学界对于太阳黑子与全球气候变化之间关系的热切关注,这一跨三十年(TRANSTRIDENCADAL)的周期论被命名为 BEL 周期(B、E、L 分别为布鲁克纳、艾吉森和洛克耶英语名字的首字母),至今被天文学家和气象学家所讨论。与这段逸事相关的细节也由历史学者重新爬梳。艾米莉·奥高曼(Emily O'Gorman)重点关注亨利·拉塞尔本人的气象学研究,她认为亨利·拉塞尔在建立澳大利亚本地气象学数据库时,吸收了大量来自民间甚至土著的"业余知识",因此"让气象学的科学与客观性大打折扣",这很可能也是亨利·拉塞尔不愿意查尔斯·艾吉森进行公开预测的原因之一。[①] 艾米莉的研究拓展了对该事件的知识社会学分析,但是她本人没有太注意澳大利亚殖民时代气候周期论本身的持续性及其外来影响。朱莉娅·米勒(Julia Miller)的研究则从环境与知识生产的关系展开,她认为 19 世纪末 20 世纪初是澳大利亚本土气候周期论的高产期,这些理论的出现与那段时期新南威尔士殖民地的数次干旱密切相关。[②] 克莱尔·芬碧(Claire Fenby)将对这一问题研究的时间线继续向前推进,她本人也更关注澳大利亚气候史学本身的演变,她发现尽管澳大利亚当地对于气候周期论的讨论集中于 19 世纪中后期,但是 19 世纪 30 年代之前澳大利亚殖民地已经诞生与此相关的民间天气知识。以上研究是本文写作的起点。除此之外,杰丽·格里斯(Joëlle Gergis)、林登·艾什克罗夫特(Linden Ashcroft)和唐·加登(Don Garden)等学者对于殖民时代澳大利亚天气数据和气候史的重建工作也启发了本章的撰写,并

[①] Emily O'Gorman, "Soothsaying or Science? H. C. Russell, Meteorology, and Environmental Knowledge of Rivers in Colonial Australia", in James Beattie, Emily O'Gorman and Matthew Henry, eds., *Climate, Science, and Colonization: Histories from Australia and New Zealand*, New York: Palgrave Macmillan, 2014, pp. 177 – 194.

[②] Julia Miller, "What's Happening to the Weather? Australian Climate, H. C. Russell, and the Theory of a Nineteen-Year Cycle", *Historical Records of Australian Science*, Vol. 25, No. 1 (2014), pp. 18 – 27.

提供了部分资料基础。① 接下来本章需要解决的问题就是：为什么 19 世纪的澳大利亚气象学如此痴迷周期理论，这与殖民地的具体天气条件、社会经济状况有何关联，这些看起来千差万别的周期论之间存在怎样的立场争执和内在联系，周期论在气象学发展进程中又处于怎样的位置，厘清这些细节或许有助于我们理解这桩"冤案"的发生。

三 旱与涝的二重奏——气候周期论的自然基础

澳大利亚殖民以来的历史资料提供了大量的气候史信息。具体说来，19 世纪 60 年代之前的气象记录是丰富而零散的，主要表现为经验性的描述，而非定量的观察记录，但是对影响较大的旱涝事件都有记载。早期殖民者的日记与信件为历史学家展现了短时的天气特征、农作物和家畜的生长状况；探险家在日记中会记录河流、湖泊的水位以及植被状况；殖民地政府向伦敦提交的政府工作报告中也会记载相关内容。19 世纪以来部分殖民地的报纸会有天气报告，报刊文章和读者来信也会对重要的天气事件有所涉及。不同于干旱的记录，除非是发生洪水的特例，气候的湿润是较少被记录在案的。19 世纪 60 年代以后，随着各殖民地气象局和监测站点网络的建立，气候史的研究可以依靠更多的定量精确数据。对这些资料进行梳理，综合部分相关的研究成果，实际上也可以比较明确地看到殖民以来澳大利亚旱期与雨期的更迭，并对当时的生活、观念和情感有更感性的认识，这也正是周期论风靡殖民地的生态和社会基础。

---

① 值得一提的是，澳大利亚气候史的重建是气候学、地质学、古海洋学、环境科学、历史学等多领域学者共同致力的跨学科研究，也积累了大量的研究成果，继而成为历史学家理解澳大利亚历史的新钥匙。参见 Linden Ashcroft, David John Karoly and Joëlle Gergis, "Southeastern Australian Climate Variability 1860 – 2009: A Multivariate Analysis", *International Journal of Climatology*, Vol. 34, No. 6 (2014), pp. 1928 – 1944; Joëlle Gergis, Linden Ashcroft and P. Whetton, "A Historical Perspective on Australian Temperature Extremes", *Climate Dynamics*, Vol. 15, No. 6 (2020), pp. 346 – 358; Joëlle Gergis, Zak Baillie and Tessa Ellwood, "A Historical Climate Dataset for Southwestern Australia, 1830 – 1875", *International Journal of Climatology*, Vol. 12, No. 3 (2021), pp. 478 – 494; Joëlle Gergis, Don Garden and Claire Fenby, "The Influence of Climate on the First European Settlement of Australia: A Comparison of Weather Journals, Documentary Data and Palaeoclimate Records, 1788 – 1793", *Environmental History*, Vol. 15, No. 3 (October 2010), p. 503.

第六章　殖民时代的气候周期论与气象学　/　131

　　自 1788 年欧洲人殖民，直至 1890 年末这 100 多年间，他们最早定居的新南威尔殖民地有 50 年都出现了不同程度的干旱。其中主要可以分为 4 个干旱期：1790—1792 年、1798—1799 年、1802—1803 年、1809—1815 年。1813 年，居住在新南威尔士殖民地的欧洲人首次翻过蓝山，到达西部平原，这里的情况也验证了干旱在空间上的蔓延。① 从 1824 年、1826—1829 年，新南威尔士和成长初期的昆士兰殖民地经历了殖民以来持续时间最久的干旱期。气象观察家威廉·杰文斯（William Jevons）和探险家查尔斯·斯图特（Charles Sturt）都分别在各自的记录中证实了这一点。② 正是这场旷日持久、涉及范围广泛的干旱使新南威尔士殖民地濒临饥荒，并引发最早关于气候周期性的讨论，后文将对此进一步论述。

　　1835—1843 年，干旱笼罩了新南威尔士、塔斯马尼亚、昆士兰、南澳大利亚和维多利亚 5 个殖民地，尤以 1835—1839 年的新南威尔士最为严重。威廉·杰文斯记载了新南威尔士内陆的巴瑟斯特和亨特地区缺水导致的"农作物的普遍歉收"③。当时正在内陆地区的探险家托马斯·米歇尔（Thomas Mitchell）也在报告中表示：新南威尔士中部波根河和达令河附近的地区受到干旱的影响。④ 1838 年 1 月开始，维多利亚、昆士兰、南澳大利亚出现干旱的报道，气象学者卡拉汉（Jeff Callaghan）和赫尔曼（Peter Helman）则将 1838 年列为昆士兰东南部的旱年，并指出 1837—1839 年间澳大利亚东海岸经历了严重的降雨不足。⑤ 1845—1850 年期间，新南威尔士部分地区出现了短期的干旱。跟随查尔斯·斯尔特进入澳大

---

① J. C. Foley, *Droughts in Australia: Review of Records from Earliest Years of Settlement to 1955*, Melbourne: Bureau of Meteorology, 1957.

② William Jevons, "Some Data Concerning the Climate of Australia and New Zealand," in *Waugh's Australian Almanac for 1859*, Sydney: James W. Waugh, 1859; Charles Sturt, *Two Expeditions into the Interior of South Australia*, Vol. 2, London: Smith, Elder & Co., 1834, pp. 1-2.

③ William Stanley Jevons, "Some Data Concerning the Climate of Australia and New Zealand", p. 46.

④ Thomas Mitchell, *Three Expeditions Into the Interior of Eastern Australia: with Descriptions of the Recently Explored Region of Australia Felix and of the Present Colony of New South Wales*, London: T. & W. Boone, 1839, pp. 196, 197, 202, 208-209, 220.

⑤ Jeff Callaghan and Peter Helman, *Severe Storms on the East Coast of Australia, 1770-2008*, Adelaide: Griffith University, Griffith Centre for Coastal Management, 2008.

利亚中部地区的探险队员路易斯·皮尔斯（Louis Piesse）注意到新南威尔士西部达令河水位很低，并且1845年的水量比1844年更少。① 福利（J. C. Foley）则注意到，在此期间靠近新南威尔士东海岸辛格尔顿的亨特河已经变成一连串的池塘。② 接下来的1857年、1858年新南威尔士再次出现旱情，随后1859年初南澳的干旱甚至导致了山火，造成两人死亡，多处房屋被烧毁。随后威廉·杰文斯着手研究殖民地的气候，并试图验证循环理论。澳大利亚再次出现密集的干旱气候报道已是60年代中后期，以1864—1865年、1868—1869年最为突出。整个19世纪70年代只有1876—1877年有过短暂的旱季。进入19世纪80年代后，东部地区1883—1885年以及1888—1889年均出现了较为严重的干旱。而亨利·拉塞尔与查尔斯·艾吉森的恩怨也就发生在19世纪的最后一个旱期。

　　再来看相对湿润的年份：与整个19世纪的经历很不一样，欧洲人几乎是在最为潮湿的季节开始定居悉尼附近的植物湾的，1788年开始的数场暴雨不仅延误了房屋和基础设施建设。1793年12月的暴风雨甚至导致一艘船在码头搁浅。③ 1796年、1797年、1799年粮食记录展示了丰收的年景，这种情况延续到19世纪初的数年。当时拥有大片牧场的威廉·温特沃斯（William Wentworth）记载："1804年收成极好，有一半以上的粮食可以用于出售。"④ 1805年3月大雨持续不断，4月雨水淹没了低洼的农场。⑤ 在此后的1806年、1809年霍克斯伯里（Hawkesbury）河发生了洪水泛滥，当时的霍克斯伯里河流域农地是整个新南威尔士殖民地的粮仓。洪灾不仅破坏了房屋和道路，造成了人员伤亡，也使得庄稼歉收。1816年6月洪水再次来袭，居民纷纷吸取经验提前撤离，被迫放弃了可

---

① H. C. Russell, *Notes Upon Floods in Lake George*, Sydney: Charles Potter Government Printer, 1887.

② J. C. Foley, *Droughts in Australia: Review of Records from Earliest Years of Settlement to 1955*, Melbourne: Bureau of Meteorology, 1957.

③ Joëlle Gergis, Don Garden and Claire Fenby, "The Influence of Climate on the First European Settlement of Australia: A Comparison of Weather Journals, Documentary Data and Palaeoclimate Records, 1788 – 1793", *Environmental History*, Vol. 15, No. 3（September 2010）, pp. 485 – 507.

④ William Charles Wentworth, *Journal of Expedition Across the Blue Mountains*, 11 May – 6 June 1813, Safe 1/22a, CYC122, ML, Sydney, p. 13.

⑤ William Charles Wentworth, *Journal of Expedition Across the Blue Mountains*, p. 69.

能被淹没的房屋和农场。①

此后，在经历了19世纪20年代末漫长的旱期后，1829—1841年间部分地区再次出现降雨量较高的年份。新南威尔士南部的干旱则延续了较长时间，因此表6-2和表6-2中干旱和高降雨量的年份会存在一些重叠。1836—1837年被认为是殖民以来最潮湿的年份。1837年的夏天"牧场郁郁葱葱，不再是常见的棕色"②。这种情况一直持续到19世纪40年代初。实际上根据气象学家杰丽·格里斯等人的研究，1863—1875年是整个澳大利亚比较湿润的时期，其中具体可以分为三个重要的湿润期，即1863—1864年、1866—1868年，1870—1875年。③在这段湿润期，南澳的农民冲出1865年乔治·高雅德（George Goyder）在南澳北部标出的农业"安全"线，即高雅德线，开始在线外开垦麦地，并多次提议建造水库和蓄水灌溉。④ 1871年公众甚至开始讨论高雅德线存在的必要性，然而80年代末干旱再次来袭。1900年后这些新开垦的麦地都因此被放弃。除此之外，1889—1893年也被认为是澳大利亚东南部较为湿润的年份。⑤

以当代气象学的观点来看，澳大利亚是世界上降雨量起伏最剧烈的国家之一，澳大利亚东南部也是世界上降雨量变化最大的地区。这就导致澳大利亚的气候表现为较为持续性的湿润期或者旱期的交替，有些时候旱季与雨季会在很短时间内急剧反转。随着20世纪90年代以来，国际气象和气候学界对厄尔尼诺－南方涛动现象（ENSO）认识与研究的深入，气象学家普遍认为厄尔尼诺－南方涛动主导了澳大利亚历史时期以

---

① William Charles Wentworth, *Journal of Expedition Across the Blue Mountains*, p. 71.

② H. C. Russell, *Climate of New South Wales*: *Descriptive*, *Historical and Tabular*, Sydney: Charles Potter, Acting Government Printer, 1877, p. 133.

③ Joëlle Gergis, Ailie Jane Eyre Gallant, Karl Braganza, David John Karoly, Kathryn Allen, Louise Cullen, Rosanne D'Arrigo, Ian Goodwin, Pauline Grierson and Shayne McGregor, "On the Long-Term Context of the 1997 - 2009 'Big Dry' in South-Eastern Australia: Insights from a 206-year multi-proxy rainfall reconstruction", *Climatic Change*, Vol. 1, No. 111（October 2012）, pp. 932 - 944.

④ Janis M. Sheldrick, *Nature's Line*: *George Goyder*: *Surveyor*, *Environmentalist*, *Visionary*, Adelaide: Wakefield Press, 2013, p. 34.

⑤ Janis M. Sheldrick, *Nature's Line*: *George Goyder*: *Surveyor*, *Environmentalist*, pp. 53 - 56.

来的气候变化,是旱与涝交替过程中最重要的影响因子。[1] 澳大利亚也被认为是全球范围内受厄尔尼诺-南方涛动影响最严重的气候区。

表6-1　　　　　　　干旱的年份（1788—1890年代）

1790—1800年代	1810—1820年代	1830—1840年代	1850—1860年代	1870—1880年代	1890年代
1790年、1791年、1792年、1798年、1799年、1802年、1803年、1804年、1809年	1810年、1811年、1812年、1813年、1814年、1815年、1816年、1824年、1825年、1826年、1827年、1828年、1829年、1830年	1835年、1836年、1837年、1838年、1839年、1840年、1841年、1842年、1843年、1845年、1846年、1849年、1850年	1857年、1858年、1859年、1860年、1864年、1865年、1868年、1869年	1883年、1884年、1885年、1888年、1889年	1895年 1896年 1897年 1898年 1899年

资料来源:根据殖民时代威廉·杰文斯、查尔斯·斯图特等人的记录,结合当代气象学家杰丽·格里斯、林登·艾什克罗夫特等人的研究成果整理所得。

整个19世纪农牧业都是澳大利亚国民经济的重心。澳大利亚历史学巨擘汉考克（Hancock）说:"羊毛使澳大利亚成为一个有偿付能力的国家,并最后成为一个自由国家。"[2] 而无论是羊毛的生产还是小麦的种植都极其仰仗天气。一方面,随着定居点的扩大以及农牧业的发展,欧洲定居者慢慢形成了关于气候和天气的民间知识;另一方面农牧场主、农业工人都需要了解当地气候的特征与天气的变化以备农时,人们期冀更

---

[1] 参见 Barrie Pittock, Debbie Abbs, Ramasamy Suppiah and Roger Jones, "Climatic Background to Past and Future Floods in Australia", in Aldo Poiani, ed., *Floods in an Arid Continent*, San Diego: Elsevier, 2006, p. 13; R. Allan, "El Nino Southern Oscillation Influences in the Australasian Region", *Processes in Physical Geography*, Vol. 1, No. 12 (1988), pp. 4–40; N. Nicholls, "Historical El Nino Southern Oscillation Variability in the Australasian Region", in H. Diaz and V. Markgraf, eds., *El Nino: Historical and Paleoclimatic Aspects of the Southern Oscillation*, Cambridge: Cambridge University Press, 1992.

[2] William Keith Hancock, *Australia*, Canberra: E. Benn Limited, 1945, p. 6.

精确了解气候的愿望日益迫切。殖民地的多家报纸会收到当地居民来信咨询未来的天气状况，尤其是在旱季。① 换言之，天气的扰动是19世纪20年代开始殖民地内气候周期论形成的自然基础，而气候周期论又是澳大利亚民间天气和气候知识最早的理论化，继而被定居者记忆与传承。

表6-2　湿润、出现过较高降雨量的年份1788—1890年代

1790—1800年代	1810—1820年代	1830—1840年代	1850—1860年代	1870—1880年代	1890年代
1793年、1794年、1796年、1797年、1799年、1802年、1803年、1804年、1805年、1806年、1808年	1816年、1817年、1829年	1830年、1831年、1832年、1836年、1837年、1839年、1840年、1841年	1855年、1857年、1863年、1864年、1866年	1874年、1879年、1882年	1890年

资料来源：根据殖民时期威廉·杰文斯、查尔斯·斯图特等人的记录，结合当代气象学家杰丽·格里斯等人的研究成果整理所得。

四　殖民地气候周期论的演变

澳大利亚最早的专业气象机构成立于19世纪30年代末，此前并无系统的气象数据记录。因此最早的气候周期论并非来自职业学者，而是气象观察爱好者。在短短的几十年里，人们依赖记忆和零散的天气数据开始对澳大利亚多变的气候有了更广泛的了解。随着殖民地气象学研究的发展，各式各样的气候周期论也成为这个时代澳大利亚气候学研究和与此相关的公共讨论的重要内容。

1830年，兼具银行家、出版家和社会活动家多重身份的史密斯·霍尔（Smith Hall）在一本小册子《新南威尔士殖民地的状况》中正式提出

---

① "Correspondence", *The Advertiser*, 20 June, 1902, p. 7.

七年周期理论,他认为澳大利亚殖民地的天气处于以七年为轮换单位的雨旱交接中,每一个周期以雨水较为丰沛的七年开始,以降雨量较低、干旱的七年结束,周而复始。① 史密斯·霍尔在描述这一周期时使用的是"septennial"一词,即七年一次或者连续七年的。史密斯·霍尔出生于伦敦,1811年来到悉尼,此后一直生活在悉尼直至1860年去世。其实在霍尔明确提出七年周期论之前,悉尼当地的报纸也有过讨论。1822年《悉尼公报》一篇文章的作者表示:作为殖民地最早的居住者,他已经观察到"以七年为周期的干旱和潮湿交替发生",上一个他有印象的潮湿期始于1805年的洪水,结束于1811年,而现在他们即将迎来下一个干旱期。② 1826—1829年期间,新南威尔士殖民地的很多地方持续干旱。1828年和1829年当地报纸出现了更多关于七年周期论的报道。1828年《悉尼箴言报》的多篇文章报道了当地七年一次的雨旱更迭,并将旱年视为在这里进行农业耕作的重要障碍。③ 还有报道提出:"这场持续数年的干旱应该即将结束"④,有的报道甚至预测,"一场足以再次淹没霍克斯伯里的大雨"即将到来。⑤《悉尼箴言报》还曾刊登一篇关注航海气象的文章,文中提到每六到七年,在南太平洋海域航行的船只就容易遭遇海平面下冰山的伏击,这显然和海平面的升降有关,霍尔认为这种节律与新南威尔士潮湿、干旱的交替几乎是一致的。⑥

尽管19世纪30年代以前殖民地没有精确系统的降雨、温度记录,但是围绕雨水丰歉的周期性变化,悉尼当地可能存在着比较广泛的公共讨论,并产生了某种程度的共识。此时霍尔已经在悉尼生活了十七年时间,他在1830年明确提出的七年周期论很可能是他基于个人生活经历和对当地公共话题的熟悉得出的经验性判断。七年周期论在很长一段时间内颇有影响力,并且在殖民地之间传播。19世纪50年代淘金热后墨尔本人口

---

① R. S. Hall, *The State of New South Wales in December* 1830, London: Joseph Cross, 1830, p. 4.

② *The Sydney Gazette*, 9 August 1822, p. 4.

③ *The Sydney Monitor*, 4 October 1828, p. 5; *The Sydney Monitor*, 13 December 1828, p. 4.

④ *The Sydney Monitor*, 4 October 1828, p. 5.

⑤ *The Sydney Monitor*, 21 October 1828, p. 5.

⑥ *The Sydney Monitor*, 5 July 1828, p. 8.

陡增，1865 年《时代报》上一篇尝试总结墨尔本当地降雨规律的文章也认定当地处于七年为周期的干旱与潮湿交替中。① 除此之外，在开拓小油桉灌木区殖民地时，当地流行过 2—3 年的周期说，② 维多利亚殖民地西北部的天鹅山（Swan Hill）则盛行另一种说法："干旱的天气每 10 年 1 次。"③

在缺乏长期气象观测的情况下，这些周期理论展现了殖民地的居民是怎样理解天气的长期变化和反常气候现象的，围绕气候规律的公开讨论确认了澳大利亚气候的周期性特征，干旱不再被理解成反常现象或一次性的事件。周期论本身也承担了气候预报的功能。1829 年 10 月的一场大雨过后，有居民认为："根据四十年来的经验，这次降雨只是解除干旱的前奏，旱季将在圣诞节彻底结束。"④ 1830 年 1 月，勘测员费尔顿·马修（Felton Mathew）在日记中写道："旱灾过后，大雨袭来，气候的反复无常很快就会被遗忘。"⑤ 对于在这里居住和开垦的农牧民来说，周期理论意味着好的年景还会回来的可能性。

与此同时，姗姗来迟的官方气象学也开始逐步发展。干旱和突如其来的洪水导致粮食减产，房屋损坏和居民的伤亡，极大地威胁到殖民地的稳定。1838 年的大旱之后，英国殖民部敦促新南威尔士总督乔治·吉普斯爵士（Sir George Gipps）在澳大利亚东南部（悉尼、墨尔本和麦格理港）建立气象站并保存当地的气象记录以促进科学调查和移民工作。各地的专业气象工作者基于本地雨量、河流水量等数据也总结出跨度各异的短周期论。例如塔斯马尼亚当地的气象学者根据 1830—1850 年的数据，提出一年湿润一年潮湿的交替变化，其中比较特殊的情况从 1848 年

---

① Francis Cooke, "Comparison of Drought Modeling in Melbourne and South Britain", *Age*, 7 December 1865, p. 7.

② Victoria State Parliament, "Report from the Select Committee Upon the Settlement of the Mallee Country-Minutes of Evidence", VPP 1891, Vol. 1, p. 7.

③ Felton Mathew, *Diaries of Felton and Sarah Mathew*, 1829 - 1834, 24 January 1830, MS 15, National Library of Australia.

④ "The Weather", *The Sydney Monitor*, 17 October 1829, p. 3.

⑤ Felton Mathew, *Diaries of Felton and Sarah Mathew*, 1829 - 1834, 28 October 1830, MS 15, National Library of Australia.

开始，连续两年比较湿润，而紧接着1850年和1851年比较干燥。①

澳大利亚早期的气象工作仅限于单个观测站，19世纪50年代以后各个殖民地之间才逐步建立了协调的观测网络。维多利亚殖民地土地部的罗伯特·史密斯（Robert Smyth）是这个网络的最初倡议者，1855年6月他着手整理维多利亚各站点的长期同步观测数据，以便对澳大利亚气候有整体的了解。他还说服维多利亚测量局局长安德鲁·克拉克（Captain Andrew Clarke）邀约南澳大利亚和新南威尔士两地的气象学家携手共同建设这一网络，并通过电报通信实现了几乎实时的观测。很快，新南威尔士殖民地温瑟（Windsor）气象站的气象学家基于1860—1874年的观测数据，提出三年的周期论，这一理论也得到悉尼天文台1863—1875年数据的印证。②詹姆斯·朗肯（James Ranken）根据在澳大利亚内陆的观测提出了一个比较模糊的循环论，认为干旱的季节往往会跨年，雨季亦然，所以和东南部沿海不大一样，澳大利亚内陆的天气呈现的是数年的干旱与数年的湿润交替。朗肯的理论不同于强调年际变化的短周期理论，而接近于后来的长周期理论，亨利·拉塞尔十九年周期论的提出也受此启发。③

悉尼气象台是殖民地时代澳大利亚和整个大洋洲最重要的天文台，大量地方站点的数据都在此汇集，作为台长的亨利·拉塞尔理应掌握着最全面的气象数据。他对殖民地流行过的七年周期论和各地基于地方性数据提出的气候周期论也比较了解。他明确指出后者的缺陷在于忽视了两个重要变量：夏季巨大的蒸发量和信风对湿度的影响。1877年，基于30多年的降雨和地表径流数据，并结合太阳活动与气候变化之间关系的分析，亨利·拉塞尔出版《新南威尔士的气候：描述、历史与表格》，正

---

① 参见 Katharine Anderson, *Predicting the Weather: Victorians and the Science of Meteorology*, Chicago: The University of Chicago Press, 2005, pp. 154 – 155.

② C. Todd, "Meteorological Work in Australia: A Review", *Australasian Association for the Advancement of Science*, Vol. 4, No. 4 (1893), pp. 246 – 270.

③ 拉塞尔在文章中特别关照过朗肯的研究，对此有详细阐述。参见 H. C. Russell, *Climate of New South Wales: Descriptive, Historical and Tabular*, Sydney: Charles Potter, Acting Government Printer, 1877, p. 15.

式提出十九年周期论。① 亨利·拉塞尔的十九年周期论是相对开放的。他认为总结每年天气的年度特征是很困难的，突发的天气（暴雨）会骤然突然改变气候曲线。但是摸索长时段的天气变化规律是可行的。也就是说，气候理论展示了一种规律的可能性，这种规律在必要时可以为农牧场主提供预警。但是亨利·拉塞尔极少在学术发表以外的场合提倡十九年周期论。他也只在1896年使用该理论对1898—1890年的气候状况进行过预测，认为1890年新南威尔士东南部将遭遇洪水。他很可能以私相授受的方式将预测结果传达给部分农牧场主，事后他曾在一篇文章中写道："十九年的周期论是有效的，拯救了殖民地的万千财产。"② 尽管如此，十九年的周期论还是遭遇了质疑，悉尼大学的物理学家理查德·希尔弗（Richard Threlfall）认为："据我所知我们拥有充分且可靠的（气象）数据不过二十年，明确十九年的周期论为时尚早。"③

作为亨利·拉塞尔的助手，查尔斯·艾吉森也是气候周期理论的研究者。他本人尤其热衷于气候变化与太阳黑子活动之间关系的研究，同样是根据悉尼天文台的数据，他发现了一个更长的周期：降雨、雷暴和盛行西风都以33—34年为周期规律性反复，而后两者的峰值都与太阳黑子的剧烈活动有着高度吻合。查尔斯·艾吉森预测：当时（1889年）处于低潮的太阳黑子活动将在1893—1894年达到峰值，而悉尼等地也将迎来降雨量最大的年份，这一判断实际上与亨利·拉塞尔是一致的，但更重要的是查尔斯·艾吉森认为19世纪90年代末至20世纪初会出现重大旱灾。并且与1827—1829年的大旱时类似，1893年降雨量攀升至峰值之前还会出现短期的旱情。④《晚报》的预测在坊间引起热议，甚至导致了所预测地区的牧场主开始低价抛售土地。1889年，艾吉森将研究成果《太阳黑子孕育的随机性天气系统：太阳运动与地方性气候关系的原创研

---

① H. C. Russell, *Climate of New South Wales: Descriptive, Historical and Tabular*, Sydney: Charles Potter, Acting Government Printer, 1877.

② H. C. Russell, "On Periodicity of Good and Bad Seasons", *Journal and Proceedings of the Royal Society of New South Wales*, Vol. 30, No. 1 (1896), pp. 70–115.

③ "The Drought Cycle Theory", *Australian Town and Country Journal*, 11 July 1896, p. 46.

④ Charles Egeson, "Mr Egeson's Drought Prediction", *Brisbane Courier*, 7 October 1889, p. 7.

究》出版。① 业余的天气观察家、牧民和农民纷纷写信给查尔斯·艾吉森和殖民地的报纸、杂志，要求媒体提供更多关于季节性预测的信息。但是正如开篇所提到的，查尔斯·艾吉森的预测未得到同行的认可，不仅亨利·拉塞尔认为他对干旱的预测缺乏证据。维多利亚、南澳殖民地的气象官也都拒绝为查尔斯背书，昆士兰的气象官直接指出当时的气象和太阳物理学研究不足以支撑他的论断。②

澳大利亚的气候周期论是在当地较为明显的干湿交替以及极端天气频繁出现的气候条件下应运而生的，也正是这样的气候特征使得气候周期论从诞生之初就被期待拥有气象预测的功能。而以周期论为理论基础的气象预测是很容易被读者接受的，因为澳大利亚当地民众对此早已耳熟能详。随着澳大利亚气象数据的积累和气象监测网络的逐步建立，以亨利·拉塞尔和查尔斯·艾吉森为代表的气象工作者在数据回溯基础上不断更新相应的气候周期论，并在科学团体内接受检验，但是都遭遇了同行不同程度的质疑。可能出于审慎的态度，亨利·拉塞尔很少使用这件工具来公开预测，而年轻的查尔斯·艾吉森似乎并没有这样顾虑。因此，亨利·拉塞尔和查尔斯·艾吉森不仅存在学术上的分歧，两人的矛盾应该还和查尔斯发表天气预报的行为有更直接关系，下文将把这段故事置于国际气象学和气象预报的发展史中来梳理，并尝试解释师徒分崩离析的更深层次原因。

五 国际气象学的转型与澳大利亚气象学的发展

对于天气现象的研究与预测几乎是一种人类的本能。现存的天气观察和记录最早可以追溯至西亚的楔形文字泥板书，公元前4世纪亚里士多德著有《天象论》(*Meteorologica*)，古希腊公共日历（parapegmata）也是一种追踪天文和天气周期，从而预测天气并指导日常生活的历书。但

---

① Charles Egeson, *Egeson's Weather System of Sun-Spot Causality: Being Original Researches in Solar and Terrestrial Meteorology*, Sydney: Turner & Henderson, 1889.

② Andrew Noble, "The Development of Meteorology in Australia", *Monthly Weather Review*, 1905, pp. 480–484.

第六章　殖民时代的气候周期论与气象学　/　141

是近代以前，人们关于气象的认识一直被神秘主义和迷信色彩所笼罩。17 世纪中期直至启蒙时代，对天气的观测和数据记录成为非常重要的自然哲学研究，无论是约翰·洛克（John Locke），还是发明了莱顿瓶的佩特罗斯·范·穆先布罗克（Petrus van Musschenbroek）都试图在天气记录中寻找解释自然运转规律的可能性，换言之记录、分析、阐释气象数据是理解自然规律的重要手段。[1] 与此同时整个近代早期欧洲和欧洲殖民地也都一直保留着出版和使用历书的传统。18 世纪工业的发展提供了标准基本统一的观测仪器来测量大气的温度、湿度、压力和风速，这使得人们能从大气的观测资料中进行总结、归纳，并能与物理学原理结合。18 世纪末气象学开始进一步脱胎换骨，彻底摆脱传统的定性和描述性方法，转向对经验数据的量化理解。天气观察家不再倾向于使用他们的记录来验证自然哲学，他们发展新的理论来验证数据的重要性，全新的气候周期理论是其重要组成部分。澳大利亚的气象学和气象预测也恰恰诞生在国际气象学的转型时期。

而且在澳大利亚的官方气象学建立之时，气象研究不再是学者个人案头的冥思苦想。气象学家不再是少数分散在各地的气温、气压的记录者和研究者。从 19 世纪开始孤军奋战的气象学家是独木难支的，气象的特质决定了在技术条件具备的情况下它必然会发展成为一门网络化的科学。电报的成熟使用和天气图的广泛运用使之成为可能。[2] 19 世纪 30 年代，西北欧各国的气象学会和天气观测网络也纷纷建立，气象学工作者通过电报来分享观测数据。他们不再因为地理的限制，而仅仅关注各自方圆数十里内的天空。他们不仅对各自地区的天气特征有所了解，对宏观的天气形势也建立起总体的认识。与气象相关的文章和报告纷纷见于自然科学杂志。1873 年第一次国际气象学大会召开，会后建立了永久性

---

[1] Lorraine Daston, "Unruly Weather: Natural Law Confronts Natural Variability", in Lorraine Daston and Michael Stolleis, eds., *Natural Law and the Laws of Early Modern Europe*, Burlington: Ashgate, 2008, pp. 233, 237–240.

[2] 帕斯卡尔·阿科特：《气候的历史——从宇宙大爆炸到气候灾难》，李孝琴等译，学林出版社 2011 年版，第 183 页。

的国际气象学组织，澳大利亚也派出代表参加。① 国际气象学理论更是百花齐放。他们共同致力于完成一项跨越时代的实验：证明地球大气不是混乱而不可捉摸的，相反人们可以研究它，理解它并且最终对它进行准确的预测。

这些交相辉映的理论可以分为互为表里的气候周期理论和天体气象学理论。这两条路径都沿袭着各自的近代学术传统：17世纪弗朗西斯·培根等人曾提出了跨度超过30年的气候周期论，稍晚时代的意大利天文学家乔万尼·巴蒂斯塔·利奇奥里（Giovanni Battista Riccioli）则率先将地方性的天气变化与太阳活动联系起来。② 气候周期理论是富于实践意义的，它认为天气的变化是循环往复的，其特点是气候在数年后的可重复性，风暴、潮湿、干燥将以可预见的模式重复出现，一个周期的天气将与下一个周期类似。天体气象理论则是富有解释意义的，它认为天气是受月球或者行星的运行、太阳黑子运动、地表电流等因素控制的，即月球或者其他行星是气象变化的推动力。建立在数据积累与运算基础上的气候周期论接受程度较高，但是几乎所有的周期理论都彼此冲突；天体气象理论也广为流传，但它也从未被科学界完全接受，因为这种学说包含太多当时并未被认知的超自然的关联。因此一方面，气象预测赋予了现代气象学全新的意义，气象预测也成为现代气象学的终极目标；另一方面，当时气象学家对繁复的理论争鸣并无基本共识，因此科学界对于气象学是否是一门独立严谨的现代科学存在争议。

科学应该是精确明了的。但无论是气候周期论还是天体气象学理论都缺少绝对可靠的方法去验证，这也使得作为一个学术共同体的气象学界受到广泛的质疑。19世纪新旧大陆的公众也越来越推崇数字和推理量化的事实。1838年《爱丁堡评论》宣称，只有基于观察和实验，直接从现实中得出或是运用数学推理得出的知识才可靠。③ 因此，气象预报也是

---

① Emily O'Gorman, James Beattie and M. Henry, "Histories of Climate, Science and Colonization in Australia and New Zealand, 1800–1945", *Wiley Interdisciplinary Reviews: Climate Change*, Vol. 7, No. 6 (September 2016), pp. 893–909.

② 缪启龙等编：《现代气候学》，气象出版社2010年版，第23—27页。

③ William Marriot, "The Earliest Telegraphic and Meteorological Reports", *Edinburgh Review* (July 1838), p. 130.

不被信任的。1854 年，英国下议院的一位议员在会上说：过不了多久，人们将能预知伦敦 24 小时之后的天气，所有议员听完后哄堂大笑。1860 年，格林尼治皇家天文台台长乔治·艾里甚至明令禁止作任何形式的天气预测。[①] 澳大利亚的特殊情况还在于气象学起步晚，与欧洲大陆相比缺少使用标准化仪器测量获得的长时段数据。但是那些生产生活与天气变化紧密相关的人群却对天气预报有着更高的需求。

澳大利亚的气象学家从一开始就深受国际气象学风尚和本土气象学传统的影响。首先，在理论创见方面，不同于澳大利亚早期完全以经验总结和数据统计为基础的气候周期论，亨利·拉塞尔和查尔斯·艾吉森显然都将气候周期论与天体气象理论结合起来。亨利·拉塞尔在《新南威尔士的气候：描述、历史与表格》一书中明确表示，他正是在与斯里兰卡、毛里求斯、英国等地同行通信的过程中对气候的周期理论有了新的想法。[②] 这几处的专业气象观测均早于澳大利亚，也拥有更加丰富的数据。19 世纪 60—70 年代之间斯里兰卡、毛里求斯等地气象研究者相继提出了较长的周期论。不同于澳大利亚本土的短周期理论，长周期关注的并非旱季与雨季在短时期内的交替上演，而是类似的气候特征在不同周期内的重复出现。其中在英国工作的理查德·西蒙斯（Richard Symonds）提出了十二年周期论。[③] 在毛里求斯工作的马特·梅尔德伦（Mart Meldrum）提出了十一年周期理论。梅尔德伦热衷研究太阳黑子与降雨量之间关系，他认为当太阳黑子活动最剧烈时，毛里求斯的降雨量也最高，飓风也最为频繁。他本人也注意到包括澳大利亚布里斯班和阿德莱德在内的七个监测站的数据与这一论断吻合。尽管亨利·拉塞尔本人并不赞成太阳黑子与降雨量之间关系的研究，他认为同一种因素对不同地区气候产生的影响是不一样的，有时是程度的差异，有时是截然相反的，例如悉尼干旱时南澳正因同一原因降雨，但这种反差是规律性出现的。所以包括太阳黑子、彗星、木星公转角度的大尺度气候研究直接影响了查

---

① 缪启龙等编：《现代气候学》，第 34—36 页。

② H. C. Russell, *Climate of New South Wales: Descriptive, Historical and Tabular*, Sydney: Charles Potter, Acting Government Printer, 1877, pp. 57–60.

③ Richard Symonds, *Report of the British Association for Advancement of Science*, London: John Murray, 1872, p. 143.

尔斯·艾吉森，显然也启发了拉塞尔。① 不同于执着由本土数据追溯中获得的周期理论，从地球外部的日地关系追踪降雨量的研究扩展了周期理论的适用性。

其次，在实践操作层面，亨利·拉塞尔出任新南威尔士政府天文官后开始有计划地增加气象站的数量，由于澳大利亚气象学起步较晚，专业培训尚未完善，亨利·拉塞尔邀请了不少非专业的气象业余爱好者参与记录降雨和温度的工作，并根据牧场主的日记和记录建立回溯性的气候数据。在1870年至1882年间，新南威尔士气象站的数量增加到290个，其中有50个台站直接向天文台报告，240个私人观察员定期提供报告。从1877年2月到1888年3月，他在《悉尼晨锋报》上根据多地气象站的数据，发布南澳、维多利亚、新南威尔士和昆士兰等地前一天的天气状况：温度、风向和气压等。这并非预报系统，而是对刚刚过去的天气的即时回顾。

最后，在气象预测层面，亨利·拉塞尔作为澳大利亚本地专业气象机构的从业者和管理者，比较谨慎地遵守国际气象学的规则，绝不越矩。但澳大利亚干湿交替和极度依赖气候变化的农业生产也使得这里对天气预报的要求比旧大陆来得更加强烈，查尔斯·艾吉森本人更注重本土对于气候预报的诉求。不同于以往在民间流行的气象周期论，这一预测来自殖民地天文台的专业从业者，对于普通居民来说，更具有科学与权威性。在亨利·拉塞尔看来，查尔斯在《晚报》发布的天气预报，是第一次由专业人员将悬而未决的气象研究成果呈现给了公众。他们供职于同一研究机构，极有可能使用高度雷同的气象数据，却得出了不一样的结果，这种做法不仅会引发他所说的"公众的恐慌"，而且还会危及气象科学本身的公信力。尽管19世纪60年代开始，澳大利亚的所有殖民地都已经开始官方气象学的研究，但是一直以来气象学更像是天文学的附庸，而在公共服务中，气象业务往往由邮政部门兼营，这也从侧面反映出澳大利亚当地气象学面临的尴尬处境。亨利·拉塞尔1836年出生于新南威尔士殖民地，是悉尼大学最早期的学生，毕业后进入悉尼天文台从事恒星观测和气象研究。1870年，亨利·拉塞尔成为第一位由澳大利亚本土

---

① H. C. Russell, *Climate of New South Wales: Descriptive, Historical and Tabular*, pp. 78–80.

培养的政府气象官。作为殖民地最杰出的科学家，分别于1871年和1875年成为英国皇家天文学会和皇家气象学会会员。他是澳大利亚气候研究科学化过程的见证者，更是致力于气象学的规范与标准化建设的实践者。在这种情形下，查尔斯·艾吉森基于十九年周期论发表的预测，只会是一次没有严谨理论支撑、缺少前期实验保证成功率、更得不到行政机构支持的公共科学实验。

干旱与洪水的频繁扰动是澳大利亚气候周期论最初形成的自然基础。欧洲人开始在这里定居时，整个欧洲学术界还未有完备的专业化术语来描述天气的变化过程。作为大自然的一部分，天空几乎成为人们最难定义的对象。分散在世界各地坚持对气温、气压、降水进行观测、记录的研究者早已都对各自地区的天气特征有所了解，但对宏观的天气形势缺乏总体认识。在这个时代，通信的性质决定了天气分析只能在历史回溯的基础上进行，重要气象参数的空间分布只有在事件发生后才能得到检验。澳大利亚早期的气候周期论也同属于这一传统，在官方气象学诞生之前，气候周期论表现为一种半专业的民间智慧，继而在新大陆的特定气候条件与国际气象学的转型过程中迅速演变。

不同于早期的天气观察家，像亨利·拉塞尔和查尔斯·艾吉森这样的专业气象学者同时面临着理想与现实的双重压力。数个世纪以来当众多学科在科学革命后呈现出百花齐放的态势时，气象学还未能真正跻身学术大厦，气象学家们迫切需要像牛顿发现万有引力一样，提出气象学的普遍规律，继而预测天气变化。新工具和技术的发明让气象学者跨越海洋和陆地，实现对天气变化的追踪和精确记录。而澳大利亚的特殊性则在于公众更加迫切寄希望于专业气象工作者提供关于陌生环境的气象知识，帮助具体的农业生产和管理。于是专业学者纷纷捡起古老的周期论，这是气象学家预言未来的工具，气候周期理论的底层逻辑是：大自然不是一时兴起，它是按时间表运行的。气象学的实用性与规律性寻找更加紧密地凑合在一起，气象学必须是严格的科学也必须是为日常生活服务，进而可以成为对环境进行控制的基础。亨利·拉塞尔和查尔斯·艾吉森与前代气象观察者的不一样还在于他们对于更广范围内气象观测数据和国际气象学术网络的洞悉，作为一个整体的空间不再是一系列地区的集合，在气象学意义上不再彼此独立。从现代科学的角度来看，气象学是一门复杂的科学，它依赖于许多从属原理，需要将精确的理论与一系列精细多样的观测结合起来，才能慢慢走向完善。因此，这个时代的专业气象学家必须在满足公众的需求和捍卫气象学的尊严之间保持平衡，他们都作出了自认为正确的选择。

第三篇

征服干旱的田园试验

第 七 章

灌溉农牧业的生态扩张

"生态帝国主义"是由克罗斯比在《生态帝国主义——欧洲的生物扩张，900—1900》①（下文简称《生态帝国主义》）中提出的。他将生态与帝国这两个重要的概念连接在一起，这种连接蕴含着对殖民主义的生态解释：克罗斯比认为欧洲移民能够在全球的温带地区立足，不仅是因为军事、经济、文化和制度优势，其背后还有持久、系统且不对等的生物交换佐助。生物交换使包括澳大利亚在内的诸多温带殖民地从生态学上适宜欧洲人生存，也帮助欧洲人在以上地区迅速获取人口数量优势，欧洲人最终将这些地区改造成为"新欧洲"（neo-Europe）。

克罗斯比提出的这一命题深刻地影响了此后世界近现代史的研究与书写，澳大利亚学者在这个框架进行了大量具体而细致的个案研究。在《生态帝国主义》初次出版近十年后，汤姆·格里菲斯和利比·罗宾将部分成果收入论文集《生态与帝国：拓殖者社会的环境史》②，这些研究从个案出发考察生态因素是如何在帝国边缘的殖民进程中发挥效应的。但是克罗斯比的这一框架在澳大利亚的适用亦有局限：第一，克罗斯比本人曾在书中指出，澳大利亚等地因其独特的内陆环境和具有顽强生命力的生物系统并未能彻底被改造。但是克罗斯比重点解释了生态与帝国在殖民地的互动，并没有对"新欧洲"的生态限度，即在"新欧洲"的

---

① Alfred W. Crosby, *Ecological Imperialism: The Biological Expansion of Europe*, 900 – 1900, New York: Cambridge University Press, 1987.
② Tom Griffith and Libby Robin eds., *Ecology and Empire: Environmental History of Settler Societies*, Edinburgh: Edinburgh University Press, 1997. 有关这一问题，亦可参见包茂红《澳大利亚环境史研究》，《史学理论研究》2009 年第 2 期，第 75—86 页。

"非欧"环境中建立欧式农业、畜牧业所遭遇的困境和阻碍有充分考量。第二,克罗斯比强调"新欧洲"的建立依靠的是欧洲人携带的生态资产,实际上澳大利亚的边疆推进更仰仗土著居民传统的资源管理技艺所维护的"非欧"环境。从20世纪末以来,在英帝国环境史的滋养下,大洋洲的环境史研究被置于帝国与全球视野之中,这类研究是对克罗斯比具有整体视野的全球环境史的新推进。詹姆斯·贝缇提出"环境焦虑"解释帝国扩张进程中殖民地的陌生环境、短时间内的资源短缺和生态危机是如何催生殖民者的生态忧虑和朴素的资源保护行为的,随后他又与其他研究者提出"生态文化网络"这一概念用以描述帝国扩张引发的生物、生态经验交换及其环境影响。[①] 詹姆斯·贝缇等人的研究在一定程度上回应了帝国的生态限度之疑。这些研究也开始关注帝国网络所及之处非欧洲族裔的传统生态经验。

灌溉农业是全面分析欧洲在澳大利亚生态扩张的极好个案。首先,灌溉农业并非单一物种抑或病菌的生态"入侵",它是欧洲人企图在全新环境条件下进行欧式农耕所创造的一种生态复合体,包含了物种交流、生态实践和社会经济诉求等多个层面的生态扩张;其次,澳大利亚的气候和土壤条件对灌溉农业设置了极大障碍,所以它自身也因自然和社会条件的变动处于动态的变化和调整中。因此分析澳大利亚灌溉农业的发展史不仅可以呈现殖民扩张的生态层面,还将清晰展示这一过程中具体而复杂的人与自然之间的纠葛。

一 新物种的引进和灌溉的初步开展

1787年3月13日,由英国派出的第一支船队在海军上校阿瑟·菲利普的带领下驶出了英国港口朴茨茅斯,向澳大利亚进发。船队的11条船上总共装载约有1500人和400只各类动物。除此之外,船队还装载了各类植物成株和种子:小麦、玉米、草籽、柑橘(citrus)、柠檬、葡萄藤、

[①] James Beattie, Edward Melillo and Emily O'Gorman, eds., *Eco-cultural Networks and the British Empire: New Views on Environmental History*, London: Bloomsbury Academic, 2015.

无花果、苹果、梨等数十种。① 英国殖民拉开澳大利亚物种引进的序幕。这些物种主要来自英国和途经的开普殖民地。

作物生长有两个重要的条件：土壤与降雨。英国本土的地带性土壤有两类：灰化土和棕色森林土。灰化土占国土面积一半左右。它广泛分布于高地，按其所处位置和性状一般分为高地灰化土和低地灰化土两个亚类。高地灰化土在地表枯枝落叶层以下，有酸度很高的有机质层。一般 pH 值只有 3.5 左右的高地灰化土是比较贫瘠的土壤，农业利用价值比较低，但是非常适合于英格兰牧草的生长。低地灰化土面积比较小，也具有缺乏矿质养分、酸性强等特性，但所处地方降水较少，土层积水状况优于山地灰化土，故农业利用价值较高。这类土壤经过改良可以成为比较优良的人工草地或被开垦为耕地。棕色森林土广泛分布于低地以及高地内的谷地和沿海低地，是英国境内最重要的农业土壤。它发育在落叶阔叶林下，淋溶②程度较弱，土壤酸度也较低，pH 值一般在 4.5 以上。在这类土地上，一年一度落到地表的枯枝落叶，经过较为活跃的微生物分解，弥补了矿质养分的流失，故土壤肥力普遍比灰化土高。在施用石灰和合理施肥的条件下，这类土适宜人工牧草的种植，也可开垦为良好的农田和果园。

英国处于中纬度，盛行西风，属于典型的温带海洋性气候，全年凉爽湿润。英国的降雨主要有以下的特征：首先，降水充足，明显多于同纬度其他地区。英国大部地区的年降水量为 600—1500 毫米，多于欧洲大陆。其次，由于气温偏低加上多云多雨，英国各地的蒸发量普遍较少，全年均在 350—500 毫米。再次，降雨季节分配比较均匀。英国降水量四季差别不大。春季降水最少，也占全年 18%—21%；秋季降水较多，也只占全年 28%—30%。这样的季节降水量分配基本上能保证大部分地区各时期农作物和牧草生长对水分的需求。春季相对少雨，有利于土壤温度的回升和越冬作物、牧草的恢复生长。最后也是最重要的，年际变化

---

① ABARE（Australia Bureau of Agricultural and Resource Economics），*Commodity Statistical Bulletin*，Canberra：Australian Government Publishing Service，1989，p. 10.

② 即淋溶作用。淋溶作用是土壤形成作用的一个方面，主要是指下渗水流通过溶解、水化、水解、碳酸化等作用，使土壤表层中部分成分进入水中并被带走的作用。参见周健民《土壤学大辞典》，科学出版社 2013 年版。

小。英国的降水主要是在盛行西风影响下的气旋雨，局部地区地形雨较丰富。夏季对流雨虽时有发生，但对全国降水量的分布是相对次要的。很多水果、蔬菜在英国温润的气候和比较适合的土壤环境得到充分的生长。但是在澳大利亚的生长则面临着巨大的挑战，同时新物种的到来也是对澳大利亚原有生态环境的挑战。

澳大利亚的气候、土壤和降雨条件完全大相径庭。澳大利亚全国面积的39%位于热带和亚热带地区，61%属于温带，降水量从北、东、南三面沿海往内陆递减，植物带也相应由沿海森林向大陆中心逐渐进入草原、荒漠带。土壤分布也大致与气候带、植物带相似，从沿海往内陆呈环状分布。外缘一圈是高度淋溶的土壤带，内地是未成熟的土壤，最肥沃和有用的农业土壤介于其间。澳大利亚大部分国土位于南纬30°左右，强大的高压中心从西向东掠过国境，给澳大利亚带来连续不断的晴朗天气。东部边缘隆起的山地，减少了海洋对内陆的影响，广大地区地势低平，很难形成地形雨。西北季风、东南信风和西风会给沿海地区带来降雨。所以澳大利亚沿海和内陆降雨量差别极大。按照现在的行政区划来看，年平均降雨量500毫米以上的地区所占面积，维多利亚达到62.7%，其次是昆士兰和新南威尔士，分别达到51%和41.3%。也就是说澳大利亚东南部有很大一部分地区处于水量不足的情况。并且澳大利亚降雨量的另一个特点是年季变化大，年内季节分配不均。而农业种植既要求一定数量的年降雨量，又要求降雨年际保持稳定少变。澳大利亚各地年际降雨量变动很大，80%的地方年际雨量变率大于世界各地年际雨量的平均变率。澳大利亚的东南部地区年际变率达到30%，一般来说，年降水变率大于25%时，农业容易受害，如果达到40%，则必须通过人工补救的方法，才能获得收成。[1] 因此要在澳大利亚境内种植英格兰牧草、蔬菜、果树面临的最大问题就是保证适时并且合理的浇灌量。[2]

殖民者最初活动于澳大利亚的东南部沿海地区。北至新南威尔士的

---

[1] W. P. Gange and S. J. Hutchinson, *Water in Australia*, Melbourne, Canberra, etc.: Cheshire, 1967, pp. 16–31.

[2] Division of National Mapping, *Soil and Land Use*, Volume 1, *Atlas of Australian Resource*, *Third Series*, Canberra: Australian Government Publishing Service, 1980, p. 56.

河滩地，向南延伸到维多利亚的菲利普港地区。这片区域土壤类型主要是裂隙黏土，它是澳大利亚的第四大土种，约占全澳面积的11%，成土母质由第四纪松散黏质崩积层和冲积层组成。这种土壤黏土含量通常达40%—80%，具有高膨胀收缩特性，干土开裂时缝隙宽达0.6—30厘米，深达30厘米甚至120厘米，大雨倾满时黏土迅速膨胀弥合裂缝。土壤的透水性比较差，但大多数具有中等肥力，而且具有某些作物所需的微量元素如钼等，因此在降水足够的地区和时期可以进行农业耕作。但是降雨较少的干旱季节，就会出现歉收和作物死亡的情况。19世纪初开始，在经历过雨季和旱季短时间内的起起伏伏，遭遇过作物因缺水致死的情况后，一些殖民者开始选择接近水源但是处于洪水警戒线以上的地方安家，这样可以通过抽水来灌溉小面积的土地。这一阶段灌溉的方式和殖民者在欧洲大陆的灌溉经验直接相关，16世纪英国人罗兰德（Rowland）发明了一种叫作"溺水"（Drowning）的阶段性漫灌方法，来到澳大利亚的农民继承了这种方法。[①]

早期对于灌溉的记载大部分是关于蔬菜和果园种植的，也有少数对于灌溉牧草的记载。悉尼等大城市是主要的消费市场，高昂的运费使农作物耕作限制在墨尔本附近。在开通铁路之前，大批量海运要比自己耕种便宜得多。所以当地农民就集中种植外来竞争较少的蔬菜、水果以及用作马匹饲料的干草。[②] 在马兰比季河（Murrumbigee River）与墨累河交界处，农民莱纳德·菲尔普斯（Leanard Phelps）为自家农牧的蔬菜园站进行灌溉。他在河岸上种植了半英亩地的土豆、豌豆、扁豆（haricot）和卷心菜。莱纳德使用的是木制水泵。灌溉作业时会将末端固定于水面附近，然后接上数十米长的管子通到比地平面，并抬高出地面1米的位置。"作物的生长期，每天早晨通过人工抽水浇灌，这样庄园里的蔬菜就一直保持新鲜和常绿。"[③] 农民崔博·弗朗基（Draper Forlonges）则将庄园建

---

① J. Carroll, ed., *Intruder in the Bush: the Australian Quest for Identity*, Melboune: Oxford University Press, 1982, pp. vi – vii.

② L. L. Robson, "Michael Fenton", *Australia Dictionary of Biography*, Vol. 1, Melbourne: Melbourne University Press, 1968, p. 578.

③ N. Bartley, *Opals and Agates; or Scenes under the Southern Cross and the Magelhans: Being the Memories of Fifty Years of Australia and Polynesia*, Brisbane: Gordon & Gotch, 1892, p. 62.

在了河道的一端，在距离住宅不远的一片空地种植 2—2.5 公顷的水果和蔬菜。当附近主路上的草类因缺水而荒芜时，也会用人工方式进行灌溉。"田地满是当季的水果——成堆的葡萄和各种各样的瓜类。"① 在澳大利亚的畜牧业繁荣之前，殖民者已经开始通过灌溉进行小规模蔬菜、果物的培育，服务于日常生活。

  灌溉也被用于牧场，畜牧业最先发展的地区位于澳大利亚东南部河谷地、沿海潮湿地山坡，即现在新南威尔士的波凯斯（Porkess）和维多利亚东部一带。这一地带土层比较厚，没有亚表层淋溶的红、棕色和黄色二重土，非常适合饲养牛、羊以及播种牧草。在这一片土壤进行畜牧几乎全年不需要灌溉。随着畜牧的深入，牧人进入了主要由澳大利亚第二大土种所控制的区域。这种土壤占全澳面积的 20%，其成土母质由第四纪冲积物和玄武岩构成。土壤物理性能较好，但天然养分低，只有进行灌溉和施肥才可以对农业发展起到作用。澳大利亚雨水蒸发量的地区分布和降雨量的分布情况相反，也就是说蒸发量是从沿海向内陆递增，沿海降雨量多的地区，蒸发量反而比较小；而降雨量少的内陆，蒸发量却大。随着畜牧业进一步向远离海洋的内陆地带深入，这种降水量和蒸发量的地区结合，加重了畜牧业水资源不足的问题。加上该种土壤分布地区冬季温和多雨，夏季炎热干燥。所以如果要提高畜牧业产量，就必须在夏季少雨期进行灌溉。② 灌溉面积不断扩大的另一个原因还在于澳大利亚原有草种逐渐被英国草种所代替。

  灌溉主要依靠位于上流的水坝将水分流出来，进行重力灌溉。一般需要配备有戽水车，这是边缘安装有桶的水轮，用于从河流中提水，向灌溉渠传递。这种方法主要适用于面积大到足够覆盖整个河滩的农场。另外，牧场主们还学习了流行于意大利北部地区，被称为"马赛特"（Marcite）的灌溉方法。这是在秋冬采用的灌溉方式，在气温较低的情况下，使用相对温暖的河流中的水取代泥土中停滞的冰冷的水，促使牧草

---

  ① William Howiit, *Land, Labour and Gold: or, Two Years in Victorian with Visits to Sydney and Van Diemen's Land*, London: Longman, Brown, Green and Longmans, 1855, pp. 146 – 147.

  ② J. Keating, *The Drought Walked through: A History of Water Shortage in Victoria*, Melbourne: Deptment of Water Resources Victoria, 1992, pp. 153 – 159.

尽早生长。① 由于牧民放牧的活动具有一定的流动性，他们可以在干旱的情况变得严重之前出售土地或者搬迁到气候环境相对优越的地方，所以对于灌溉的投入也是相对有限的，并没有建设大型的灌溉工程。另一方面，要进行更高要求的灌溉农业仅仅依靠牧场主的经济条件也没有办法完成。所以牧民更多地依赖自然条件的优越，选择靠近河流的地段开展畜牧作业和少量种植。

最早进行灌溉的牧场主是亚历山大·瑞德（Alexander Reid）。他是1822年来到澳大利亚的，被授予了一块位于克莱德河（Clyde River）附近的土地。在这片大约面积为566公顷的土地上，瑞德成功地经营了一家牧场。1837年底瑞德售出了牧场，出售广告上隆重地标出牧场从克莱德河引水进行灌溉种植的英格兰牧草。麦克·芬腾（Michael Fenton）是有记载的第一个将灌溉和水车结合起来使用的人。他曾经在印度服役28年，退役后被授予了800公顷土地。这片土地位于迪文特河（Derwent River）的支流沿岸。② 1840年芬腾开始利用河流的下游进行灌溉，他雇人开凿出了一条水道，架起脱谷的机器和磨面机，供应全家族使用，对比较肥沃的土地进行浇灌。③ 从19世纪40年代开始，有越来越多的牧场主开始进行灌溉，威廉姆·科摩德（William Kermode）在牧场所处的摩纳山谷（Mona Vale）利用麦考利河水进行灌溉。拥有维特莫（Wetmore）1240公顷土地的托马斯·帕里莫尔（Thomas Parramore），在桑末科特（Somercote）拥有423公顷农场的山缪·霍顿（Samuel Horton）都进行牧场灌溉。康沃尔郡的一份杂志专门设置"需要水"的栏目，并发行号外报道附近庄园使用水以及设备的维修情况。④

在现代澳大利亚，除了坚果以外，绝大多数可以吃的植物都是从境外引进的。英国人的殖民正式拉开了澳大利亚物种引进的序幕。但是在没有人工干涉的情况下，澳大利亚的本土环境很多时候并不适合这些物种的生长。换言之，在澳大利亚气候和环境条件下，新物种的引进必然

---

① E. Kerridge, *The Famers of Old England*, London: Alle & Uwin, 1973, pp. 110–115.

② L. L. Robson, "Michael Fenton", p. 578.

③ C. L. Watson, "Irrigation", in J. Russell and R. F. Isbell, eds., *Australian Soils: the Human Impact*, Brisbane: University of Queesland, 1986, pp. 334–356.

④ "*Need Water*", *Cornwall Chronicle*, 9 April 1842.

会导致灌溉的发生。

二 淘金热后的拓荒与灌溉农牧业的拓展

19世纪中期新南威尔士与维多利亚发现金矿。淘金热使得人口在短时间内迅猛增加，澳大利亚境内的人口从1850年的405000人增加到1860年的1146000人。表层的金矿和流水金在短短几年内就开采完，普通的矿工没有资金进入深层矿藏的开采。对于这些矿工来说，要么奔赴新西兰、加利福尼亚要么待在殖民地内等待就业的机会。但是这些选择都不够有吸引力，最有吸引力的是牧人土地。这片土地广阔空旷，被少数的大牧场主所控制，而且并没有被很好地利用和开垦。[①] 原来社会里中等资产的牧场主、普通农业工人也对土地拥有诉求。这样一来中产牧场主、工人和矿工联合起来，他们具有相似的目标。最重要的是这一目标符合当时殖民政府要在澳大利亚的乡间解决富余人口的生计问题，建设自耕农社会的想法。在19世纪50年代创造一个自耕农社会，就是要恢复工业革命之前英国乡村的价值体系和独立的乡村居住者、自耕农的地位，后文将进行更详细分析。

19世纪50年代末60年代初新南威尔士、维多利亚两地陆续颁布《选地法》逐渐开放用地，允许平民挑选和占有被租地牧场主占有的土地。最先开放的土地在西部地区，平民可以用1英镑每英亩的价格购得，之后政府又通过一系列的议案，更多地要求农民驻地和开发条件，对于购买的资金条件要求不大，从而保证从金矿上退下的矿工可以买到土地。由此维多利亚和新南威尔士两地产生了一大批新的农民，他们身体强壮而且有志于从事农业生产。陆陆续续这些农民被新的法律吸引到了古尔本河谷（Goulburn）、北部平原（North Plain）和吉普士兰（Gippsland）等地区，加入开辟良田、建设家园的拓荒运动中。[②]

[①] William Howitt, *Land, Labour and Gold：or, Two Years in Victorian with Visits to Sydney and Van Diemen's Land*, pp. 76, 130, 150, 406.

[②] P. J. Hallows and D. G. Thompson, *The History of Irrigation in Australia*, Mildura：ANCID, First Mildura Irrigation Trust, 1995, p. 18.

在《选地法》颁布的最初几年中，农民们很幸运地遇上了降雨量较高的一段时期，大分水岭山脉的土地几乎获得了比往年两倍还要多的降水，但是这种情况在19世纪60年代中后期发生了改变，湿润的气候斗转，一直持续长久的干旱。选地的农场主面对这样的情况没有经验，准备也很不充分，并且不间断地耕作消耗了土壤的自然肥力，在这样的情况下农牧生产面临着极大的困难。来自新南威尔士的记者F. 吉金斯（F. Jenkins）这样写道：

干旱在持续，牛羊因为缺水和牧草而纷纷死去，损失是普遍的。银行对借钱的农民施加压力，之前他们用收成的庄稼做抵押。但是现在庄稼没有收获，农场主开始卖掉土地，这样就不用花钱雇用工人。因此工人也赚不到钱，他们甚至没有钱购买像面包和衣服这样的生活必需品，所以商人也遭殃了……整个国家都处在危机当中。[1]

一些农场主将肥力耗尽且焦干的土地卖给了邻居，自己则迁到新的土地上，在更远的地方进行选地。实际上，在《选地法》颁布之初，为了避免出现大地主借机囤地的现象，建设人人可以获得独立土地的自耕农社会，维多利亚和新南威尔士的法律就限制了个人选地的上限为320英亩，即约为129公顷。此后略有调整但是幅度不大。这样的规定在使大部分自由劳动力能够比较容易获得土地的同时减弱了农场主个人抵御危机的能力。320英亩的农场规模只能适用于比较肥沃的土地和资源条件，这种限制使得轮耕无法进行下去，这对于维多利亚北部平原等较为干旱的气候来说是非常不利的，一旦遇到极端干旱的气候情况，农场主自然就无法承受旱灾的袭击。如果要在较小规模的土地条件下生存下去，必就保证中小农场的农业用水，进行更加集约化的生产。

在进行农耕后，这些农场主有别于牧民。他们与土地的关系更加密切，需要清空土地上的植被，围上栅栏、犁地、播种然后建造房屋。他们的目标是要将土地和房屋建造成自己的农场和家。一旦遭遇庄稼没法成活，他们的收入就会减少。农场主越来越不能指望遇到干旱的时候搬

---

[1] F. Jenkins, *Diary of a Welsh Swagman*, Melbouren: Macmillan, 1975, p. 86.

到新的地方，实际上随着人口的增多，留给新生农场主迁徙的空间也越来越小。所以在遇到干旱的情况，他们最大的愿望是提供家庭、马匹的饮水和庄稼灌溉。这样家庭可以撑到好年景的时候。所以在维多利亚和新南威尔士两地，农场对于灌溉用水的需求前所未有地高涨。①

其实这一问题很早就被提出，当定居农民还在享受最初几年湿润的好年景的时候，一些具有先见之明的农场主已经开始考虑进行灌溉的可能性。在新南威尔士，威廉·科摩德（William Kermode）试图从麦考利河支流布莱克曼河（Blackman River）上的蓄水坝中获得水，计划因为麦考利河季节性流量变化没有成功。此后他在亚瑟·卡顿（Aurthur Cotton）的帮助下找到更可靠的水源索卢湖（Sorell Lake）。他们计划开凿一条河沟将索卢湖的水调到东面的布莱克曼河，但是该计划被认为超过了单个农场主的能力范围。之后图姆·马什（Toom Marsh）参与进来，一起考虑从麦考利河的源头进行蓄水，这样就只需要建造一个大坝。为了可以更好地执行这个计划，他们要求政府将河流的管理从私人手中收回。当地的农场主联合起来进行商议。最终他们修建了一个高达 4 米多的水坝，建立了水库，这一灌溉设施在次年的秋天就开始工作，浇灌数万亩的田地。②

在维多利亚殖民地，苏格兰人本杰明·诺德（Benjamin Node）向政府提交了一份"大西北灌溉水渠计划"（Grand North-Western Canal Project），希望将维多利亚古尔本河的水向西引，浇灌广阔的北部平原。③ 诺德并没有成功地说服政府进行这项事业。因为他的计划要求租赁 120 万公顷没有开放的皇家土地，如果这样政府就必须打破原来与租地牧场主之间达成的租赁协议，这一计划就被暂时搁置下来。相似情况的还有很多。1856 年，弗兰克·克里斯蒂（Frank Christy）向维多利亚哲学协会（Phil-

---

① Ian Tyrrell, *True Gardens of the Gods*: *Californian-Australian Environmental Reform*, 1860 – 1930, Berkeley: University of California Press, 1999, pp. 13, 103 – 120.

② J. M. Powell, *Environmental Management in Australia*, 1788 – 1914, *Guardians*, *Improvers and Profit*: *An Introductory Survey*, Melbourne: Oxford University Press, 1976, p. 89.

③ Lionel Frost, "Government and Economic Development: The Case of Irrigation in Victoria", *Australian Economic History Review*, Vol. 32, No. 2 (1992), pp. 56 – 58; C. G. McCoy, *Victorian Irrigation and Drainage Practice Paper 1*: *Historical Development of Irrigation in Victoria*, Melbourne: State Rivers and Water Supply Commission, 1981, p. 18.

osophical Institute of Victoria）提交了一份书函，建议对马拉保河（Moorabool River）进行蓄水，来灌溉基朗（Geelong）附近的火山岩质的平原。他认为灌溉后可以种植更多蔬菜用于商品买卖。随着旱情的日益严重，灌溉问题被重新重视起来。殖民地的水利工程师休·麦考尔（Hugh McColl）继承了诺德宣传的"大西北灌溉水渠计划"，积极地设想向本迪戈（Bendigo）地区进行持久的水源供应。[①] 麦考尔深受美国加利福尼亚水利灌溉的鼓舞，进一步明确从支持私人灌溉发展改变为支持公共灌溉发展，希望由殖民政府出面建设古尔本河上的水坝。他认为政府将从开设渠道灌溉乌兰葛（Waranga Plain）和罗德尼（Rodney Plain）平原中获利。仍然留在古尔本、北部平原等地与干旱进行斗争的农场主成为麦考尔和他的灌溉计划的坚强后盾。麦考尔和这些选地农场主建立了中部灌溉联盟（Central Irrigation League）来游说政府，他们坚持认为，建设自耕农社会在这一阶段失败的原因就是缺水。此后麦考尔进入议会，继续积极主张灌溉工程的进行。政府对来自中部灌溉联盟的压力作了迅速反应，派出由工程师乔治·戈登（George Gordon）及其副手亚历山大·布莱克（Alexander Black）组成的水资源管理委员会（Water Conservancy Board）调查向北部平原等地提供畜牧和生活用水的可能性和合理价格问题。戈登和布莱克建议对畜牧和家庭用水进行适当的满足，水的供应依赖现有的管道，这样水流不会越过流域的边界，农场主自己负责抽水引入自家的农场内。此后政府接受了建议，计划开始执行。[②]

但是麦考尔和中部灌溉联盟的农场主不会仅仅满足于将水用于灌溉牧草。尽管淘金热发生之初"截流"了农牧业的劳动力，但长久看则推动了农牧业的持续性发展。澳大利亚整体人口不断增长，1870 年人口为1648000 人，1880 年继续增加到 2232000 的。[③] 金矿周边物价飞涨，距离金矿较近的牧场主开始种植粮食和蔬菜以谋取利益。农场主们希望政府可以更多地补充水供应农业种植。政府要求水资源管理委员会调查提供

[①] J. H. McColl, "Hugh McColl and the Water Question in Northern Victoria", *Victorian Historical Magazine*, Vol. 4, No. 5 (1917).

[②] Samuel Wadham, *Australian Farming* 1788 – 1965, Melbourne, Canberra and Sydney: F. W. Cheshire, 1967, pp. 141 – 142.

[③] 戈登·格林伍德编:《澳大利亚政治社会史》，商务印书馆 1960 年版，第 47 页。

农业灌溉用水的可行性。经过调查，水资源管理委员会认为：政府不应该过多干预，因为灌溉在经济上收益极为有限，灌溉可能带来的利益被灌溉的支持者人为地扩大了。尽管如此，在众多农场主的压力和建设自耕农社会的想法敦促下，政府开始组织对部分河流进行灌溉的开发，引水浇灌农地。[①] 19世纪50年代后期开始，澳大利亚东南部的维多利亚殖民地开始了大规模的拓荒运动，其时气候变化加速的农业密集化进程是这一阶段促进灌溉进一步发展的重要原因。在这个阶段灌溉不仅依靠有利的经济条件和可以就近使用常年河的地理优势，灌溉规模的扩大使得牧场主之间的合作，政府的干预更加必要。[②] 灌溉托拉斯也在这种情况下应运而生。澳大利亚灌溉农业的发展出现了一个关键性的变化，即由基本的农业耕作方式演变成重要的殖民开拓手段。

三　托拉斯管理下的灌溉殖民地发展

东南部内陆的绝大多数地区降雨量小于沿海地区，并且这些地方的降雨量每年都有剧烈的浮动，很多土地远离大型河流，且地势高低不一。要对这部分土地进行灌溉开发，尤其是用于蔬菜、水果和谷物种植，其难度远大于沿海地区，需要的投入和政策扶持也更多。东南部灌溉殖民地的开垦主要通过灌溉托拉斯来推进。其中比较特别的是维多利亚殖民地，政府通过引入美国专家与资金，同时在里马克（Remark）和米多拉（Mildura）两处建设灌溉殖民地，关于这两处的情况将在第五章重点讲述。

1883年，维多利亚政府颁布设立托拉斯推行灌溉的第一部法令，但是并没有立即产生效应。托拉斯真正开始于修订法案颁布后，修订法案进一步简化了托拉斯设立的条件，提供了资金资助通道，并且表明政府会给予财政支持的立场。在维多利亚和新南威尔士两个殖民地灌溉托拉

[①] A. S. Kenyon, "Irrigation in the Early Days", *Journal of Agriculture Victoria*, Vol. 10, No. 1 (1912), pp. 658 – 661; Peter J. Hallows and Donald G. Thompson, *The History of Irrigation in Australia*, pp. 16 – 17.

[②] E. Dunsdorfs, *The Australia Wheat-Growing Industry* 1788 – 1948, Melbourne: Melbourne University Press, 1956, pp. 78 – 89.

斯的建立主要采取了三方合作的形式，即私人所有、政府授权、社区负责。灌溉托拉斯在地方成为具有半官方性质的权力机构，是各个殖民地农业开垦政策的重要组成部分。在实际操作过程中，政府出资建立最为昂贵和耗费的渠首工程和大坝。私人建设小型的水坝和水渠，这部分工程也将得到政府的财政支持，具体做法是由殖民地政府贷款给灌溉托拉斯，再由托拉斯进行管理，政府会委派专家和工程师来辅导。灌溉托拉斯成立的前五年政府不会收取任何贷款利息，新法案规定的这一系列优厚条件引起了积极的反应。

第一个由政府出资建设的大型渠首工程位于古尔本河（Goulbun River）上，大坝建于河流上游，目的是向河谷下游地区提供灌溉用水。工程于1886年批准，政府拨款2万英镑。1887年，渠首工程动工，水由次年输出，其蓄水量达到2400万立方米。而后政府又在河流的西边开出一条水道，和下游的抽水站连接起来。另一个重要的渠首工程是位于朗顿河（Loddon River）上游地区的兰尼克伊水坝（Laanecooie Weir），建造工作开始于1889年1月，完成于1892年，目的就是"通过在洪水时期蓄水，来管理河流，补给旱季的水量"。一开始灌溉量是1727万立方米，后来由于河道淤积，下降到了820万平方米。[1] 1902年，为了提高区域内的整体水势形成必要的梯度，将瓦朗加沼泽（Waranga Swamp）改造成水库的工程正式开始，1905年10月水库开始使用，灌溉蓄水量达到了2.4亿立方米。[2]

在渠首工程基本完善后，内陆地区的灌溉殖民地开发也陆续开始。在维多利亚，政府根据土壤质量，产品进入市场难易程度的高低，适宜种植庄稼种类的迥异，将土地划分为面积为8—800公顷不等的区块。殖民地倾向于招募维多利亚本地和附近的白人居民，但是19世纪90年代西澳发现金矿，维多利亚大约有10%的人口流向西澳，为了弥补这部分人口损失，政府积极采取措施在海外宣传灌溉殖民地的开拓，希望能够吸

---

[1] James Thompson, *Victoria Parliment Paper* 1884, *Statistical Register*, "Production: Irrigation to 31 March 1884", Melbourne: John Ferres, Government Printer, 1885, p. 25.

[2] James Thompson, *Victoria Parliment Paper* 1884, *Statistical Register*, "Production: Irrigation to 31 March 1884", Melbourne: John Ferres, Government Printer, 1885, p. 34.

引更多的欧洲和美国白人来到澳大利亚定居。[1] 在皇家水供委员会的管理下形成了两个主要的定居点莫宾（Merbein）和尼雅（Nyah）。此后，为了吸引更多早期破产的农民，维多利亚南部颁布了《垦殖法》，法案规定向乡村社区定居提供土地和贷款。在建立新的农场之前，政府帮助农民开凿水渠和灌溉所需的其他工程。1893年的法案颁布以后，共有80处大大小小的定居点建起来，大部分在南维多利亚区，其他的分散在了魏马拉（Wimmera）、古尔本河谷（Goulbourn Valley）以及小油桉灌木区（Mallee）的沿河边缘地带。[2]

新南威尔士起步稍晚，发展情况基本相似。1890年灌溉殖民地建设开始，宣传与规划的责任基本上也由殖民地政府承担。定居计划很快吸引了一些定居者。1892年灌溉托拉斯成立，当年灌溉面积便达到了7000公顷。1893年，托拉斯所控制的巴兰纳得（Balranald）项目灌溉面积达到800公顷。[3] 在南澳的腹地，政府引入立法建立集体土地定居点（Communal Land Settlement），土地只对集体不对个人开放，单个区域不得超过160英亩，即约64.7公顷，第一年无须交付租金，每个集体定居点可以制定各自的管理规则，可以集体劳作也可以包产到户，贷款不超过每个人50英镑。1893年12月《皇家土地修正案》（Crown Lands Amendment Act）颁布后，又有13个乡村定居点建立。开垦土地大约为22662公顷。[4] 1910年，灌溉专家米德和土地局局长休·麦肯兹（Hugh Mckenzie）出访了意大利、瑞典、丹麦、英国和北美，对托拉斯管理下的灌溉殖民地进行宣传，并在海外招募6000名农民移民。事后，皇家水供委员会的威廉·卡特纳克（William Cattanach）再次到美国招募移民，殖民地议会议员罗伯特·瑞伊（Robert Rees）则号召原籍威尔士的移民们从别处迁

---

[1] J. M. Powell, *The Making of Rural Australia, Environment, Society and Economy: Geographical Readings*, Rutherford: Melbourne Sorrett Publishing, 1974, p. 126.

[2] L. J. Blake, *Papers of L. J. Blake* (1845-1990), "Water Supply", File 85, Box 13, National Library of Australia, p. 195.

[3] Royal Commission Water Conservation of New South Wales, "First Report", *New South Wales Parliament Paper*, 1885-1886, Vol. 6, No. 2, p. 12.

[4] Royal Commission Water Conservation of South Australia, "Irrigated Land", *South Australia Parliament Paper of* 1893, 1884, No. 154, p. 45.

徙至新的灌溉殖民地。①

这一时期灌溉技术也出现了一系列的变化。整个 19 世纪灌溉用水的抽取依靠的是人力和马力，田地面积小，灌溉使用的设备也便宜和简易。进入 19 世纪末期，河水的抽取基本使用的是蒸汽动力，动辄挖掘上千米的水渠，田地面积迅速增大。墨尔本人罗宾逊（J. Robinson）是第一个生产离心泵的人。他生产的离心泵用于灌溉农业生产的广告经常出现在各种出版物上。② 维多利亚殖民地开始使用越来越多大马力的机器。1890 年代斯旺山和伊丘卡之间已经有 90 个电力抽水站。在政府的资助下，大部分的定居点最初都获得了小型的离心泵。在最佳的作业情况下，它可以将水抬高 10 米。这种扬程小的水泵基本满足了低地势地区的需求。从 1895 年开始，维克利（Waikerie）地区开始使用蒸汽动力的高扬程水泵，它能够让定居者对落差较高地区的果树和葡萄园进行灌溉。19 世纪末至 20 世纪初，其他的灌溉殖民地也陆续引进离心泵，实现对高地种植的葡萄、蔬菜、紫苜蓿（lucerne）等作物的灌溉。

四　地下水灌溉

19 世纪 20 年代，英国开始大范围地开采地下水资源。这引发了澳大利亚居民的猜想与好奇。60 年代英国的地下水井已经能够供应诺丁汉、利物浦、伦敦等城市的生活用水需求。悉尼当地的报纸《澳大利亚人》多次报道了英国的打井技术来敦促政府尽快采取行动释放新南威尔士地下"翻滚如潮的水"。③ 1857 年，地质学家克拉克（W. B. Clark）认为在澳大利亚内陆地区存在地下水。1858 年，维多利亚内陆的塞勒（Sale）地区开始了地下水井的开凿，但是迟迟未能成功。

19 世纪 60 年代末，现代科学对于水循环和自流盆地的原理研究日渐成熟。最重要的是学界达成共识：地下水的源头是雨水，地下水会不断

---

① Royal Commission Water Conservation of South Australia, "Irrigated Land", *South Australia Parliament Paper of* 1893, 1884, No. 154, p. 36.

② Royal Commission Water Conservation of South Australia, "Irrigated Land", *South Australia Parliament Paper of* 1893, 1884, No. 154, p. 56.

③ *Australia*, 15 Novermber 1826, p. 2; *Australia*, 9 December 1826, p. 2.

渗入河流，因此在降雨停止的情况下河水依然流动。这一全新的理解影响了悉尼天文台天文学家和气象学家亨利·拉塞尔（Henry Russell）的研究。① 据他的分析伯克（Bourke）东北部比较干旱的区域只有不到2%的降雨进入了达令河，估计有48%蒸发在空气中，那么剩下的50%去哪里了呢？他认为答案显而易见——这部分水流入了地下。② 根据这一结论，同年另一位年轻的古生物学教授拉夫·泰特（Ralph Tate）在烈日酷晒下的伯克地区考察，最终在这片近乎沙漠的地带发现了不断涌出的地下热泉。1871年一位地质学家亨利·布朗（H. Y. L. Bronwn）在内陆平原的凯蒙斯科特（Kelmscott）地区开凿地下水井，水流从50多米深的地下涌出，接着伯克附近的孟德泉（Mound Springs）发现了自流井，井口持续不断地涌出水来，时速是9加仑每分钟。③ 1878年，新南威尔士西部的喀拉拉（Kallara）开凿第一口井，1879年开始能够大量提供水，不久之后这片区域被命名为大自流盆地。

随着地下水的开发，在科学家们研究大自流盆地的复杂性、水的质量以及盆地类型时候，澳大利亚居民尝试用地下水来进行灌溉的可能性。地下水成为农业生产资料——通过钻井获取，用管道运输然后使用，用于日常生活或者谋取利润。1888年，南澳殖民地开始有人在阿坦（Ah Tan）使用井水在城市附近培育玉米、豌豆、马铃薯和谷物。新南威尔士利用地下水进行的灌溉规模更大。1892年，在伯克的一处钻井周围，有1.6公顷的土地被圈围起来使用地下水灌溉种植果树和庄稼，紧接着又有6.5公顷被清理圈围用来满足灌溉农业。④

使用地下水开展的灌溉农业很快就引起了各地殖民政府的重视，这与其开拓内陆灌溉农业区的计划不谋而合。新南威尔士政府聘请了一位加拿大的钻井专家史蒂夫·拉夫赫德（Steve Loughead）在距离昆纳木拉

---

① C. G. Austin and Clem Lack, "Henry Russell", *Australia Dictionary of Biography*, Vol. 2, Melbourne: Melbourne University Press, 1968, p. 578.

② H. C. Russell, "The River Darling The Water Which Should Pass Through it", *Journal and proceedings of Royal Society of New South Wales*, Vol. 13 (1879), p. 169.

③ "Notes on the Occurrence of Artesian Wells in the Albert District, NSW", *Proceedings of the Linnean Society of New South Wales*, Vol. VI, Part I, 1882, pp. 155–157.

④ Royal Commission Water Conservation of South Australia, "Irrigated Land", *South Australia Parliament Paper of* 1893, p. 67.

(Cunnamulla) 48 公里的萨鲁贡那 (Thurulgoona) 打井。拉夫赫德使用杆钻冲击钻井法 (Pole-Tool Method) 可以向地下打出 2000 米深的洞。最终在 1886 年的夏天，在经历了几个星期的作业后，钻井触及了地下 1682 米处的水体，每天可以释放 2163 立方米的水。这里后来被视为"澳大利亚地下水供应的开端"。事实上澳大利亚第一个有记载的地下水井位于威瓦塔 (Wee Wattah)。但是威瓦塔利用的是比较浅层的地下水，打钻依靠的是人力。而萨鲁贡那钻井的深度已经是后者的 10 倍，出水量是后者的 29 倍①，动力来源是蒸汽。次年拉夫赫德被聘请到巴克定 (Barcaldine) 钻井，并在 197 米的地下找到水源。1888 年 1 月，第二个自喷井开凿成功。此后新南威尔士殖民地在伯克又开凿了珀拉井 (Pera Bore)，用于建设灌溉农业实验区。政府圈围了 260 公顷土地，并将其分隔成 8 公顷左右的小块土地，然后依据当时的《王室土地法案》(Crown Land Act) 进行租赁，分配给个人。所钻水井深 352 米，每天可以提供超过 27272 立方米的水，温度为 98 华氏度。井水被储藏在一个砌高的容量为 90 立方米的水池中，闸门打开后通过一个敞开的水道流出，然后浇灌圈围起来的田地。次年试验区的调查报告显示：小麦、紫苜蓿、高粱土豆以及水果都取得了很好的收获。森林部门还开始在此地建立海枣种植园，种植了大约 3000 棵海枣。② 另一个试验农场于 1900 年在莫里 (Morree) 建立，这里井深 884 米，在 114 华氏度的情况下每天可以提供 5683 立方米水。地下水井除了提供日常的生活之外，还供应附近一处占地面积 101 公顷的农场的农业生产。农场被分为 5—6 公顷大小的土地来进行地下水灌溉。这些灌溉该农场大部分都处于黑色裂纹黏土之上，土地被用来种植小麦，紫苜蓿，高粱和水果。谷物收获后留下了大量的干草饲料，在 1902 年的干旱季节获得了很大的利润。③ 技术人员提交的报告显示出这里的正常生产大概维持了 15 年的时间。

---

① Department of Civil and Geological Engineering Investigation Project, *The Sustainability of Use of Groundwater from the South-Western Edge of the Great Artsian Basin*, Melbourne: RMIT, 1997, pp. 22 – 23.

② Royal Commission Water Conservation of New South Wales, "First Report", *New South Wales Parliament Paper*, 1885 – 1886, Vol. 6, No. 2, p. 76.

③ L. Litchfield, *Marree and the Tracks Beyond in Black and White*, Self Published, 1983, p. 93.

在维多利亚，政府派遣赛缪尔·麦克拉托什（Samuel Mclutosh）作为内陆地下水灌溉区的乡村定居专家对维多利亚西魏马拉（West Wimmera）的灌溉殖民地的居民提供农业、园艺、灌溉方面的咨询和帮助。生活在西魏马拉的定居者利用溪流和湖泊水源的机会是有限的。在地下水发掘后，居民主要依靠打浅水井来获取水资源，用途局限于家用和牲口饮用以及小规模的灌溉。赛缪尔从美国引进了深井抽水泵，抽水速度可以达到每小时9立方米。此后维多利亚皇家蔬菜生产协会来到西魏马拉调查在此建立蔬菜种植园的可能性，研究种植蔬菜方面的困难，1892年全部调查结束。1894年，西魏马拉依靠地下水灌溉开始了大面积蔬菜种植。1895年，夏普顿（Shepparton）北部建立起一个类似的定居点，共有44个定居者开垦了90公顷土地。1897年，移民增加到了183人，耕地面积增加到了200公顷。[1] 在获得初步的成功后，维多利亚殖民地试图建立地下水灌溉托拉斯来推进内陆地区的开发。与之前的情况相似，殖民地优惠的政策一开始吸引来了一些农民来此定居，但是在经历了数年的发展后，井水的碱化成为影响地下水灌溉发展的重要阻力。一些地区的定居点在经营数年之后被放弃，只有小部分人留在了钻井口附近的定居点。对于这部分定居点的土地，政府以永久租赁的形式分配给农场主。1910年前后，政府对仍然保留的定居点进行了调查，调查报告认为：这些定居点是一种全新的土地垦殖实验。虽然内陆的沙质坡地没有经受住密集型农业的考验，其结果展示了未来发展的可能性，为政府建立垦殖链提供了合理性依据。[2]

19世纪80年代，昆士兰的北部地区开始使用地下水，第一口井由政府组织开凿。在实验成功后政府鼓励一些有资金能力的私人地主进入内陆地区开凿地下水井，由政府给予贷款和技术支持。灌溉水主要用于浇灌草原牧场。地下水让边缘地带的畜牧业向内陆推进上万平方千米，内陆地区开始出现羊毛繁荣，一发不可收拾。昆士兰的牲畜出口由1880年

---

[1] C. S. Martin, *Irrigation and Closer Settlement in the Shepparton District 1836 – 1906*, Melbourne: Melbourne University Press, 1955, p. 78.

[2] A. Jones, *Lyrup Village: A Century of Association 1894 – 1994*, Lyrup: Lyrup Village Century Committee, 1994, p. 93.

的 366000 英镑增加到 1896 年的 859000 英镑，同年羊毛产业的产值已经达到 100 万英镑。① 鉴于此，当时澳大利亚灌溉的支持者声称水利工程将能够修补被牧场主和放牧人破坏过的环境。地下水灌溉不仅仅能让环境复原，它还能将一个人造的垃圾场变成一个至高无上的花园，"那里农民和他的家庭都将富裕起来"②。但是羊毛在内陆地区的繁荣对于已经退到这里的土著居民来说却是毁灭性的打击。内陆地区的干旱气候是他们抵御白人入侵的最后屏障。这一次水不是从天上来，而是从地下。

五　灌溉区的形成与灌溉扩张的生态限度

截至 20 世纪 10 年代初，维多利亚的灌溉农业区从克胡纳（Cohuna）向内陆推进了 300 千米，延伸到米多拉至霍森（Horsham）一线，灌溉土地的总面积达到了 6000 公顷。1887 年在麦肯兹河（Mckenzie River）上建立了瓦图克（Wartook）水库，容量为 29 万立方米，1890 年在古尔本河建立古尔本水库，容量为 25000 立方米，同年还在赫普溪（Hope Creek）的诺乌沼泽（Kow Swamp）开始蓄水，蓄水量为 5.1 万立方米。1905 年，仅仅瓦朗格（Waranga）一地的非河流蓄水就达到了 24.8 万立方米。1900 年维多利亚殖民地总的灌溉储水能力达到了 10.5 万立方米，1910 年达到了 63 万立方米。殖民地内形成了 7 个主要的灌溉区，其中最重要的是朗顿河东面的维多利亚北部平原，水源主要来自墨累河和古尔本河及其支流。总开垦面积达到了 85 万公顷，其中有 40 万公顷被用于灌溉。③ 新南威尔士的起步稍晚，但是发展也很迅速。灌溉区由原来的农业中心艾伯里（Albury）向西北和西南呈扇形扩张。最终在西北部形成伯克和美宁迪（Menidee）等点状的灌溉区，在西南部形成带状的灌溉区，分别是马兰比季河谷、墨累河谷、拉克兰（Lachlan）河谷、麦考利河谷、马里河谷等，每个灌溉区内都设置了相当规模的渠首工程，仅仅小油桉

---

① Ian Tyrrell, *True Garden of the Gods: Californian - Australian Enviromental Reform 1860 - 1930*, Berkeley: University of California Press, 1999, pp. 13, 103 - 120.

② Ian Tyrrell, *True Garden of the Gods*, p. 29.

③ L. Litchfield, *Marree and the Tracks Beyond in Black and White*, p. 58.

地区一处的灌溉总量就达到了 1.7 万公顷，1904 年开始蓄水的卡吉里格湖（Lake Carrgelligo）的蓄水量为 3.6 万立方米，1905 年在威廉姆溪（William Creek）建造伦斯戴尔大坝（Lonsdale Weir），蓄水量达到了 6.5 万立方米，次年可以灌溉 4 万公顷土地，工程完工后灌溉面积达到了 14.8 万公顷，成为当时澳大利亚境内最大的灌溉工程。[1] 此时，南澳的灌溉区已经延伸到墨累河下游，建立了柯布达格拉（Cobdgla）、维克利（Waikeri）、卡戴尔（Cadell）等灌溉区，并逐渐与维多利亚的里马克、米多拉的灌溉殖民地连成一片。澳大利亚现代农业灌溉区的边界已经基本形成。

灌溉农牧场引发了急剧的景观变迁：土壤夯实、水流加速进压缩水源。在土地被开垦之前，澳大利亚东南沿海的土壤松软，水可以渗入而不流走，因此较少的雨水就可以维持较多的植物生长。在牧场取代疏林后，土壤质地发生变化，牛羊的踩踏让土壤变得紧实，上层土更容易被吹走，小山更容易滑落，进而导致水沟干涸、泥沙阻塞。而流入溪流和河流的水也使得整个地表水流变快。急速流动的水冲刷着水沟，河床被冲刷得很深。墨累-达令流域是澳大利亚最大水源地，这里曾经遍布季节性的小水塘。但是为了发展灌溉牧场和灌溉农业种植，这些季节性的蓄水地都被排干。后来人们还从沼泽引水，农牧场附近的沼泽也被排干。19 世纪 60 年代，墨累-达令流域的一半水源已经消失。水坝和灌溉系统代替了这里的一切，这些变化也使得干旱情况更加严重。

作为生态扩张的灌溉农业自身也面临着水土不服。灌溉牧场引发了部分地区的土壤盐碱化和土壤肥力退化。澳大利亚东南部的朗顿（Loddon）和维库（Wakool）山谷等地，土壤表面原本的盐碱化程度就很高，部分地区地下水位很接近地表。自然力持续不断地冲击使地下盐水安全地保持了地表以下的动态平衡。19 世纪 50 年代后，随着灌溉的开展，水位不断上升，盐分析出地表，盐碱开始渗漏。殖民者用冬眠的葡萄藤、果树代替当地的常绿植被，继而大范围的牧草漫灌更加剧了这种不平衡。19 世纪 60 年代后期，盐碱化导致克朗（Kerang）灌溉区和巴尔河区

---

[1] L. Litchfield, *Marree and the Tracks Beyond in Black and White*, p. 89.

(Barr River)的生产力下降了三分之一。[①] 此后农民通过开挖排水渠、平整土地、改长宽畦为短窄畦等方法进行治理，土壤的盐碱化得到了稍许控制，但仍时有反复。

而从长久来看，澳大利亚内陆地区土壤与干旱的气候也成为灌溉农业推行的持续阻力。在主要从事果园种植的灌溉殖民地，面临的最大问题是夏季的缺水，这不仅会影响作物的栽培，水流的下降甚至断流还会影响水上运输。殖民地不得不减少果树的种植面积。牧草漫灌持续加剧了盐分失衡和盐碱渗漏。遭遇严重旱灾的情况下，灌溉区无水可用，土地退化，甚至又重新变成荒野，新农民落难而逃。实际上，殖民地的农民很少有足够的资金储备，两三年的歉收就足以让他们破产。农民破产后自然无力偿还购地贷款，只有选择逃避或出售土地。在这些地区"新欧洲"从未能够建立起来。

作为一种生态复合体的灌溉农业，从其进入澳大利亚起就与当地的生态环境和社会文化裹挟纠缠：澳大利亚与欧洲迥异的气候、土壤条件决定了在澳大利亚进行欧式的农业种植和大规模畜牧业就必须进行人工干预。而淘金热后骤增的人口压力则进一步推动了灌溉农业的扩张。澳大利亚殖民地时期种族主义导向的生态文化中，灌溉农业被描述成最具生态优越性的农垦方式，不仅先进于土著居民的"刀耕火种"，还迎合了欧洲人的田园梦想。灌溉农业的扩张过程中田园牧歌从来都只是愿景，从本质上说灌溉农业的生态扩张直接服务于英帝国的资本扩张，因此也难逃资本主义世界市场体系的冲击。灌溉农业扩张之处，田野成为工厂，自然仅是"资源"，灌溉农业在内陆地区引发的包括土壤盐碱化在内的生态退化更是将绿色的乌托邦中残存的美学属性摧残殆尽。

[①] Ann Young, *Environmental Change in Australia since* 1788, Melbourne: Oxford University Press, 1996, pp. 51–63.

第 八 章

模范殖民地[①]与 19 世纪的
灌溉知识交往网络

澳大利亚本身兼具移民殖民地（colonies of settlement）和帝国殖民地（colonies of empire）的双重身份，更是知识传播与生态网络中的重要节点。本章将突破地区和国家间的比较，追踪跨越帝国边界的知识技术和人员流动联系，探讨 19 世纪中后期灌溉知识网络的形成与身处其中的澳大利亚灌溉农业，并由此管窥移民社会的边疆生态以及帝国资源的管理和剥削系统。

从 19 世纪 50 年代开始，在主要的英国白人殖民地和英帝国内存在以印度、澳大利亚和美国为节点，以农业水利工程技术、土壤科学知识、科技人员的交流为主要内容的交往网络。加利福尼亚创生的"灌溉殖民地"的全新形式，印度在灌溉操作、盐碱化治理等方面的经验都深刻地影响了澳大利亚灌溉农业的发展形态。

19 世纪中后期全球范围内存在以印度、美国、澳大利亚为重要节点，以工程师、科技官员和科研工作者的交流派驻，灌溉工程知识和土壤科学研究的成果传播为主要内容的灌溉知识交往网络。这一网络影响了澳大利亚灌溉农业的发展进程，塑造了澳大利亚灌溉农业的发展形态。灌溉知识交往网络的运行依托于英帝国和白人移民殖民地内的既有权力结构和文化纽带，与资本扩张和殖民开拓相辅相成。在澳大利亚工程技术、

[①] 这个词来自阿尔弗雷德·迪肯所撰写的北美灌溉调查报告，参见 Alfred Deakin, *Irrigation in Western America, so far as It Has Relation to the Circumstances of Victoria: A Memorandum for the Members of the Royal Commission on Water Supply*, Melbourne: Government Printer, 1884, p. 45.

殖民农业学知识与种族主义结合，成为独特的种族环境学说。三地遭遇的生态危机反映了资本主义工程与技术文化对自然内在价值的忽视与破坏。

一 19世纪中后期的灌溉知识交往网络

英国本土水资源充沛且分配均匀，对灌溉的依赖并不明显。伴随殖民地的开拓，英国本土的学院、科研所开设专门从事灌溉技术、土壤科学研究的机构，培养了大量的灌溉技术人员和水利工程相关的科学研究者。很多在英国、欧洲其他国家接受培训和教育的技术官员、工程师、科研工作者直接参与了印度、美国等地的灌溉水利建设。印度、美国与澳大利亚的水利科学和土壤科学研究快速成长，三地之间存在更加频繁的交流与互动。从知识和技术的流向上来看，印度成为帝国文明的展示窗，是灌溉信息的输出方；美国则在灌溉实践的过程中，基于当地的地理环境和政治文化，形成了独具特色的灌溉发展模式，并对澳大利亚的灌溉发展产生重要影响；在一阶段，澳大利亚则是灌溉技术的"初学者"。这一网络主要通过两种形式发生作用：一是依托学院和实验室的专业技术人员的培养及其研究成果在多地之间的流动，这种流动客观促成了知识交流；二是依托帝国及美国行政机构的各级技术官员在网络各个节点间的派驻和考察，考察的成果一般会以调查报告和咨政报告呈现。这两种形式有时候发生重合，后者通常会直接影响水利工程的开展以及水利政策、法规的制定。

鉴于此，在灌溉知识交往网络中有两所专业院校处于重要位置。它们分别是1851年成立的皇家矿业学校[①]和1847年成立的印度托马森土木工程学院。皇家矿业学校的教员主要来源于大不列颠地质调查局的官员，他们从事基础的矿物、冶金方面的教学。皇家化学学院于1853年并入其中，更名1863年皇家矿业学院，由此开始更具综合性的化学和土壤研究。学校培养的科技人员也被输送到了帝国各地。印度的托马森土木工程学

---

① 前身是1841年成立的经济地质博物馆，同时从事矿物、地图和采矿设备的收集整理和矿物学教学。

院是英国殖民当局在印度建立的第一所工程学院，即印度理工学院的前身。学院致力于培养进行市政工程建设的年轻人，学生招募工作由英帝国在印度的中央公共工程部（Central Public Works Department）直接控制，学员毕业后进入公共工程部和下属的分支机构灌溉水利局（Irrigation Department）工作。托马斯市政工程学院的毕业生在印度灌溉的基础设施建设、运河维护等方面都发挥了至关重要的作用。值得指出的是学院课程资源的配置充斥着殖民主义的等级强权：最开始培训高级工程师的课只面向欧洲人，培养普通人才的课程面向欧洲人和印度人，培养最底层建设者的课程只面向印度人。除此之外，格拉斯哥大学的托马斯·安德森实验室，美国加州大学伯克利分校的农学院都在灌溉工程技术和土壤科学研究领域的知识生产和传播中扮演了重要角色。

灌溉知识交往网络的各节点都设立了专门的机构来推进、管理和维护灌溉工程。在印度主要表现为专业行政机构的设立，在澳大利亚和美国更多表现为官方专业调查委员会的派遣和调查报告的出版。1851年印度地质调查局（Geological Survey of India，GSI）成立，很快开展灌溉工程的前期水体和土壤调查工作。1854年印度殖民政府成立中央公共工程部，专门管理灌溉工程的组织和建设。进入19世纪70年代之后伴随着灌溉农业扩张，印度殖民当局成立了农业部专门处理境内的农业事宜。1873年美国国会组织了专门委员会对圣华金、萨克拉门托等河谷的灌溉可行性进行深入调查，因委员会主席是美国工程专家巴顿·亚历山大（Barton Alexander），通常被称为亚历山大委员会。委员会最终提交的报告成为北美灌溉开发的指导性文件。从19世纪80年代开始，澳大利亚的维多利亚、新南威尔士殖民地都相继成立皇家供水委员会。大量的专家、技术官员在这些机构中供职咨政。在这种网络交往形式中活跃着数以百千计的科技官员、不同层次的工程师和科研工作者，下文将通过对其中典型个体的介绍来勾勒这一庞大网络图景中的重要线条。

亨利·麦迪科特（Henry Benedict Medlicott）兼具学者和官员两种角色，他是长期服务于印度地质调查局的地质官员，同时也是托马森土木工程学院的教授。①他本人在都柏林大学三一学院读书时的导师是印度地质调查局第一任督察托马斯·奥德汉姆（Thomas Oldham），在印度期间他曾多次陪同托马斯考察，退休前他也曾担任调查局局长。此后，还有大量拥有英国教育和工作背景的学者、技术人员来到印度：贾森·赖塞（Jason Leather）在印度西北省研究农业化学②，农学家弗兰克·克巴特（Frank Corbett）关注农民对水的过度使用，并出版专著《上印度的气候和资源》。

与此同时，以罗伯特·布利尔顿（Robert Brereton）、戴维森·乔治（Davidson George）等人的经历为代表，印度的灌溉经验经由帝国的工程师和科学家被推广到美国。1853年罗伯特在国王学院学习土木工程，毕业后被著名的工程和机械专家伊桑巴德·布鲁内尔（Isambard Brunel）收入麾下，参与桥梁、铁路的设计和建设，并开始接触、积累水利学相关的工作经验。1856年布利尔顿来到印度，后升任为印度半岛铁路的总工程师，其间他曾对印度境内英国人改造和设计的灌溉系统进行研究。1870年铁路完工后，布利尔顿接受威廉·罗尔斯顿（William Ralston）的邀请来到加利福尼亚，负责统筹圣华金河谷灌溉工程的前期调查，制订具体的灌溉管道铺设计划，并向英国本土宣传加利福尼亚的灌溉工程以招募移民。③。

戴维森·乔治（Davidson George）是美国著名的测绘专家、地理学家，曾经担任加州科学院的主席，也是亚历山大委员会的成员。1875年戴维森到印度考察，此时，印度刚通过1873年的《北印度运河与排水法案》不久，这一法案的颁布赋予了英国殖民政府对北印度水资源的绝对控制权。而当时的加州正存在激烈的水权之争，回到加州后戴维森主笔

---

① H. B. Medlicott, "Note on the Reh Efflorescence of North-West India, and on the Waters of the Rivers and Canals", *Journal of the Royal Asiatic Society* 20, 1863, pp. 326–344.

② E. Whitcombe, *Agrarian Conditions in Northern India*, Berkeley: University of California Press, 1972, pp. 79, 289.

③ Robert Brereton, *Reminiscences of an Old English Civil Engineer*, 1885–1908, Portland, Ore: Irwin-Hdson, 1908, pp. 7–24.

出版了调查报告《印度、埃及、意大利等地现行的农业灌溉和土地开垦》①，他认为《北印度运河与排水法案》妥善地解决了水权纠纷。印度之行无疑影响了戴维森对国家在水利事业发展中角色的看法。

灌溉技术以及与此相关的农业、工程学知识也借助这一网络辐射到澳大利亚。在当时的悉尼地区有三位科学家对于印度的灌溉农业、在印度开展的盐碱化调查非常熟悉，并且掌握丰富的印度农业学知识。他们分别是悉尼科技大学的分析化学家威客·迪克森（Wick Dixon）、矿业局的科学家亨特·明格耶（Hunt Mingaye）和农业部的农业化学家福塞·格瑟瑞（Feathe Guthrie）。19世纪60年代迪克森就曾跟随化学家托马斯·安德森学习，在安德森实验室的工作任务就是分析印度政府收集的盐碱土壤样本。80年代开始维多利亚政府开始派遣技术官员到加利福尼亚学习灌溉经验。1884年维多利亚工程师休·麦科尔（Hugh McKinney）访问加利福尼亚，专程拜访萨克拉门托地区设计供水和排洪系统的设计师威廉·霍尔（William Hall），就此建立长期联系。从1878年到1883年霍尔的主要工作就是与亚历山大合作，并将布利尔顿之前的计划付诸实践，他本人是加利福尼亚历史上第一位获得州立工程师（State Engineer of California）殊荣的专家。紧随其后，时任维多利亚皇家供水委员会主席艾尔莱德·迪肯（Alfred Deakin）组团前往美国西部学习灌溉和农业经验，历时13周拜访了诸多工程师和科学家，并成功地说服已在加利福尼亚成功经营灌溉殖民地的威廉·查菲（William Chaffey）和乔治·查费（George Chaffey）兄弟来到澳大利亚，直接介入新的灌溉殖民地的开拓工程。1890年迪肯访问印度，对当地的灌溉和水管理进行了全面的调查，分别撰写了《美国西部灌溉及其对维多利亚殖民地的启示：皇家供水委员会成员备忘录》②和《浸润的印度，澳大利亚人视野里的印度和锡兰：灌溉

---

① U. S. Coast and Geodetic Survey, *Irrigation and Reclamation of Land for Agricultural Purposes, as Now Practiced in India, Egypt, Italy, etc.* By George Davison, Washington: U. S. Government Printing Office, 1875.

② Alfred Deakin, *Irrigation in Western America, so far as It Has Relation to the Circumstances of Victoria: A Memorandum for the Members of the Royal Commission on Water Supply*, Melbourne: Government Printer, 1884.

与农业》①两份报告，成为澳大利亚进行灌溉开拓的重要参考。

下文将以澳大利亚灌溉殖民地的形成和盐碱化的治理为例，讨论灌溉知识交往网络对于澳大利亚灌溉农业的塑造。

二 "模范殖民地"的复制

正如上一节提到的，从19世纪80年代初开始，澳大利亚灌溉农业由基本的农业耕作方式演变成重要的殖民开拓手段。一方面，印度灌溉农业初见成效成为被竞相模仿的对象；另一方面，在澳大利亚境内尚未开发的地区建立灌溉殖民地被视作证明盎格鲁－撒克逊白人获取澳大利亚大陆土地合法所有权的最佳方式，这更是与北美"模范殖民地"的开垦模式不谋而合。

灌溉在印度的运用可以上溯到古代。整个印度，除了马拉巴沿海的狭长地带，以及从阿萨姆向南部延伸的带状区，其他地方都会面临季节性的降雨不足，历史上出现过多次饥荒。19世纪50年代开始英国工程师在印度境内建造大坝，并开始将古老的灌溉水渠改造成现代供水分配系统。1860年灌溉水利局开始挖掘大型的永久性水渠并对居民进行搬迁。②北部起自喜马拉雅山南麓，西起印度河三角洲，向东到达恒河。截至90年代，干旱区开始能够供应南亚次大陆的粮食需求。至此，印度被奉作"现代水利工程的发源地"，成为土木和水利工程师的国际学校。③

19世纪中期开始美国出版了大量有关印度灌溉农业的学术文章和调研报告，对印度的工程效率和成功的灌溉技术尤为推崇。④ 1875年戴维森在访印后的调查报告中评价道："如果我们想从其他国家的经验中获得启发的话，没有比印度更合适的了。"⑤从印度回到美国后，戴维森主持了加

---

① Alfred Deakin, *Irrigated India, An Australian view of India and Ceylon: Their Irrigation and Agriculture*, London, Melbourne: W. Thacker & Co., 1893.

② Imran Ali, *The Punjab Under Imperialism 1885-1947*, Princeton: Princeton University Press, 1988, p. 13.

③ H. M. Wilson, "Irrigation in India", *Transaction of the American Society of Civil Engineering*, Vol. 25 (August 1891), p. 221.

④ C. E. Norton, "Irrigation in India", *Northern American Review*, No. 77 (1867), p. 439.

⑤ *U. S. Coast and Geodetic Survey*, *Irrigation and Reclamation*, pp. 40-47.

利福尼亚境内灌溉可行性的调查,建议学习印度的重力灌溉技术,并模拟印度灌溉水利局,建立灌溉机构给官员赋权管理灌溉渠日常的运行,调解纠纷保证用水的效率。加州的灌溉殖民地也由此兴盛。这正是查斐兄弟在加利福尼亚的安大略、埃特旺达建立起以灌溉果园种植为基础的园艺殖民地的背景,这里也成为南加州第一次土地繁荣的重要组成部分。[1] 来自西部其他城市和东部新英格兰地区,甚至英国本土的移民开始在这里开始全新的"乡村生活"。这些人也并非传统意义上的农民,他们大多来自城市,受过良好教育,对农村的宁静安逸充满向往。[2] 查斐兄弟还创办了查斐农学院对居住者进行技能培训,农学院还建立起与加利福尼亚大学的联系。

迪肯在美国考察时就被安大略等地的园艺农业繁荣吸引,已有将这种开发模式引入维多利亚的想法。在与查斐沟通的同时,迪肯着手准备灌溉可行性调查。首先是1886年初,迪肯等人敦促皇家供水委员会考虑灌溉蓄水问题,并提出发展规划。在确定目标后随即成立由立法委员、牧场主和工程师构成的调查委员,威廉·林耐(William Lyne)担任委员会主席,休·麦肯尼(Hugh Mckinney)担任总工程师。同时委员会着手对印度、埃及等地灌溉田蓄水情况和澳大利亚殖民地的蓄水条件进行调查。工程师F. A. 富兰克林(F. A. Franklin)被派去印度分别对印度北部和南部各具特点的灌溉管道(irrigation pipe)和灌溉池(irrigation tank)进行了系统的研究。一部分委员会的成员在澳大利亚东南部里文瑞恩等处进行调研,收集资料研究从斯诺威河调水入马兰比季河的可能性,以访谈的方式记录居民对当地其他内陆河流,沿岸支流和地下水供应情况的认识。1886年6月,迪肯在维多利亚殖民地议会就推进灌溉的可行性措施综合陈词,正式确定要在澳大利亚东南部尚未开发的地区建立灌溉殖民地,他估计当前可以用于灌溉的土地大概是320万英亩,并可保持每

---

[1] Bernice Conley, *Dreamers and Dwellers, Ontario and Neighbors: An Offering of the Years of Research into the Beginnings of the Model Colony and Its Neighbors in the Boom Years of Southern California*, Montclair: Stump, 1982, pp. 49 – 50.

[2] Bernice Conley, *Dreamers and Dwellers, Ontario and Neighbors: An Offering of the Years of Research into the Beginnings of the Model Colony and Its Neighbors in the Boom Years of Southern California*, Montclair: Stump, 1982, p. 50.

年增加 100 万英亩灌溉地的进度。①

随后，经过近三年的磋商和准备查斐兄弟接受迪肯的邀请，来到维多利亚的里马克（Renmark）和米多拉（Mildura）开垦灌溉殖民地。维多利亚公布了《水利建设鼓励方案》(*Waterworks Construction Encouragement Bill*)：向查斐兄弟的灌溉公司首批提供 5 万英亩土地，公司在提供的土地上建立灌溉定居点，开凿灌溉渠，安装抽水设备，铺设道路，建筑桥梁，要求 20 年内的总投入达到 30 万英镑。土地以 640 英亩为一个单位向社会出售，购买土地的农户即可获得相应灌溉权限。② 另外，公司还有责任创办农业学校，建立水果包装和制罐生产线。

1887 年，乔治·查斐来到米多拉对土壤、降雨和河流情况进行全面的调查。并于当年年中确认了抽水地点和主要灌溉渠的结构。同年 8 月，里马克的情况调查和植被清除工作开始。开垦过程中均使用英国进口的蒸汽拖拉机。植被清理完成后，按照加州定居点的布局用方格形道路连接田地。公司开始也试图仿制加州的管道灌溉输送系统。但是米多拉和里马克地表的坡度不足以使用重力灌溉，所以施工时对原初设计进行改造，采用复合型的管道输送，以实现对高地的灌溉。每块定居点的承包人开凿水渠并现浇一层水泥防止渗漏。随后便开始在分购的土地上种植果树和葡萄藤。在米多拉，灌溉公司还引进了当时欧洲最先进的三联式蒸汽泵和离心抽水泵，并邀请长期为印度殖民政府服务的农业专家弗兰克·克巴特等人对居民的灌溉实践进行指导，聘请工程师现场教授居民离心泵和便携式发动机的操作。里马克和米多拉两地的种植面积扩张迅速，人口也不断增加。柑橘的种植取得成功，1892 年 6 月已经出口英国，1893 年开始出口美国。

灌溉殖民地遭遇的最大障碍之一是夏季的缺水，缺水极大地影响了作物的栽培，甚至导致河流断流，对交通造成了不利的影响。截至 20 世纪初缺水问题并没有得到很好的解决。整个 19 世纪末定居点完全依靠河

---

① Royal Commission on Water Supply, *Royal Commission on Water Supply First Progress Report*, Melbourne: Robert S. Brain, Government Printer, 1885, p. 56.

② J. A. Alexander, *The Life of George Chaffey: A Story of Irrigation Beginnings in California and Australia*, Melbourne: Macmillan, 1928, pp. 118 – 119.

流运输，其中有好几年的夏秋均发生河水断流的情况，而这时正是水果丰收亟待运出出售的时候。乔治·查斐曾经试图通过引进吃水较浅的美国蒸汽舾外明轮来解决这个问题，但是并不成功。1889年开始，没有用水泥做过防护的泥制水渠出现了渗漏。从河流中游入的龙虾会打洞，甚至钻空土壤，使得没有做过水泥防护的泥水渠数次塌陷，水流的额外消耗只能靠更多的抽水来弥补。米多拉和里马克等地还遭遇土壤的盐碱化侵扰，果木和葡萄藤都受到不同程度的影响。在1890年之前北美的灌溉殖民地还并未遭遇这样的状况，因此查斐兄弟公司在毫无准备的情况下，应邀参与进澳大利亚的灌溉"圈地运动"。

三 灌溉地的盐碱化治理

在英国殖民之前，印度已经出现了盐碱化问题。当地语言中也有对这一现象的表述，地表上沉积的白色盐霜被称为拉赫（reh），盐碱地被称为乌萨（usar）地。[①]从19世纪50年代开始，灌溉扩张引发的盐碱化问题带来了印度土壤科学和农业化学的建立，但是在工程学主导和钳制下，科学研究的成果并没有能够迅速为土壤的治理服务。主要的整治措施最后都指向了建立排水系统。澳大利亚也出现了土壤科学研究和实际盐碱化治理的脱节。而北美由于土壤、气候以及灌溉发展的状况等原因，盐碱化问题出现较晚。

从1860年开始印度的木纳克（Moonak）和亚穆纳（Jumna）运河陆续发生了土地的盐碱化现象。1863年，亨利·麦迪科特通过对亚穆纳运河的土壤和水体样本的检测，得出盐碱化的基本化学特征，即硫酸钠和氯化钠的含量较高。他认为低效的排水和植被根区冲水的不充分是盐碱化的最根本原因。尽管灌溉运河加速了这一过程，但是并非根本原因。鉴于运河沿线海拔低，地表径流排泄不畅，蒸发量高。麦迪科特建议要

[①] B. H. Baden-Powell, "Note on the Saline Efflorescence of Certain Soils, Known as Reh", *Hand Book of the Economic Products of the Punjab*, Vol. 1, Roorkee: Thomason Civil Engineering College Press, 1868, p. 144.

用大量的水冲击作物根部。① 随后托马斯·安德森结合实验，得出后来为学界广泛认可的结论：盐碱化的根本特征是土壤中的矿物富含碱性盐，灌溉水的使用促成了盐类的分解，成为可溶性盐，导致了其逐步沉积，最终对作物产生伤害。充分的排水被认作是解决办法。1869年，皇家矿业学院的W. J. 沃德（W. J. Ward）对亚穆纳运河西段的河水样本进行分析也得出类似的结论。② 所以从一开始，印度的盐碱化治理就出现了依赖工程学的特征。从业者也主要从工程师和地区技术官员那里接受农业教育。③

印度对土壤盐碱化更系统的研究始于19世纪70年代，1874年弗兰克·克巴特在文章中指出重复的浸水和变干会导致土壤上层变硬，自然本身含有的盐分也就出现在土壤的表层。④ 随后，农业部开始尝试开垦已经盐碱化的土地。经过实验发现，通过适当的清洗排水和肥料使用，出现盐碱化的土地能够重新恢复，但是使用肥料来平衡灌溉的影响一直未能形成规模。其中很重要的原因就是，随着运河灌溉取代了水井灌溉，村庄对车水的牛的需求少了，用来肥田的牛粪肥料也少了，因此印度灌溉农业的发展更加依赖工程技术。罗伯特·耐特（Robert Knight）主办的报纸《印度农业学家》就曾指责："政府对于灌溉和排水的呼吁已经使得灌溉的开展完全变成工程而不是农业。他呼吁将农业科学的重要性提上议事日程，帮助农业进步。"⑤ 这样的呼吁得到了回应，1877年西北省和奥德政府专门成立了"盐碱化土壤调查委员会"（Reh Commitee）⑥，调查

---

① H. B. Medlicott, "Note on the Reh Efflorescence of North-West India, and on the Waters of the Rivers and Canals", *Journal of the Royal Asiatic Society*, Vol. 20 (1863), pp. 326 – 344.

② E. Whitcombe, *Agrarian Conditions in Northern India*, Berkeley: University of California Press, 1972, pp. 287 – 288.

③ B. H. Baden-Powell, "Note on the Saline Efflorescence of Certain Soils, Known as Reh", *Hand Book of the Economic Products of the Punjab*, Vol. 1, Roorkee: Thomason Civil Engineering College Press, 1868, p. 149.

④ A. F. Corbett, *Climate and Resources of Upper India and Suggestions for Their Improvement*, London: W. H. Allen & Co., 1874, p. 23.

⑤ E. Whitcombe, *Agrarian Conditions in Northern India*, Berkeley: University of California Press, 1972, p. 98.

⑥ NWPO (North-Western Provinces and Oudh), *Report of the Reh Committee*, Delhi: Revenue Department, 1879, pp. 218 – 309.

结果验证了已有对于盐碱化问题形成原因的解释。委员会要求盐碱化地区提高排水效率,并建议由农业部收集和检测盐碱化土地的数据,进行土地恢复的实验等。但是由于当时印度的土壤科学研究才刚刚起步,训练有素的科学工作者数量稀缺,这些建议并没有受到足够的重视,建议的落实也不顺畅。直到1888年,西北省才任命贾森·赖塞为首位政府专职农业化学家。同年,印度政府成立了饥荒问题委员会(Famine Commission)全面评估灌溉对于印度的价值,调查灌溉对于作物培育的总体影响,重申排水的重要性。1889年,澳大利亚化学家亚瑟·威尔克(Auther Voelcker)调查印度农业科学的研究情况时,仍遗憾地表示西北省缺乏土壤科学研究,农业化学家也没有对盐碱化问题提出切实可行的建议。[①]

从19世纪60年代开始澳大利亚东南部地区的农业化学家也已经开始意识到密集灌溉可能引发的危害,他们作为灌溉知识交往网络的重要组成部分,掌握了大量的信息和研究数据。迪克森从格拉斯哥大学回到澳大利亚后继续展开灌溉条件下盐分累积效应的研究,进而得出与在印度的化学家相似的判断:将灌溉水注入原本就含有大量盐分的土壤中后,除非进行有效的排水,否则灌溉会导致盐分在土壤中的沉积,土地将不再适合耕种。但是当时的整个澳大利亚还没有对灌溉用水进行过系统的化学检验。迪克森认为这是很遗憾的事实:"从短期看灌溉对干旱地区可能有利,但长久看则相反。"[②]

美国加州灌溉区盐碱化现象初现于19世纪90年代,随后加州大学伯克利分校农学家海格德(E. W. Hilgard)对地下水灌溉进行研究。[③] 悉尼的化学家亨特·明格耶对此十分熟悉,他借鉴了海格德在加州的研究成果,了解到硝酸钙是对抗土地盐碱化的解药,并且对碱性金属盐在灌溉水中的累积效应有了更精准的理解。他还分析了大量的地下水样本,来

[①] J. A. Voelcker, *Report on the Improvement of Indian Agriculture*, London: Eyre and Spottiswoode, 1893, p. 55.

[②] W. A. Dixon, "Wells and River Waters of New South Wales", *Journal of the Royal Society of New South Wales*, Vol. 23 (1889), p. 473.

[③] H. Jenny, *E. W. Hilgard and the Birth of Modern Soil Science*, California: Farallon Publications, 1961, p. 78.

确定它们是否适合用于蓄水和灌溉。① 此后威尔克在印度时，进一步将盐碱化界定的标准量化。

随着土壤盐碱化问题的出现和网络内各节点盐碱化研究的推进，澳大利亚境内的灌溉农业研究对水、土壤之间的关系给予更多的关注。当地科学家也据此提出超越工程学范畴的更全面建议。针对伯克附近的灌溉工程，明格耶的建议是：只要小心处置土壤，才能防止灌溉用水的腐蚀力。所以有必要建立起一个合适的排水系统，土壤必须用适当的方式耕犁。② 威尔克也一再重申进行灌溉的四要素：足够而不是过量的水，有效的排水、犁地，以及将盐碱从土壤中冲刷的通道。格瑟瑞提出如果不能注意到土壤化学和土壤物理学提出的问题，那么灌溉农业有可能会遭遇失败。③ 正因为化学家们在多地地下水样本中发现了碱性金属并验证了它们的危害性。他们更倾向于采取预防性的方法。甚至有土壤科学家开始质疑：有些水不适合用于农业。

但是和印度相似，在官方大肆推行灌溉农业的过程中，澳大利亚东南部的科学研究最终被狭隘的工程技术关注所掩盖。作为殖民地内密集型灌溉农业的重要支持者和执行者，以休·麦肯尼为代表的灌溉工程师并未给予土壤科学足够的关注，甚至倾向于忽略土壤科学家的研究。麦肯尼19世纪70年代曾在印度工作，他所在的恒河下游的法特加尔（Fatehgarh）也是受到盐碱化严重影响的地区。④ 尽管麦肯尼承认在印度实行密集灌溉农业的早期，不当的灌溉操作导致了部分地区盐碱化的形成，也因此开始了预防性的措施。但是他更加确信这也使澳大利亚东南

---

① J. C. H. Mingaye, "Analyses of Some of the Well, Spring, Mineral and Artesian Waters of New South Wales, and Their Probable Value for Irrigation and other Purposes 1", *Journal of the Royal Society of New South Wales*, Vol. 26 (1892), pp. 73 – 132; J. C. H. Mingaye, "Analyses of Artesian Waters of New South Wales and Their Value for Irrigation and Other Purposes 2", *Report of Australian Association for the Advancement of Science*, Vol. 6 (1895), pp. 265 – 277.

② New South Wales Department of Agriculture, "Peraartesian Bore Settlement", *Agricultural Gazette of New South Wales*, Vol. 9 (1898), p. 276.

③ F. B. Guthrie, "The Chemical Nature of the Soils of New South Wales with Special Reference to Irrigation", *Journal of the Royal Society of New South Wales*, Vol. 37 (1903), pp. 23 – 37.

④ H. G. Mckinney, "The Progress and Position of Irrigation in New South Wales", *Journal of the Royal Society of New South Wales*, Vol. 27 (1893), p. 38.

部灌溉殖民地的农民都需要面对风险。他认为即使地下水用于灌溉会对植被产生损害，但是在肥力恢复之后土地仍然可用于耕种。①

殖民地科学家就对工程师冒风险的做法表示出不满，认为印度的工程师就对盐碱化不够了解。麦德里克特曾经向盐碱化土壤调查委员会报告，他认为从来没有见过一个运河工程师能够理性地谈论这一事件，认为他们对产生盐碱化的条件、治理方式等问题完全缺乏了解。"我提到这一点并不是要指责任何人。一个人不能表达他没有的想法。对一个拥有职业技能的人来说否认他所掌握的知识也是很困难的。"② 1893 年，阿尔弗莱德·迪肯与皇家供水委员会在印度考察后出版了《印度的灌溉》，报告中对印度出现的盐碱化危机有所警觉，但是委员会显然更关注澳大利亚该如何学习"在印度"实践的灌溉技术，而不是印度的农业耕作实践和土壤管理。

四 灌溉知识交往网络运行的内在机制

（一）灌信知识交往网络中的独特环境认知与权力

通过实地考察，结合土壤与地质调查的结果，美国与澳大利亚的技术官员、工程师，大多认可澳大利亚东南部，美国加州和印度干旱区在气候、土壤、降雨条件中的诸多相似性。迪肯在美国考察后，更是确认了美国与澳大利亚在自然环境、人口构成等方面的高度共性。这成为灌溉网络得以运行的"自然"基础，进而推动专业技术人员的培养和研究成果在各地的流动，促成知识交流，促进灌溉农业的发展。

戴维森认为旁遮普、印度河谷的地理特质与美国加利福尼亚大峡谷的地理特质很相似，印度河、亚穆纳河、恒河与萨克拉门托、圣华金以及费瑟河（Feather）的规模可以等量齐观。加利福尼亚和印度还是世界上少有的拥有狭长的肥沃土地的半干旱地区。布利尔顿也提出加利福尼

---

① H. G. Mckinney and F. W. Ward, "Report on Utilisation of the River Darling", *New South Wales Votes and Proceedings of the Legislative Assembly* 1892 – 93, Part II, pp. 23 and maps. p. 15.

② NWPO (North-Western Provinces and Oudh), *Report of the Reh Committee*, Delhi: Revenue Department, 1879, pp. 218 – 309.

亚和印度的共同点：干旱的气候、干燥尘状的土壤。因此，尽管戴维森在印度观察到了生态退化，他在报告中表示："英国人在印度的灌溉工程有时缺少科学的规划，过度的开垦造成了土地的退化"。但他更关注的是印度的灌溉方法如何推广至他认为有着相似自然禀赋的加州，印度灌溉农业取得的成效使他对工程技术充满信心。他将灌溉农业在印度的发展看作进步，灌溉设施使田野免于干旱，印度人免于饥荒。戴维森甚至预测截至1900年"印度人口会翻倍，饥荒会得到缓和，政府的收入会增加两倍以上，英国在印度的统治和权威会得到巩固"[①]。戴维森的印度之行使他确信，只要加以调整，印度的系统就可以运用到加州。

迪肯在从美国调查回来发表的第一份进度报告中谈及：美国西部在很多方面显示出与维多利亚的相似性。首先，在比较温暖的地方降雨的供给不充分或者不规律，超过大半的区域内需要人工进行降水补充。两地水资源都曾大量用于采矿，随后才被用于农业发展。两地生产的产品也相似，并且产地均距离市场很遥远。加利福尼亚的东部是内华达山脉、中部是中央谷地，西部则是海岸山脉，农业区主要位于中央谷地。这一情况与古尔本山谷以及墨累流域的谷地相似。迪肯还着重指出，美澳两地的人口构成也几乎一致，多为盎格鲁-撒克逊白人，这也成为他们倾向于向美国学习的最重要原因。

19世纪中期种族环境学说盛行，这一学说认为每个种族都是在历史中积累而成的独特能量和能力的组合，种族的成员只有在自己一贯熟悉的地理环境中生存才能保持最佳状态，一旦离开了这个环境就会退化。19世纪60年代的澳大利亚白人尤其是白人妇女，如果试图在澳大利亚靠近热带的地区定居的话，会导致素质下降、神经失衡和智力退化。他们认为欧洲的先进文明只适合于在气候温和的地带传播和繁荣。[②] 系统殖民论的倡导者爱德华·吉本·韦克菲尔德（Edward Gibbon Wakefield）就指出了澳大利亚与亚洲相近的事实，他相信中国移民有能力把澳大利亚的

---

① U. S. Coast and Geodetic Survey, *Irrigation and Reclamation of Land for Agricultural Purposes, as Now Practiced in India, Egypt,* Italy, etc., by George Davison, Washington: U. S. Government Printing Office, 1875, pp. 40–47.

② James Ranald Martin, *The Influence of Tropical Climates on European Constitutions*, New York: Wood, 1846.

荒芜之地变成多产的花园。此后，主要针对日本人和华人的亚洲威胁论兴起，一些人提出应该引进除中日以外的有色劳工发展亚热带农业和畜牧业。约翰·帕森甚至认为当下之际应该从南亚殖民地派遣5万人规模的印度移民开发北部地区。[①] 南澳议员托马斯·普雷福德（Thomas Playford）等人也持有相似的看法，认为有色劳工可能最适合内陆地区的发展。阿尔弗莱德·迪肯、休·麦科尔等人则坚持反对。盎格鲁－撒克逊白人在加州等地成功建立了灌溉殖民地的事实更是给予他们巨大的鼓舞和信心。他们认为既然白人水利工程师用"生命之水"给加州干热的环境带来了"草、花、树木"，那澳大利亚也可以。[②] 迪肯在访美回国后的一次议会辩论中明确表示："我们应该向内陆地区引进更多的白人。"[③] 维多利亚殖民地议会中也开始有更多人认为澳大利亚人应该向美国表兄学习，发展白人自己的农业文明，而不是依靠其他种族来实现这一目标。迪肯指出澳大利亚腹地并不像亚洲和非洲的热带那样危险，是有益健康、适合生存的地带。

尽管戴维森和迪肯等人对于本地和学习对象所在地的自然环境的相似性描述不尽相同，但是这种并未经过严格学术校验的环境认知，一经殖民地的技术官员确认立刻成为拥有权威的官方科学知识，赋予美国和澳大利亚白人使用灌溉技术改造当地自然环境的正当性。在澳大利亚，这种自然认知还带有明显的种族主义色彩。它紧承亚洲威胁论而来，将殖民者对于澳大利亚环境气候的认识学说和殖民地的开拓政策结合起来，让白人顺理成章成为这片大陆独一无二的主人。

也正因如此，尽管皇家供水委员会的考察报告中赞赏印度古代的水利工程，但是将其描绘成"早已毁坏不堪"。换言之，印度传统社会在环

[①] John Langdon Parson, "The Northern Territory of South Australia: A Brief History Account; Pastoral and Mineral Resource", *Proceedings of the Royal Geographical Society of Australasia. South Australian Branch*, 1892, p. 23.

[②] Alfred Deakin, *Irrigation in Western America, so far as It Has Relation to the Circumstances of Victoria: A Memorandum for the Members of the Royal Commission on Water Supply*, Melbourne: Government Printer, 1884, pp. 7 – 8.

[③] Alfred Deakin, *General Records of the Department of State*, *Despatches From US Consuls in Melbourne, Australia*, RG 84, No. 306, Microfilm T1 & 2, US National Archives, College Park, MD. p. 31.

境认知、农业种植和灌溉治水方面的古老智慧被宣布"死亡",工程师、各级官员用近代的科学知识与殖民话语体系取代继而消解了本土性知识。只有在英国的殖民统治下,通过建造永久性的灌溉渠才能治理洪水、干旱,缓解饥荒问题。但是实际上印度本土原有的蓄水池和水渠仍然在使用,并且比迪肯等人所称赞的英国所建的灌溉网络的规模要大一倍。尤其在马德拉斯等地,既有系统的利用极大降低了殖民时期灌溉的规模和建造成本。所以灌溉农业知识、技术交流网络是以帝国内部和北美既有的政治、权力联系为依托的,这种交往并不是单纯的知识流动,本身具有明显的殖民主义甚至种族主义特征。

(二)工程技术创造的灌溉"边疆"

灌溉知识交往网络所推进的工程技术催生了印度、北美西部和澳大利亚东南部境内的灌溉"边疆",尽管三地的"边疆"拥有不尽相同的地理学涵义,但是都以从事灌溉垦殖,稳定和加强农业生产为基本特征,灌溉"边疆"产生于各自境内特定的社会经济和生态背景中,灌溉知识交往网络是"边疆"推进的强劲内在动力,同时这一切又与资本主义的世界体系、殖民主义密切联系。

在殖民时代的印度,"边疆"超越了通常的自然地理界限和概念,是工程技术人为创设的农耕空间。1867年开始,印度殖民政府大举公债扶植灌溉工程,借此新政开凿了的亚格拉运河,恒河下游运河、西尔欣德、切纳河下游运河共计1万多公里,灌溉面积扩大了485多万公顷,它们在农业上发挥了巨大的作用,使得广阔的国有荒地获得滋养,成为丰产的农田。随着加州灌溉农业的推进,它所展现的新边疆,不仅仅表现了卓越的生产力,还代表了优渥的生活方式和积极的意识形态,这与加州的自然禀赋和灌溉知识交往网络的驱动相联系,又成为推动灌溉网络触角延伸的新动力。

当英国的工程师在印度为当时世界上最长的灌溉运河系统奠定基石之时,加利福尼亚则是另一番景象:金矿开采已然衰微,小麦产业也受到来自大平原农场的冲击。美国人对于西部干旱地区的发展潜力曾经存在激烈的争论。① 而后,灌溉工程师充分利用加州河流、阳光、气候、地貌特质打造了全新的经济生产模式:农业果园,南加州的土地投机也如火如荼。而以查斐兄弟为代表的怀揣着园艺学理想的企业家们所规划的不仅仅是简单的果物种植园,它是集农场种植、城镇生活和森林景观于一身的综合功能体,这一综合功能体比单一的小麦种植和金矿挖掘更具可持续性。园艺学的追求可以上溯到古典时代和中世纪的欧洲,农学、园艺被视为社会的根基。在新边疆,这一理想与美国西部的花园童话结合:分割大地产,高度依托机械化生产高附加值的农产品。因此这里也被社会评论家凯里·麦克威廉姆斯(Carey McWilliams)称为田间工厂。

工程师们迅速地将加利福尼亚的灌溉技术、社会结构、用水政策、现代乡村生活理念输出到太平洋盆地的另一侧。此时的维多利亚经历过淘金热时人口激增、社会的动荡以及淘金热后土地的荒芜与生态破坏。其间曾一度衰落的崇尚田园牧歌的自然观迅速恢复。② 通过小农拓荒扩大灌溉面积,进行园艺农业,建设独立的小型家庭农场重塑现代乡村社区,被认作最具民主意味的田园构想,是盎格鲁-撒克逊白人中产阶级的最高文明,更是提升生态景观和社会道德的方式。社区内采取合作性生产和销售,还配备商店、教堂、旅馆、公共礼堂、俱乐部、图书馆等公共设施。③ 灌溉殖民地的重要性在于它们承载了一种希冀——"用来自城市的手段让乡村生活更加舒适"④,这也成为所有的"新英格兰殖民地"历

---

① George Davison, B. S. Alexander and Major Mendell, *Report of the Board of Commissioners on the Irrigation of the San Joaquin, Tulare, and Sacramento Valleys of the State of California*, Washington: Office of History, U. S. Army Corps of Engineers Fort Belvoir, 1990.

② 在18世纪末19世纪初,英国本土兴起的田园牧歌自然观标志着人们对工业革命与资本主义生产体系的朴素反思。参见基恩·托马斯《人类与自然世界:1500—1800年间英国观念的变化》,宋丽丽译,译林出版社2009年版,第244—246页。

③ Alfred Deakin, *Irrigation in Western America, so far as It Has Relation to the Circumstances of Victoria: A Memorandum for the Members of the Royal Commission on Water Supply*, Melbourne: Government Printer, 1884, pp. 7 – 8.

④ 参见Miles Fairburn, "The Rural Myth and the New Urban Frontier", *New Zealand Journal of History*, 9 April 1975, p. 10; Coral Lansbury, *Arcady in Australia*; *The Evocation of Australia in Nineteenth Century English Literature*, Carlton: Melbourne University Press, 1970; James E. Vance, "California and the Search for the Ideal", *Annals of Association of American Geographers*, 12 June 1972, pp. 185 – 210.

史上的重要主题。灌溉工程师们助力了这样一个过程：在世界范围内传播灌溉技术以及边疆拓展的理念，并试图创造新的社会秩序。

但是灌溉边疆的推进中鲜少有小农的田园牧歌。首先，正如上文所示在印度、加州、维多利亚都出现了不同程度的包括土壤盐碱化在内的生态退化。工程师将灌溉的发展看成开拓内陆的路径，殖民地的科学家则对土壤的可持续产出给予更多重视。所以在盐碱化问题出现的时候，工程师在意的是水量的补给和分配，科学家关心作物生产等更加复杂的问题。总体来说，工程师对灌溉的发展所持的态度更短视，科学家对农业系统的操作则持更长久的眼光，但提出的改良方式也多受制于工程学的影响。而当帝国内的灌溉工程被当作开发边疆的捷径时，后者的研究成果停留在了实验室内。无论是印度、加利福尼亚抑或澳大利亚，灌溉工程的进行不仅仅涉及水源的开发与分配机制，他们制造了新的自然与社会之间的互动关系。但是政府管理者没有能够充分考虑到问题的复杂性，以及应该通过怎样的框架来积极解决问题。他们更多关注的是灌溉农业本身的实现。

其次，灌溉边疆服务于资本的扩张，更难逃脱来自资本主义世界市场体系的冲击。在印度殖民政府灌溉新政之时，英国资本也迅速进入包括灌溉运河在内的相关基础设施领域的投资，与农业种植相匹配的市政交通、市场和城市建设也得到发展。灌溉用水不仅被用于基本粮食生产，大量的土地被开发用于经济作物棉花、靛蓝、烟草和甘蔗的种植，这些初级产品的出口极大地平衡了印度在国际贸易中的逆差。从资本主义的扩张和增值角度来看，现代灌溉技术为英国资本打开了印度殖民地的全新资源边疆。事实上，在灌溉运河投入使用后，印度境内仍然出现过多次饥荒。在加利福尼亚和澳大利亚，灌溉的推进刺激了土地自由买卖，发展集约化农业，两地的农牧产业都逐渐转变成以大农场、牧场为基础的工业化农业。田园牧歌的生态实践宣告破产。在澳大利亚，园艺农业的用水也不断受到来自牧场和小麦带的冲击，灌溉运河被大量引调用于牧草和小麦灌溉，澳大利亚成为英国羊毛原材料的最大来源地，澳大利亚的小麦种植地带不断北移，维多利亚一度取代南澳成为澳大利亚大陆的粮仓,而且有相当数量的小麦供应出口。① 加利福尼亚与澳大利亚的灌溉边疆在本地农业更深卷入世界经济的过程中进一步扩张。

资本主义体系向全世界的扩张与殖民主义密不可分,从一开始使用工程技术企图将世界连接创造全新社会秩序的举动就是以征服非英语国家实现的。在印度,灌溉工程的建设使用了大量的强制劳动力。在澳大利亚,灌溉边疆的推进有时以土著失去家园和生命为代价。所以技术进步和种族镇压相伴而生,齐头并进。这种情况不是 19 世纪的中后期才出现的,只不过这一时期工程师频繁地被卷入拓殖进程,将他们对自然的研究延伸到了社会领域和意识形态层面。

---

① E. Dunsdorfs, *The Australia Wheat-Growing Industry* 1788 – 1948, Melbourne: Melbourne University Press, 1956, pp. 78 – 89.

第 九 章

澳大利亚灌溉叙事的演变及原因

英国移民开启了澳大利亚的灌溉时代。此后，灌溉作为一种农耕和拓殖手段极大地改变了澳大利亚近代以来的经济结构和人口布局。有关灌溉之于澳大利亚的意义，该国国内却存在着两种截然不同的声音。例如，在1999年出版的《澳大利亚史》中，当代著名历史学家斯图亚特·麦金泰尔将灌溉作为澳大利亚早期史和开拓史的重要组成部分写入了"进步时代"一章。[①] 而在另一种声音中，灌溉农业被认为是澳大利亚的噩梦。[②] 农业学家尼尔·巴尔（Neil Barr）和约翰·凯里（John Cary）提出，灌溉农业早期的扩张是灾难性的，这种农业耕作方式的引进造成了极大的破坏。[③]

自20世纪90年代始，学界围绕导致两种不同叙事方式出现的原因展开讨论。伦敦大学高等研究院历史研究中心的教授珍妮·科汀（Jenny

---

[①] 关于灌溉进步论，可参见 Stuart Macintyre, *A Concise History of Australia*, Cambridge: Cambridge University Press, 1999; Samuel Wadham, *Australian Farming* 1788 – 1965, Melbourne: F. W. Cheshire Pty Ltd, 1997; Gerard Blackburn, *Pioneering Irrigation in Australia to* 1920, Melbourne: Australian Scholarly Publishing Pty Ltd, 2004.

[②] 关于灌溉的批判性论述，可参见 Neil Barr and John Cary, *Greening a Brown Land: The Australian Search for Sustainable Land Use*, South Melbourne: Macmillan Education Australia, 1992, p. 238; D. I. Smith, "Water Resource Management", in Stephen Dovers and Su Wild River, eds., *Managing Australia's Environment*, Annandale, N. S. W.: Federation Press, 2003; Geoffrey Bolton, *Spoils and Spoilers: Australians Make Their Environment* 1788 – 1980, Sydney: Allen & Uwin, 1992; Michael Glantz, *Drought Follows the Plow: Cultivating Marginal Areas*, Cambridge: Cambridge University press, 1995.

[③] Neil Barr and John Cary, *Greening a Brown Land: The Australian Search for Sustainable Land Use*, p. 238.

Keating）认为，澳大利亚人对灌溉农业的态度分野始于20世纪60年代的环境保护运动。当时灌溉引发的生态退化问题开始受到重视。[1] 但是，这一判断并不能解释这两种叙事态度在60年代后长期并存的原因。伊恩·伦特（Ian Lunt）等人认为，这种差别反映了不同学科研究取向的差异：生态学、农学向来重视农业垦殖活动的环境影响，而包括历史学在内的人文科学研究长期缺少生态意识。[2] 这种阐释在70年代被打破。此后，跨学科的交叉研究成为澳大利亚环境问题研究的重要特色，环境史学也正是在这样的背景下孕育并蓬勃发展的。[3] 墨尔本大学历史学者唐纳德·加登（Donald Garden）提出，澳大利亚存在两种相悖的环境认知：有限发展论和无限发展论。两者的不同就在于对待水资源开发与攫取的态度，前者认为存在限度，后者认为在地广人稀的澳大利亚只要保证供水就万事俱备。唐纳德认为，对于灌溉农业的不同态度恰好反映了这种悖论。此后学者的讨论经常会延续这一框架，但是对于悖论背后的内在张力缺少分析，而且忽视了两种不同倾向间可能存在的联系和复杂性，也使得与之相关的问题不易辨析。[4]

事实上，从殖民时代至今，澳大利亚境内围绕灌溉农业的讨论从未间断，其叙事态度与内容也经历了复杂的变化轨迹。本章将通过梳理澳大利亚灌溉叙事变化的过程，展示其社会经济发展历程中的重要事件，分析独特自然环境中诞生的生态、种族文化、学术研究的推进等因素是如何共同促成灌溉叙事呈现出这种"对立"立场的。

---

[1] Jenny Keating, *The Drought Walked Through: A History of Water Shortage in Victoria*, Melbourne: Department of Water Resources Victoria, 1992, p. 23.

[2] Ian Lunt and Peter Spooner, "Using Historical Ecology to Understand Patterns of Biodiversity in Fragmented Agricultural Landscapes", *Journal of Biogeography*, Vol. 11, No. 32 (March 2005), pp. 1859–1873.

[3] 包茂红：《澳大利亚环境史研究》，《史学理论研究》2009年第2期，第75—86页。

[4] 参见 Donald Garden, *Created Landscapes: Historians and the Environment*, Carlton; Melbourne University Press, 1993; S. Benson and M. Scala, "Adapt and Survive Farming for the Future", *Daily Telegraph*, 29 November 2002, p. 27.

一　早期环境观与灌溉进步论的出现

灌溉进步论的出现与殖民地早期的环境观紧密相关，而殖民者对澳大利亚人与自然关系的最初探索不仅缘于澳大利亚独特的自然环境，也受制于帝国的拓殖经历和澳大利亚的农业发展进程。澳大利亚最初是作为英帝国的新边疆出现的，无论是殖民官员还是普通殖民者都将澳大利亚与欧洲大陆迥异的自然环境、土著居民视为需要被改造的客体，认为殖民者到来之前的澳大利亚景观连同土著居民的生产生活都是蒙昧、静止、不开化的，是阻碍澳大利亚农业进步的障碍。但是由于早期缺少行之有效的开拓手段和力量，乡村环境的重新野化和退化引发了殖民者的环境焦虑。[1] 伴随19世纪中后期澳大利亚农牧业迅速发展和澳大利亚民族的形成，澳大利亚的农业成就被建构为民族国家认同的一部分，自然已经不再是需要澳大利亚人全力对抗的对象，自然是农业发展依仗的财富和资源。总体看来，澳大利亚人的环境观集中体现在殖民者对于澳大利亚的气候认知中。

从殖民初期到19世纪中叶的"征服自然"阶段，在移民们探索澳大利亚气候特征的过程中形成了影响深刻的"干旱说"（参见第三章）。在19世纪中叶开始的"利用自然"阶段，"干旱说"又进一步发展：如果这片大陆有更多的水资源，那么其垦殖和开发的速度将更快，人口也更多。如果前阶段"干旱说"的重点在于强调客观环境制造的发展障碍，那么这一阶段"干旱说"则强调殖民者可以对环境进行改造的可能性和能力。"干旱"也成为此后讨论澳大利亚自然与发展问题的起点，"干旱说"的存在充分证实了灌溉的合理性，滋生了灌溉的进步论调。

灌溉进步论有三个密切关联的组成部分：首先，与殖民时代的"干旱说"相对应，灌溉使用的水成为拓荒史中重要的意象，被描写成灵动的声响，给澳大利亚这片"昏睡"的土地带来了生命和乐响，灌溉用水

---

[1] 关于环境焦虑这一概念可参见 James Beattie，*Empire and Environmental Anxiety：Health，Science，Art and Conservation in South Asia and Australasia*，1800 – 1920，South Melbourne：Macmillan Education Australia，2011.

也给大陆带来了时间的概念,打破了土著居住时代的"混沌"。19世纪40年代开始,殖民者在澳大利亚普遍通过灌溉进行小规模菜果的培育。历史学家威廉姆·霍维特这样描写一条正在开挖中的灌溉沟渠,"她(流水)要高歌一曲唤醒沉睡的他"①。在《澳大拉西亚美景地图集》中,作者用无比欣喜的词语描写正被用于果园灌溉的亚拉河,"从高树和荆棘覆盖的山谷飞奔而下,进入低洼的平原,在河湾盘旋,在鹅卵石上跳跃"②。

其次,灌溉被与澳大利亚的乡村发展直接联系起来,是决定殖民事业成败的关键。灌溉的成果被溢美之词称颂,灌溉农业的设计师,从事灌溉的农民也被誉为这片土地上充满希望的开拓者。"系统化殖民理论"的提出者爱德华·韦克菲尔德(Edward Wakefield)预言:"水不仅仅要满足抗旱的需求。必须要'想办法弄出水'来进行人工的灌溉。只有这样处于亚热带地区的国家,无论是古代还是现代的,才能维持高密度的人口和高水平的文明。"③ 弗朗西斯·迪克(Francis Drake)的小说也证实了这种乐观主义:他对殖民者在澳大利亚未来的灌溉充满信心,相信灌溉农牧业一定会带来扫除阴郁的繁荣。④

最后,灌溉进步论亦是工程技术的进步论。进步叙事的重要内容还在于忽视农业进行过程中产生的盐碱化问题,而将其描述成灌溉工程内部的技术问题及其解决。在灌溉的支持者高唱进步凯歌的同时,农场主和农业工人警惕地发现了灌溉引起的问题。由于排水设施不到位,在盐碱化愈发严重的情况下,他们意识到"仅仅有灌溉水并不足以解决问题"⑤。这种怀疑也得到了部分学者的支持。地理学家麦克唐纳·赫莫斯(Macdonald Holmes)甚至指出:"灌溉成功的关键在于它不应该是雨水的

---

① William Howitt, *Land, Labour and Gold*, Kilmore: Lowden Publishing, 1972, p. 76.

② Schell Frederic, *Picturesque Atlas of Australasia*, London: Picturesque Atlas Publication Co., 1886, p. 17.

③ Edward Wakefield, *The New British Province of South Australia*, London: Knight Publishing, 1835, pp. 13 – 15.

④ Francis Drake, *Irrigation: The New Australia*, Melbourne: Melbourne Observer Press, 1891, pp. 3 – 4.

⑤ William Dixon, "Wells and River Waters of New South Wales", *Journal of the Royal Society of New South Wales*, Vol. 23, 1889, p. 473.

替代，而应该是雨水的补充"①，言下之意干旱的地方就不应该进行灌溉，这些言论在当时看来是相当怪诞的。因为一直以来，灌溉被认为是解决干旱的唯一办法。而且随着排水技术的使用，土壤的退化问题有所缓解，这种强势的论调也在相当长的一段时间内被湮没。②澳大利亚人始终对工程专家和水利技术充满信心："最终，两座城市都获得了灌溉设计者所期待的繁荣和成功。因为随着殖民者的知识和经验越来越丰富，他们就能够更好地处理灌溉农业引起的各种问题。他们通过'直下沉井法'和排水来解决土壤的盐碱化问题。他们依靠经验和分析来判断什么土地适合橘子和葡萄生长。"③

从殖民时期开始，包括地理学、土壤学等学科在内的学术研究及其成果成为支持灌溉叙事的"科学"内核。正是因为有与农业灌溉、干旱治理相关科学研究的存在，灌溉农业才被冠以"进步和科学"的标签。而灌溉农业进行中的困难和灌溉开展带来的环境生态问题则相对被弱化。直到20世纪40年代，澳大利亚著名地理学家约翰·安德鲁斯还称澳大利亚依然存在灌溉的潜力，主张灌溉土地至少可以扩大两倍。④ 他对早期灌溉殖民地评价颇高，认为早期灌溉殖民地的存在对于后来的灌溉农业发展非常重要，因为这些殖民地成功地解决了调水、土壤退化等问题。在工程学以及与干旱治理相关的技术不断发展的背景下，环境管理理论抹去了早期"干旱说"中残余的环境决定论色彩，灌溉的进步叙事也在这种情况下不断强化。与此相适应的是政府管理在新的项目中越来越占主导的地位，国家通过资助、建设、管理灌溉网络和水电站来改善农业，也使得国家权力与技术结合在一起。

在殖民初期，受限于殖民者的个人经历与环境认知，对于灌溉的支

---

① Macdonald Holmes, "Australia's Vast Empty Spaces", *Australian Geographer*, Vol. 3, No. 2 (September 1936), pp. 3 – 9.

② J. Mingaye, "Analyses of Some of the Well, Spring, Mineral and Artesian Waters of New South Wales, and Their Probable Value for Irrigation and Other Purposes", *Journal of the Royal Society of New South Wales*, Vol. 26 (1892), p. 107.

③ C. Munro, *Australian Water Resources and Their Development*, Sydney: Augus and Robertson, 1974, p. 72.

④ John Andrews, "Irrigation in Eastern Australia", *Australian Geographer*, Vol. 3, No. 6 (June 1940), pp. 14 – 29.

持几乎是整个殖民地社会的共识。随着殖民事业的推进，灌溉的进步论调愈发与殖民政策制定、澳大利亚的农业发展规划相契合的。灌溉进步论的支持者亦是殖民政策、国家农业发展计划的制订与推行者，抑或是与统治集团关系密切的中上层知识分子，尤以水利专家为代表。本章主要研究和关注的重点也是这个"集体"留世的著作、传记和书信资料等。而农场主、农业工人和少数学者则因个体经验对灌溉农业持有向左意见。从某种程度上说，灌溉进步论成为一种混杂型的知识，不仅包括了感性认知、经验观察还囊括了具有统计学意义的数据分析。但是这种知识的制造和传播是被殖民统治的中上层作为一个集体所垄断的。当这种知识与殖民权力相结合，就会成为这个时代的垄断性话语。在这种叙事中，人们默认资源的无限性，坚信发展的潜力。这种态度在澳大利亚建国后被完整地继承和发展。普遍认识是：气候干旱是澳大利亚的特征，水资源短缺阻碍了这个国家的发展，必须提高干旱地区或者干旱季节的水资源供给，为此付出的所有代价都是值得的。灌溉作为治理干旱的最有效方法，被写入技术进步的乐章中。

二 环境观的改变和灌溉叙事的多元化

环境退化的现实和相关科学研究的推进引发了澳大利亚整个社会环境观的迅速改变，并进一步推动灌溉叙事呈现多元化。从20世纪60年代开始，澳大利亚的生态环境经历了巨大的变化：沙漠化扩大，森林面积减少，厄尔尼诺和南方涛动等异常气象引起的灾害频现。澳大利亚人经营百余年的农业灌溉经济也危机四伏，耕地盐碱化不可遏制，旱灾进一步加重了供水的压力。面对日益严峻的环境问题和社会问题，农业经济学、地理学等不同学科的学者重新审视水利工程和发展中的灌溉农业，这也有效回应了国际社会对生态环境问题的日益关注。这类研究和公众讨论敦促澳大利亚大众进一步重新认识人与自然之间的关系，并对灌溉农业进行全面的反思。

在经历了从征服至利用自然的环境认知后，澳大利亚人开始思考什么才是更理性地与自然相处之道，与灌溉紧密相关的就是澳大利亚人对于水的态度发生了变化。在农场主忙于水权争议的讨价还价之时，学界首先发声,昆士兰灌溉和供水委员会的专家海格(Haig)以历史上著名的引水项目"布拉德菲尔德计划"为例,质疑引水计划的可行性:"在澳大利亚,即使是从经济学角度看,水资源的最佳利用方式就是把水保留在原流域内,而不是引调。"[①] 这实际上颠覆了"干旱说"诞生以来,指导了澳大利亚灌溉农业实践百余年的基本认知:只要有水就行。其背后的观念预设是:农业系统作为一个生态复合体,水资源是其中的重要一环,又与气候、土壤、耕作方式等因素密切联动,因此仅仅考虑水资源的调动和分配是不够的。地理学家约瑟夫·鲍威尔(Joseph Powell)和艾米·杨(Army Young)不仅质疑水资源利用本身,而是将矛头直指既往农业政策制定者的环境认知,认为他们并未了解澳大利亚自然环境的特质,就匆匆制定了错误的农业发展规划。[②]

澳大利亚境内的气候研究也极大地影响了社会的环境认识和相关讨论。人类对气候变化,尤其是"全球变暖"的讨论由来已久,这在20世纪70年代后期基本成为科学家的共识。澳大利亚的绝大多数人口都居住在沿海地区,国内的气候研究极盛,尤其关注厄尔尼诺等极端气候现象。从80年代末开始,气象学研究将澳大利亚的干旱归结为气候变化和全球变暖。气候研究的成果很快在相关领域扩散,并引发了媒体关注和公共讨论。气候研究使澳大利亚国大众对干旱的认识更加深入,人们意识到,除了短期的农业学干旱还有更长期的干旱,长期的干旱会影响大型蓄水工程,继而影响农业和城市供水。[③] 对于人文社会科学来说,气象学研究成果的介入使得学者对灌溉农业、早期灌溉拓殖史的研究超越了进步主义的话语,抑或殖民批判的语境。灌溉农业被放入环境利用和改造历史的进程中进行解读,环境史学家也由此进入灌溉问题的讨论。但是,气

[①] J. Rutherford, "Irrigation Achievement and Prospect in New South Wales", *Australian Geographer*, Vol. 8, No. 5 (1962), pp. 234-235.

[②] Joseph Powell, *Watering The Garden State: Water, Land, and Community in Victoria, 1834-1988*, Sydney: Allen & Unwin, 1989; Army Young, *Environmental Change in Australia since 1788*, Oxford: Oxford University Press, 1985.

[③] 阿德莱德大学的水资源专家麦克·杨(Mike Young)认为,澳大利亚的长时段气候正在变化,当干旱结束之后,澳大利亚将不会回到更加凉爽和湿润的气候,这是一种最可怕的干旱模式。他还认为,20世纪的前五十年实际上是比较湿润的。http://www.australia.gov.au/about-australia/australian-story/natural-disasters, 2016年10月8日访问。

候变化本身是一个极具不确定性的研究对象,特定的气候特征会在一段时间内发生周期性的变化,地区间也存在不平衡。因此在短时段内,公共讨论和实际操作层面的判断呈现出了摇摆的局面。以治理干旱和盐碱化为代表的相关学科研究成果的应用曾经被内化为灌溉进步叙事的一部分,也是支撑灌溉进步论的知识基础。然而随着学术研究的深入,尤其是跨学科研究方法的运用促使知识界开始反思农业发展对澳大利亚生态环境的破坏,并对灌溉的进步叙事进行检讨,引发了围绕灌溉进步论展开的争论。

其中核心的论题有二:其一,灌溉农业在澳大利亚表现出来的水土不服是否为必然?即灌溉农业的生态效应如何?质疑者以现代土壤化学和气候学等学科的研究为基础,认为澳大利亚的气候条件不适合灌溉农业,所以灌溉在澳大利亚无法成功实行,还会引起一系列环境和社会问题。另外,他们还认为澳大利亚的干旱是农业学意义上的,所以实行旱作农业是更可行的办法。艾米·杨、鲍威尔等人对于灌溉的质疑被纳入反思澳大利亚早期殖民史的框架中。科林·克拉克(Colin Clark)指出:"从殖民时代以来,澳大利亚最坚定的信念就是干旱是阻碍国家发展的最大因素,但是大部分澳大利亚的灌溉工程是不盈利的。"[1] 他认为,灌溉的规模减小反而有利于提高澳大利亚人的生活水平。缺水的年份澳大利亚的城市工业、居民用水与农业用水面临严酷的竞争。因此这一论断得到城镇居民的广泛支持,也受到来自农场主利益集团的反对。农场主自认亦是环境破坏的受害者,因为"如果有足够的水来冲洗盐碱地,生态灾难并非无法避免"[2]。他们拒绝为累积的盐碱化灾难买单。更不愿因此遭遇政策阻力,为购买用水权交纳高昂费用。

其二,灌溉农业的经济效益到底如何?持怀疑论者从灌溉农业的生产关系、生产力诸要素的组织和开发利用的角度进行分析,通过一系列计算得出结论:对于澳大利亚来说,保证家庭、养殖业、工业供水的方

---

[1] Colin Clark, *The Economics of Irrigation*, Cambridge: Cambridge University Press, 1967, pp. 42 – 65.

[2] C. Hay, "Restating the Problem of Regulation and Reregulating the Local State", *Economy and Society*, Vol. 24, No. 3 (March 1995), pp. 387 – 407.

法就是减少灌溉农田的面积。农业经济学家布鲁斯·戴维森（Bruce Davidson）在其1969年出版的专著《澳大利亚是潮还是旱？灌溉扩张的物理和经济限度》中，将灌溉形容成"吸水狂魔"。[1] 根据他的测算，澳大利亚只有10%的农业产出来自灌溉农业，但是灌溉农业用水却占据了水资源贮存量的90%。[2] 以布鲁斯·戴维斯为代表的农业经济学家的分析，为批判灌溉叙事进一步提供了学理支持。这一言论引发了包括思诺威河水电管理局的工程师威廉·哈德森（William Hardson）在内的几位工程专家的反驳。他们针锋相对地指出，历史上的水利工程，多数是成功的，从灌溉中得到的间接收益远远高于最初的估计。灌溉农业即便不是澳大利亚最能盈利的资源利用方式，灌溉农业的必要性仍在于它可以防止干旱季节农作物和牲畜的损失。

上述的争议一方面反映不同利益群体之间的抗争：当新的科学研究成果照进现实，成为社会人文学者发问的起点，也成为生态环境关爱者的知识武器，更成为利益集体的维权话语。而作为生态的破坏者和生态破坏影响的承担者，灌溉农业的从业者也从中找到固守成见、继续惨淡经营的理由。另一方面，不同的学科也呈现出不一样的关照，相较农业经济学、土壤化学、历史地理学分别从各自学科角度出发对历史时期和现代灌溉农业提出的猛烈质疑，工程学则较少关注灌溉农业的生态学和经济学效益。总体说来，澳大利亚社会对进步叙事的讨论已经不仅仅停留在知识精英群体，对于环境生态问题的关注和切身利益的推动都促使普通公众发声，也使得这一阶段的灌溉叙事呈现多样面貌。

而埋藏在澳大利亚人内心深处对于"干旱"的恐惧并未退却，这种恐惧维系了国民对于灌溉农业的支持，甚至幻想。在2006年的旱期，时任新南威尔士州州长莫里斯·里马（Moris Lima）拨款34亿澳元，计划

---

[1] Bruce Davidson, *Australia-Wet or Dry? The Physical and Economic Limits to the Expansion of Irrigation*, Melbourne: Melbourne University Press, 1969, p. 8.

[2] Bruce Davidson, *Australia-Wet or Dry? The Physical and Economic Limits to the Expansion of Irrigation*, p. 18；除此之外还有一系列文章与专著：Bruce Davidson, "The Reliability of Rainfall in Australia as Compared With the Rest of the World", *Journal of Australian Institute of Agriculture Council*, Vol. 11, No. 4 (Januray 1964), pp. 188 – 189; R. Slatyer and W. R. Gardiner, "Overall Aspects of Water Movement in Plant and Soils", *Society for Experimental Biology Symposium*, Vol. 19 (1965), pp. 113 – 129.

在大悉尼地区建设近 30 年来最大的水坝。这个决定宣扬了一种态度：传统的、大型工程型的治理依然被视为解决问题的可靠办法。与之对立，2007 年，时任澳大利亚总理霍华德宣布，除非有充足的降雨，否则墨累－达令区域的灌溉农民将不再获得持续的供水分配。这种戏剧性的摇摆非常真实地展现了澳大利亚人与干旱气候之间的博弈。J. 威廉姆斯（J. Williams）曾经有一段精妙的论述：在世界范围内，干旱已是习以为常的气候特征，但是在澳大利亚，干旱一直是一种需要被"克服"的状态。[1] 即从殖民时期以来，澳大利亚人一直将干旱视为会带来危机和灾难的"破坏者"，是一个需要被战胜的敌人。[2]

三 经济发展、社会文化与灌溉叙事的演变

从殖民时代以来，灌溉农业的重要性在澳大利亚殖民地建立和国家成长过程中发生过巨大的变化。因此，灌溉叙事的演变更深刻地受制于灌溉农业在澳大利亚社会经济中的地位变革。从 19 世纪 40 年代开始，在澳大利亚农业经济起飞的背景下，澳大利亚民族资本主义在各个经济部门得以发展，在此基础上初步形成了大地产牧场主资本家、小农场主、城市资产阶级和工人，从而改变了澳大利亚原有的经济结构和阶级结构。1840 年 5 月，英国政府宣布停止向澳大利亚运送犯人，澳大利亚从流放犯人殖民地逐渐转变成公民殖民地。在这一关键的转变中，灌溉农业已经不仅仅是一种农耕方式，而是实现改造社会和更高层次文明的途径，代表将澳大利亚建设成为一个全新公民社会的可能性。灌溉叙事的进步基调由此夯实。

19 世纪 80 年代，澳大利亚灌溉农业的发展出现了一个关键性的变化：由基本的农业耕作方式演变成重要的殖民开拓手段。灌溉农业承载

---

[1] J. Williams, "Can We Myth Proof Australia?", *Australian Science*, Vol. 24, No. 1, 2003, p. 402.

[2] B. Ward, P. Smith, "Drought, Discourse and Durkheim: A Research Note", *Australian and New Zealand Journal of Sociology*, Vol. 32, No. 1（Januray 1996）, pp. 93 – 102; R. Heathcote, "Drought in Australia: A Problem of Perception", *Geographical Review*, Vol. 16, No. 59（April 1969）, pp. 175 – 194.

了这个时代澳大利亚人的"花园梦"。时任维多利亚殖民地供水委员会主席阿尔弗莱德·迪肯（Alfred Deakin）领队出访美国，考察北美地区灌溉农业的实行状况和经验，并请回成功创立了加州灌溉殖民地的查费（Chaffey）兄弟来澳大利亚创业。如果美国人能在荒野中成功建造城市，那么澳大利亚人有理由相信自己也可以。当时维多利亚、新南威尔士等殖民地都先后通过《选地法》，通过分割大牧场主的土地，设计社区所有的灌溉系统来建立新兴的小型灌溉农场和现代乡村社区，这被视为当时最高的农业文明标准，是澳大利亚的"花园梦"。这种期待是在维多利亚等殖民地试图打破牧场主的土地垄断、建立小型灌溉园艺农场的过程中形成的，并且逐渐被建构成一种理想的乡村生产生活形式。[1]1880—1910年，尽管羊毛和小麦仍然是两地重要的出口经济来源，但是以水果种植为主要项目的园艺业是发展势头最好的农业部门。灌溉创造了一种结合乡野生活的闲适和城市便利的"中间景观"。相比单一小麦种植，园艺提供了一种多样化的方案，并且比小麦带、牧场呈现更宜人的景致。19世纪末，水果罐装技术发明后，灌溉园艺农业进一步得到提升，园艺农业的从业者从农业委员会脱离出来，成立了园艺委员会。园艺种植者认为，园艺农业是具有意识形态含义的生产活动，比一般的农业生产更加优越。

一战后灌溉区的开辟进一步支撑了灌溉的进步叙事。在第一次世界大战之后，为了解决复员军人的生活问题，新南威尔士和维多利亚等殖民地继续开辟多处灌溉区。1914年，澳大利亚经历了大旱，灌溉农业的扩张成为支撑澳大利亚国家经济独立自持的重要因素，对构建澳大利亚独特的经济身份认同意义深远。因此，澳大利亚人在解释这段历史时，甚至认为灌溉本身不获利也不要紧，因为扩大灌溉区既能够有效安置复员军人，也可以防止干旱季节农作物和牲畜的损失，同时也有利于乡村人口增加和边远地区的生产力提高。

从20世纪60年代开始，澳大利亚以制造业为主体的工业化发展迅猛，加之国内快速的城市化与郊区化，支撑灌溉进步叙事的社会经济条件逐步减弱，但并未完全消退。伴随着水资源的再分配，灌溉与民用、

---

[1] Horace Tucker, *New Arcadia: An Australian Story*, Melbourne: George Roberson Company, 1894.

工业用水之间存在紧张竞争。新兴的化纤工业对传统的羊毛制造业造成威胁，以农业为代表的初级产品生产受到极大的冲击。灌溉农业开始滑坡，在澳大利亚国民生产中的地位不断降低。羊毛的总产量由1970年的92.6万吨降至1980年的69.9万吨；工业部门在外贸出口中所占比例不断提高，由战后的5%上升到1980年的15%。① 此外，城市化进程快速发展。悉尼、墨尔本等大城市人口都突破了200万，② 城市中心需要不断兴建商业设施和住房以满足不断增加的人口。与此同时，城市居民的生活圈逐渐由市内向近郊新区转移，从而增大了对生活用水的需求。这种居住形态激发了全新的乡野景观，优美的公园和现代独栋建筑融合起来，"篱笆树立起来，割草机的轰隆声在周末响起"③。这种乡野不同于"花园梦"时期的设想，居民更强调房屋本身的功能，近郊区基本不从事农业种植，房屋周围的园艺区主要种植观赏类植被和少量果木。至此灌溉的进步论调开始松动，围绕灌溉农业展开的争议四起。现在灌溉农业仍然是稻米和水果产区的重要产业，但在澳大利亚国民经济中的比重已远不如前，其规模受限于当年的降水量。各界对于灌溉农业的争论也一直没有停止。

澳大利亚作为曾经的英帝国垦殖殖民地和以欧洲白人为主体的移民国家，当地的种族文化亦在灌溉叙事的演变进程中产生了重要影响。19世纪80年代灌溉殖民地的开发一方面承载了澳大利亚人的花园梦想；另一方面灌溉农业的进步叙事是和环境种族主义缠绕在一起的。很长时间以来，澳大利亚与亚洲存在一种微妙的关系，地理上的孤独感和情感上的需要使澳大利亚更紧密地依赖母国，而对亚洲产生了一种恐惧感和隔阂。淘金热后，亚洲人在澳大利亚的"扩张"更是引人担忧。19世纪中后期白人世界盛行的"黄祸论"在澳大利亚变种成"亚洲威胁论"：邻近澳大利亚北部地区、正在崛起的亚洲国家对这片土地虎视眈眈。④ 当时，

---

① Neil Barr and John Cary, *Greening a Brown Land: The Australian Search for Sustainable Land Use*, p. 268.

② Stuart Macintyre, *A Concise History of Australia*, p. 253.

③ Stuart Macintyre, *A Concise History of Australia*, p. 200.

④ William Sowden, *Children of the Rising Sun: Commercial and Political Japan*, Adelaide: W. K. Thomas & Co., 1897, pp. 12 – 15.

美国加利福尼亚州的灌溉殖民地成为白人世界的"模范殖民地"。① 复刻美国的灌溉农业成为殖民者在澳大利亚实现白人现代文明,排斥其他种族发展的理由。他们将澳大利亚人在内陆进行的灌溉开拓与白人在世界其他地方进行的水利建设类比:"在埃及,法国的工程师斐迪南·德·雷赛布担任总工程师开凿苏伊士运河,1902 年埃及建设成了第一座阿斯旺水坝。在印度,英国的工程师将古老的灌溉系统进行扩张……我们完成了 19 世纪 70 年代法国人试图在突尼斯实现的梦想,在沙漠中心浇灌出一个海洋。"②

不仅如此,对于亚洲人的种种诬蔑性论调成为支撑灌溉进步叙事的重要部分。灌溉农业及其所容纳的水利技术系统进一步被塑造成一种先进的文明形态,与之相对的则是有色人种的"低劣文明"。在 19 世纪 80 年代前,围绕土著居民是澳大利亚大陆上幸存的"低级物种"这个主题,英国殖民者已经建立起一套完整的学说。该学说涉及土著居民的品质、性情、生活习惯和农耕实践系统等多个方面。其目的就是贬低土著居民,显示欧洲白人在经济、社会和生态经验上的优越性,突出白人是澳大利亚大陆上唯一的文明传播者的形象。但当亚洲移民进入澳大利亚后,白人的这种优越感被极度削弱,因为无论是生产实践能力还是劳动效率亚洲人都毫不逊色,这令白人感到惶恐和厌恶。因此,殖民者在构建亚洲人"他者"形象时,不再将蒙昧、文明与否作为标准贬低对方,而是将亚洲移民刻画成邪恶、污秽、具有攻击性的生物。③

第二次世界大战后,澳大利亚的种族文化发生了重大改变。为了解决国内劳动力不足的问题,澳大利亚开始逐步放宽移民限制。1966 年,澳大利亚政府修改"白澳政策",允许亚洲移民进入。大量移民的涌入改变了澳大利亚本国的人口和民族构成。亚洲移民作为经济发展的重要推

---

① 这个词来自阿尔弗雷德·迪肯所撰写的一篇报告,可参见 Alfred Deakin, *Irrigation in Western America, so far as It Has Relation to the Circumstances of Victoria: A Memorandum for the Members of the Royal Commission on Water*, Melbourne: Government Print, 1884, p. 45.

② 19 世纪 70 年代,法国工程师曾经准备用水淹没北非横贯地中海直至撒哈拉中心的小盐湖盆地。William Adams and Martin Mulligan, *Decolonizing Nature: Strategies for Conservation in a Postcolonial Era*, London: Fathscan, 2003, pp. 23—24.

③ 费晟:《论澳大利亚殖民地时代有色人种的"环境形象"》,《学术研究》2010 年第 6 期,第 115—121 页。

动力，其待遇得到改善，地位不断提升。1973 年，澳大利亚移民部长格拉斯（Glass）首次提出多元文化的概念。1977 年，民族事务理事会起草了《作为一个多元文化社会的澳大利亚》，提出多元文化主义的三个关键词——社会和谐、机会平等、文化认同。此后，澳大利亚废除土著同化政策。这也是澳大利亚重新认识土著历史、文化和地位问题的开始。在这种背景下，灌溉进步论主导时期被隐匿和歪曲的故事逐渐浮出水面。澳大利亚早期灌溉区在开展作业之前并非荒地，这里的土著多逐水而居。当地遍布着土著居民所设的各种取水、捕鱼的小型水利设施。灌溉区的河流资源非常珍贵，灌溉的推进实际上是建立在摧毁土著水利设施，将土著驱赶到内陆缺水地区的基础上的。在来到澳大利亚之前，大量的亚洲劳工在家乡已经是有耕种经验的老练农民，他们在澳大利亚殖民拓荒时期做出了巨大贡献，其生态经验、饮食习惯都积极地改造了澳大利亚大陆的景观。还有学者指出，以华人为代表的亚洲移民使用灌溉方法种植的蔬菜让欧洲移民免遭坏血病的侵袭。[1] 至此，孕育和支持灌溉进步论的种族文化已经破解。

"发展"和"进步"长期占据澳大利亚灌溉叙事及其公共讨论，论题不仅有具体的物质繁荣，亦有抽象的发展概念诠释。灌溉的进步叙事不仅涉及殖民者对于澳大利亚自然资源、气候特征、生产力发展空间的基本认识，还包含了对于殖民地其他有色族裔的生产能力和文明程度的判断。灌溉农业之所以能够与"进步"相联系，就在于殖民时代这种农业生产方式最大程度地改造了自然，使用当时最先进的科学技术，将人类的知识、智慧和能量发挥到极致。这种话语模式被延续到了澳大利亚建国之后，成为澳大利亚建构经济和环境身份认同的重要组成部分。截至20 世纪 60 年代，灌溉农业的推行依然被认为是澳大利亚这一"干旱"国度存续的必需品。

面对澳大利亚国内工业化和城市化进程中对农业的冲击以及生态退化的现实，人们开始对灌溉农业进行全面的反思。农业经济学、地理学、文化史等领域的学者纷纷对灌溉发展进行解析。对灌溉拓殖的反思成为澳大利亚多元文化起步大背景下，重建殖民历史并试图恢复少数族裔历

---

[1] Samuel Wadham, *Australian Farming* 1788 – 1965, p. 26.

史地位的重要步骤。近年来，环境科学、气候科学的研究成果对人文社会科学研究和公共政策领域的渗透与澳大利亚一直以来的环境焦虑，特别是对干旱这一气候特征的抵触，一起构成澳大利亚重新认识灌溉农业以及早期灌溉农业史的合力。

澳大利亚的灌溉叙事处理的是大陆独具特色的自然环境与经济发展之间的关系，以及与之相关的种族文化融合、国家认同等一系列问题。灌溉叙事所呈现的对立是经过漫长的历史时期不断演进的结果，这种"对立"表达了澳大利亚人环境认知中的矛盾与利益纷争，这种矛盾不囿于学科的差异抑或时代的更迭，还纠结了学理讨论与实践层面的落差。因此，作为一种环境管理方式的灌溉在拓殖史中的地位得到重新认可，却仍不能消除现实认知和决策困境。这也是前文提到的两种看似相悖的论调能够并存的原因。

20世纪60年代，殖民时代开辟的内陆农牧场几乎放弃灌溉作业转而依靠旱作农业。盐碱化导致的生态危机在时隔百年后终结了灌溉农业的生态扩张，灌溉农业的边界全面退回沿海地区。气候与土壤条件就是灌溉农业在澳大利亚扩张的生态限度。尽管在殖民进程开启后短短的数十年间，伴随着源源不断的欧洲移民进入，澳大利亚已经成为全球最"白"的国度，欧洲人的"生态旅行箱"也不可逆转地改变了澳大利亚的环境，但是从生态环境的改造和利用角度来说，澳大利亚的灌溉区从来都没有成为新欧洲。

第四篇

干旱与水的再认识

第 十 章

解析澳大利亚水资源利用史

长久以来，殖民地范围内存在思路大相径庭的两类农业垦殖道路。作为一种拓殖方式灌溉农业最具争议，前文已讨论灌溉农业推进过程中广泛的社会与生态影响。但是作为一种水资源利用方式的灌溉农业操作却未被深刻检讨，本章将从水资源利用与灌溉的经济效益两处着手，分析澳大利亚的水资源利用史，并梳理以土著居民与华人为代表的少数族裔农业实践及其对水的使用。

一　水资源条件再审视

（一）水资源条件

农业用水的最重要来源是降雨，它不需要经过人工过程就可以被作物吸收，这也是世界上大多数农业所仰赖的补水方式。因为这个过程完全不受到人工的控制，所以也就不需要消耗人工和资金投入。如果降雨充分可靠且分配合理，就没有必要进行灌溉来维护作物的生长。只有在这些条件不能满足的情况下才需要通过其他方式弥补。要计算一个地区的水资源，最简单的方式即确定该地区降雨可供作物提供的滋润度，然后再计算可供灌溉的地表径流和地下水量。

可以被人类开发、控制用于农业、工业或者家庭的水主要是以雪水、河流或者是由降雨补充的地下水等形式存在的。澳大利亚大部分的灌溉用水来自以河流和水库形式储存的降雨，在一些地方灌溉用水来源于冬天的积雪。灌溉用水的第三大来源是抽取到地表的地下水。① 但是无论灌溉用水的来源和贮存方式如何，都需要人工和资金的投入，对水进行分配，然后才能供给庄稼使用。澳大利亚的降雨量比较低，蒸发量比较高，汇入海洋或者内陆湖泊的水量要低于其他大陆。② 表 10－1 是对各大陆地表水流总量、蒸发等情况的统计。澳大利亚对雪水的利用仅限于东南部一些山区和塔斯马尼亚的西部，它们融化之后也会进入河流，这部分水最后也会以地表径流的形式体现。整个大陆上，60% 的水流在南回归线以北，剩下的存在于东南部地区。而占据整个大陆三分之一面积的西部几乎没有河流。可用于农业耕作的河流主要集中于北部地区的沿海河流盆地、东南部沿海、塔斯马尼亚和墨累－达令地区。内陆、南部以及西部沿海等其他地区的河流流量也较小。所有的河流系统都存在季节性变化，但南北河流流量的最高值和最低值倒是相差无几，北方相对高些，北部热带地区在冬季较旱。

表 10－1　　　　各大陆地表水流总量、蒸发等情况的统计表

大陆	面积（单位：平方千米）	平均年降雨量（单位：毫米）	降雨的消耗量百分比（单位:%）		年均地表径流（单位：百万立方米）	人均占有的地表径流（单位：立方米）
			蒸发和蒸腾	地表径流		
非洲	30209	660	76	24	617	2.0
北美	24260	660	60	40	826	2.8
南美	17788	1346	64	36	1111	6.9
亚洲	44029	609	64	36	1245	0.7
欧洲	9712	584	60	40	292	0.5
澳大利亚	7695	419	87	13	59	5.2

资料来源：根据澳大利亚气象局网站提供的资料绘制，http//www.bom.gov.au/climate/average/table/cw_066062.shtml。

---

① J. Andrew, *Australia Resources and their Utilization*, Sydney: University of Sydney Press, 1956, pp. 11－14.

② W. P. Gange, M. D. and S. J. Hutchinson, *Water in Australia*, Melbourne, Canberra: Cheshire. 1967, p. 31.

澳大利亚的降雨取决于两个截然不同的天气模式。大陆的南部降雨集中在冬天,即4月到9月南部低气压从由西向东过境时。而北部地区的降雨集中在夏季,主要受到大陆北部和西北部的季风,以及东部海岸的信风影响。昆士兰的南部和新南威尔士的北部地区同时受到这两个系统的控制,因此,两地的降雨在全年分布均匀。整个澳大利亚的降雨量由海岸向内陆递减,除去西部的中心地带和南部沿海地区,这两处沙漠渐渐深入海洋。表10-2是澳大利亚和其他大陆降雨分布的比例。澳大利亚年平均降雨量为419毫米,这比大部分大陆都少。年降雨量在500毫米以下的地方占到总面积的67%,只有亚洲有相同比例。11%的土地的年平均降雨量超过1000毫米,这个比例在亚洲为15%。除去欧洲外,其他大陆均高于这个数字。

表10-2　　　　　澳大利亚和其他大陆降雨分布的比例

地区	年平均（单位：毫米）	给定降雨量的分布比例（单位:%）		
		超过1000毫米	500—1000毫米	500毫米
非洲	660	28	18	54
北美	660	18	30	52
南美	1346	76	8	16
亚洲	609	15	18	67
欧洲	584	—	52	48
澳大利亚	419	11	22	67

资料来源：根据澳大利亚气象局网站提供的资料绘制,http//www.bom.gov.au/climate/average/table/cw_076063.shtml。

另外一个指标是降雨的稳定性。在澳大利亚,降雨的稳定性也随着降雨量的降低而减弱,就是说降雨量越低的地方稳定性越差。另外,和世界上其他有着一样降雨总量的地方比,澳大利亚东南部的降雨要不稳定得多。因此,澳大利亚主要的粮食产区维多利亚、塔斯马尼亚和南澳的南部以及西澳地区的降雨量处于起伏不定的年季变化中。杰弗里·里皮(Geoffrey Leeper)通过一系列的数据分析得出结论：相对而言,澳大利亚冬天的降雨比较稳定,而夏天的降雨则比其他湿度相同的地方容易波动。① 还有一个和降雨相关的重要参数就是降雨的利用效率。以往学者评判澳大利亚的干旱有一项重要证据：澳大利亚湿润度的可靠性比平均年降雨量的显示值要小。主要原因在于欧洲和北美地区的年平均温度比澳大利亚要低，因此蒸发量也要低。澳大利亚的湿度或者蒸发，或者被植物吸收，这一速率要高于欧洲和北美。因此澳大利亚不多的降雨的利用效率不及其他大陆。②

仅仅从以上条件看，我们似乎没有办法否认澳大利亚在水资源方面的劣势。也正是在这样的思维下，从殖民时代开始科学家们也通过计算得出一系列数据来证实澳大利亚的干旱。

（二）原有思维下的计算结果

普利斯科特（J. A. Prescott）和托马斯（J. A. Thomas）在澳大利亚境内按照生长期长度的不同建立试验田，其机理就是对蒸发量和降雨量关系的研究。当降雨量和浸透亏损的比值，即 $P/SD^{0.75}$ 在 5 个月内超过 4 的话，土地就适合农业生产，在 9 个月内超过 4 的话，就适合密集的农业生产，这种情况下地区内的旱季存在与否就变得不那么重要。他们认为当该值超过 4 时，就意味着有充分的湿度来保证植物的发芽生长，当该值为 8 时就意味着可以进行密集的耕种。只要湿度一直保持，植物表面的蒸发作用也会一直进行，直到降雨量和浸透亏损的比值为 16。③

但是戴维森认为这个公式仅仅计算了某一个月中湿度的获取和蒸发量，没有考虑到土壤中积累的湿度，这比植物蒸发的量要大得多。所有的泥土都具有含蓄水分的作用，这部分水可以在湿度不足时加以补充。其储存能力取决于土壤的质地。355 毫米的沙土只能储存 76 毫米的水。

---

① P. M. Attiwill and G. W. Leeper, *Forest Soils and Nutrient Cycles*, Carlton: Melbourne University Press, 1987, p. 122.

② 参见 B. R. Davidson, *Australia Wet or Dry? The Physical and Economic Limits to the Expansion of Irrigation*, p. 66.

③ J. A. Prescott and J. A. Thomas, "The Length of the Growing Season in Australia as Determined by Effectives of Rainfall", *Proceedings of the Royal Geographical Society*, Vol. 50, 1948 – 1949, pp. 42 – 46; Colin Clark, *The Economy of Irrigation*, pp. 45 – 55.

而结构坚实的黏土同等情况下则可以储存431毫米的水。一般的含肥沙土的储蓄能力在76—431毫米。如果湿度超过这个范围，多余的水就会被排走。不同种类的土壤储蓄水分的能力是不一样的，保存水分可供植物使用的比例也是不同的。沙土储蓄水分的三分之二可以供植物使用，黏土的比例要小一些。尽管如此，黏土可以供给的总湿度还是要大于沙土。[①] 表10-3显示的是不同土质水分储蓄的分配比例以及最上层12000毫米土壤贡献水分的总量。

表10-3　　　同土质水分储蓄的分配比例和贡献水分总量表

土壤种类		田间持水量（%）	用于植物生长的储蓄水分（%）	上层12000毫米内用于植物生长的储蓄水分（毫米）
温克沙土（Winkie）		6.2	61.3	45
瓦库沙土（Wakoo）		12.7	66.1	100
塔切拉沙土（Tatchera）		17.6	52.4	111
图拉黏土（Tulla）		19.8	46.0	—
格林威尔黏土（Grenville）	0—76毫米	32.4	54.9	287
	76—1200毫米	41.6	51.9	
玄武岩基层红壤	0—76毫米	44.7	32.4	121
	76—1200毫米	46.0	20.8	

资料来源：S. Wadham, R. Kent Wilson and Joyce Wood, *Land Utilization in Australia*, 1964, Melbourne：Melbourne University Press, p. 11。

在对普利斯科特和托马斯的公式稍加改变的情况下，戴维森经过研究做出这样的推论：当一地的降雨量在满足$P/SD^{0.75}$值达到12后，就会留在土壤内，成为下个月的水分补给，当然前提是总的转换量没有超过土壤可供给的总量。要计算土壤补充植物的水分，则需要考虑下土壤的类型。因为这个变化是很大，所以可以做这样一个大概的估计，当最大降雨量为每月127毫米，$P/SD^{0.75}$超过12时，水分会保存给$P/SD^{0.75}$不足12的月份。当然这个估计比较符合含肥沙土的情况，高估了普通沙土的

---

① P. S. Davis, *Man and the Murray*, Kensington：New South Wales University Press, 1978.

水平，低估了黏土的水平。通过这种计算，我们对澳大利亚境内 $P/SD^{0.75}$ 值（包括储存湿度在内）可以连续 4—8 个月超过 8 的土地进行分类，并将它和生长期分别为 5—9 个月和超过 9 个月的土地类型进行叠加分析，前者被划分为潮湿区、干燥区，后者被划分为干燥、中度和湿润区。在昆士兰的有些地方生长期会被长达两个月的旱季所打断。因此整个澳大利亚境内的土地可以划分成 7 种湿润类型。表 10-4 就基于这种划分，对澳大利亚、西欧以及美国不同土地的生长期及其比例进行了对比。上半部分仅仅依据的是湿度，下半部分综合参考了湿度和温度。两者都只计算了 $P/SD^{0.75}$ 大于 4 的地区，下半部只涉及年平均温度超过 36 华氏度的地区。因此，澳大利亚生长期不足 5 个月的土地比例要高于其他大陆，而生长期超过 9 个月的土地要低于西欧和美国。

表 10-4　　　　　　　　各国土地的生长期及其比例

	面积（单位：平方千米）				占总面积的比例（单位:%）			
	生长期（月）				生长期（月）			
	超过 9	5—9	4—5	低于 4	总计	超过 9	5—9	4—5	低于 4
仅依据湿度									
西欧	3175	1003	5.1	—	4184	196	61	2	—
美国	3480	2185	201	794	6661	134	85	5	30
澳大利亚南部	103	368	402	1790	2742	10	33	46	167
澳大利亚北部	575	608	206	3142	4533	33	33	13	178
澳大利亚总计	678	976	608	3321	7275	43	66	59	345
综合湿度与温度									
西欧	2605	1093	5	479	4184	160	67	2	30
美国	3031	2634	201	794	6661	116	103	7	30
澳大利亚南部	103	368	480	1790	2742	10	33	46	167
澳大利亚北部	575	608	206	2742	10	33	33	13	178
澳大利亚总计	678	976	686	4530	2752	43	66	59	345

资料来源：根据 B. R. Davidson, *Australia Wet or Dry? The Physical and Economic Limits to the Expansion of Irrigation*, Melbourne: Melbourne University Press. 1969; B. R. Davidson, "The Northern Myth: Limits to Agricultural and Pastoral Development in Tropical Australia", *International Affairs*, Vol. 44, Issue 1, (January 1968), p. 162. 等研究数据绘制。

以上就是对澳大利亚降雨和与农业相关的水资源状况的初步考察，从中比较轻易得出的结论就是，澳大利亚比其他大陆要干旱，这也是20世纪中期以前，澳大利亚人比较普遍认可的观点。它也成为灌溉无限扩张的理由。但是，这样的结论是有漏洞的，因为比较本身就是有缺陷的，$P/SD^{0.75}$值默认的情况是湿度是限制植物生长的唯一因素。温度、地表径流等因素都没有被考虑到。其次，要发展就必须储水进行灌溉的想法忽略了两个既存的联系：第一个是水资源和人口数量之间的关系，第二个是水资源只是影响发展的条件之一。从长久来看，对水的需求不仅仅取决于国家必须支持的人口数量，也受限制于人们发展其他替代性开发方法的能力，在澳大利亚主要表现为从事旱地农业的可能性。

（三）综合考虑温度和人口因素的重新计算

植物只有在一定的温度范围内才会持续的生长，在温度比较低的时候，生长速度比较迟缓；在达到最佳生长温度之前，植物的生长速率先提高接着下降，在达到最佳生长温度之后，作物生长速率继续下降，直到达到98—122华氏度时，植物停止生长。[1] 具体温度影响因子取决于作物的品种，不同物种的生长温度区间是不一样的。澳大利亚绝大多数的植物可以按照低温/高温季节作物进行分组，每组都有相似的平均、最佳以及最高生长温度。低温季节作物包括：小麦、燕麦、大麦、黑麦以及牧草类作物（白三叶、地三叶和常年生黑麦草）。玉米、水稻、棉花、烟草等都是高温季节作物。这两组作物的生长温度的值段如下：

正如灌溉的支持者所强调的，因为缺少水分澳大利亚的许多作物会在好几个月份中不能生长，而在世界上的其他地方许多作物也因为气温低于36华氏度而不能存活。既然温度和湿度都能够限制和影响植物的生长速度，那么就需要综合考虑这两个变量。克拉克使用全年中每个月生

---

[1] J. A. Prescott and J. A. Thomas, "The Length of the Growing Season in Australia as Determined by Effectives of Rainfall", *Proceedings of the Royal Geographical Society*, Vol. 50, 1948 – 1949, pp. 42 – 46.

表10-5　　　　　　　　作物生长温度值段　　　　　　（单位：华氏度）

	低温季节作物	高温季节作物
平均温度	32—41	59—64
最佳温度	77—88	88—99
最高温度	88—98	111—122

资料来源：United States Department of Agriculture, *Year Book of Agriculture*: *Climate and Man*, Washington: United States Department of Agriculture 1941, pp. 194 – 195.

长总量（Gmt）来计算某个特定区域的作物生长潜力。[①] 在澳大利亚的温带地区，普利斯科特和托马斯确立的生长期为4个月的地方恰好和每个月生长总量为2000生长单位的地方重合，这些地方只能用于不密集的畜牧业。而澳大利亚的热带区域地区温度在雨季很高，这点非常重要。这使得热带的生产潜力要远高于温带，热带地区生长期为4个月的地方基本上与每个月生长总量为2000—3000个单位的地方重合。[②] 鉴于澳大利亚大陆存在这些生长期不足以进行农业，但是年生长潜力却比较高的热带地区，那么这种计算中，暂且只涉及生长期超过5个月，并且适合绝大多数作物生长的土地类型。按照这种设想，戴维森等人重新确立了欧洲、北美、澳大利亚等地的年生产潜力。

通过这种计算来看，澳大利亚的278.33亿单位差不多是美国501.43亿单位的五分之三，是西欧168.40亿单位的两倍。而在生长期长于5个月的地方，澳大利亚的生产潜力是美国的三分之一。[③] 但是澳大利亚很大一部分具有很高生产潜力的地区位于热带和亚热带地区，而这里的农业种植仍有极大的发展空间。仅就南澳地区和西欧地区来看，基于不同生长区域和生长力的比较也比之前仅仅根据生长季节长度进行的比较要乐观得多，其中一个很大的原因就是欧洲在作物生长期的温度要低于澳大利亚。这一点在之前的比较中根本没有得到体现。

[①] Colin Clark, *The Economy of Irrigation*, Oxford: Oxford University Press, 1967, pp. 41 – 65.

[②] W. P. Dunk, M. D. Gange, and S. J. Hutchinson, *Water in Australia*, Melbourne, Canberra: Cheshire, 1967.

[③] B. R. Davidson, *Australia Wet or Dry? The Physical and Economic Limits to the Expansion of Irrigation*, p. 23.

澳大利亚生长期超过 5 个月的土地及其所占比例地区仍然要低于美国和欧洲，但是三地之间的差异已经缩小很多。表 10-6 中是考虑到湿度和气温两个因素后，计算出的不同生长期耕地的人均面积。如果按照人均计算的话，澳大利亚可耕作季节土地的面积将超过欧洲和美国。这些数据还可以用于计算澳大利亚在达到同美国和欧洲相当的人地比例之前，还可以支持多少人口增长。这种计算的前提是：只有生长期超过 4 个月或者 5 个月的土地才被看作有生产力的，而生长期超过 9 个月的土地的生产力被认为是生长期为 4—9 个月之间的两倍。而生长期低于 4 个月或者低于 2000 个单位的土地被认为是没有生产力的。这些限制更有利于美国和西欧，因为那里生长期超过 9 个月的土地更多，低于 4 个月的土地更少。即便如此，在这样的基础上得出的结论是：澳大利亚在达到美国的人地比例前，还可以有 5000 万的人口增长空间，在达到欧洲的人地比例前还可以有 1.38 亿的增长空间。即使澳大利亚不能将热带地区投入生产，人口被限制在南回归线以南的温带。这两个数字仍将分别为 2700 万和 1.3 亿。

表 10-6　　　　　　　　　不同生长期耕地的人均面积　　　　　（单位：公顷）

		人均面积						每年人均可耕种面积超过 2000 单位的地区	
		$P/SD^{0.75}$ 超过 4 的地区			$P/SD^{0.75}$ 超过 4 且温度不超过 36 华氏度的地区				
		超过 9 个月	5—9 个月	4—5 个月	超过 9 个月	5—9 个月	4—5 个月	超过 5 个月	超过 4 个月
西欧		0.72	0.23	0.001	0.59	0.25	0.001	15.7	15.7
美国		1.8	1.1	0.1	1.56	1.36	0.10	103	103
澳大利亚	北方	0.90	3.26	4.24	0.90	3.26	4.06	297	524
	南方	5.08	5.36	1.82	5.08	5.36	1.82	246	254
	总计	5.98	8.62	6.06	5.98	8.62	5.88	543	778

资料来源：根据 B. R. Davidson, *Australia Wet or Dry? The Physical and Economic Limits to the Expansion of Irrigation*, Melbourne: Melbourne University Press, 1969; B. R. Davidson, "The Northern Myth: Limits to Agricultural and Pastoral Development in Tropical Australia", *International Affairs*, Vol. 44, Issue 1, (January 1968), p. 162.

这些数据并不意味着澳大利亚人口承载力的极限。农业技术一直在不断地创新和改造之中，农业的生产力也有提高的可能性。这些数据说明在综合考虑到湿度、温度和人口因素等变量后，澳大利亚拥有的水资源条件良好的土地很充分，足以维持非灌溉农业的持续进行。因为澳大利亚的干旱一直是一个相对灌溉农业而言的概念。

表10-7中是全球范围内灌溉面积较大的国家人均可耕地，即各国被充分滋润的土地面积的比较，从20世纪70年代开始，澳大利亚的灌溉面积逐渐减少，这里有涉及人均计算的数据基本上反映的是20世纪60年代中期到后期的状况。

表10-7　　　　　　　　各国人均可耕地面积　　　　　（单位：公顷）

国家	伊拉克	伊朗	中国	智利	保加利亚	秘鲁	澳大利亚	墨西哥	埃及
可耕土地	1.65	0.72	0.24	0.32	0.56	0.4	2.99	0.60	0.08
国家	阿尔巴尼亚	西班牙	美国	阿根廷	希腊	以色列	印度	俄罗斯	日本
可耕土地	0.28	0.64	0.97	0.89	0.44	0.16	0.36	1.01	0.08

资料来源：United States Department of Agriculture, *Year Book of Agriculture*: *Climate and Man*, Washington 1967, p.197.

也就是说，可以用于储存的水也要结合人口因素来考虑。澳大利亚大陆的径流总量要低于其他地方。但是如果考虑到人口，只有南美地区的人均占有量高于澳大利亚。尽管澳大利亚可供植物生长的水分以及可供储存的水量要低于其他地方，但是在考虑到人口因素之后，国家的生长潜力以及可用于农业开垦的水量是很可观的。[①] 当然随着人口的增加，水资源会成为限制因素。但是就澳大利亚的人口而言，并且也考虑到它在未来的增长潜力，水资源绝对不是一项稀缺资源，灌溉农业并非必需。

以上是从水资源的利用角度来分析澳大利亚干旱与否。接下来本章将从经济角度重新认识澳大利亚早期灌溉农业的推行。

---

① Food and Agriculture Organization of the United Nations (FAO), *Production Year Book* 1965, Rome: FAO, 1966, pp.3-20.

二 早期灌溉农业的经济学分析

（一）灌溉农业并未获得预期的经济收益

在殖民地早期，农民也有过小规模自发的灌溉建设。但是大规模的灌溉设施全部都是由各地方殖民政府以及联邦政府主导下建立的。1865年，维多利亚和新南威尔士政府通过一系列法案，建立政府机构并授权这些机构向农民贷款建设供水和灌溉设施。贷款和利息的偿还可以通过向灌溉区征收财产税来实现。截至1895年，仅仅维多利亚就已经建立起26种灌溉基金。① 大部分的水直接从墨累河抽取，或者从沿岸其他河流中抽取用井储存。这段时间建设起来的水库，主要是朗顿（Loddon）河流域的兰尼科尔（Laanecoorie）以及麦克西肯泽（Maxkenzie）的瓦土克（Wartook）等。其灌溉总量达到了23795公顷总造价大概是1808331英镑。② 尽管有了这些显著的"成果"，政府很快发现很难收回成本。因为这种政策成功实行的前提就是农民在需要水的时候会向政府提出供水需求，并且愿意且能够为之买单。19世纪末澳大利亚种植葡萄的农民对灌溉并不非常热心，那些使用灌溉用水的农民也仅仅将此看成现有农业系统的补充。因此，他们一点也不倾向于进行密集型的种植，开辟小规模的灌溉农场。他们更希望坚持做自己原本知道的事情：小麦种植、畜牧、奶制品行业。在最初的托拉斯系统下，农民少量而不规律地使用灌溉水，这就意味着农民的用水量不足以弥补托拉斯的贷款。一方面，和灌溉的怀疑者所预料的一样，殖民地的农民很少有足够的资金储备，两三年的歉收就足以让他们破产。农民破产后自然无力偿还贷款，只有选择逃避或出售土地。另一方面，阿尔弗雷德·迪肯等人积极地推行灌溉，而很多农民加入灌溉并非因为他们倾向于进行灌溉农业，而是灌溉用水会提高土地的价值。他们对这段时间灌溉的财政政策领悟透彻：政府不会也

---

① Gabay Al, *The Mystic Life of Alfred Deakin*, Cambridge: Cambrdge University Press, 1992, p. 24.

② P. J. Hallows, and D. G. Thompson, *The History of Irrigation in Australia*, Mildura: ANCID, First Mildura Irrigation Trust, 1995.

无法强制农民执行贷款的利息偿还。显然，农民得出的结论就是，他们可以从殖民地政府免费获得水供应。这种情况也给殖民政府的农业财政造成了严重亏空和混乱。总之由于种种原因，在经过一段时间的发展后，灌溉农业殖民地大多面临收益欠佳的状况，农民无法偿还贷款，其借贷基本上都由殖民地政府买单。有些地区，大量农民面临着破产危机，灌溉土地在经济上出现了严重的收支失衡。不仅如此，早期灌溉农业区还出现了大面积的盐碱化、土地退化，甚至有重新变成荒野、无人看管的状况。

后代的一些学者从经济和管理角度对灌溉提出了质疑。一部分学者认为，灌溉农业在一些地方出现问题，不能成功实施是因为许多农场主并非经营农场主，他们通过买卖土地获得利益，这些人并不会真的将借贷资金用于灌溉的实施，而是急于变卖土地。即使这部分人将土地用于实施灌溉农业，一旦出现土地盐碱化，土壤肥力退化等问题，他们也倾向掩盖事实。由于盐碱化从出现征兆到完全暴露需要一段时间，农场主担心的是土壤退化问题会影响土地的售价。在这种情况下，农场主则着急将土地转手而不是进行治理。一旦这样的土地被普通农民购入，便会出现更加严重的环境和经济问题。① 因此早期灌溉农业出现的问题是管理制度和经济运作中出现的状况，只要对此进行改进修正，灌溉农业殖民就可以顺利发展。这类的研究主要着眼于土地所有制关系，但是对于灌溉农业所涉及的水资源、气候、土壤等生态条件与新移民们的农业耕作活动，以及各殖民地政府政策之间互动关系缺乏考量，笔者试图在这里作更细致的分析。

首先，在东南部内陆地区推行灌溉面临一个悖论：在湿润的年份中，农民对灌溉的需求降低，参与灌溉信贷就没有什么优势可言。而在比较干旱的时候，又没有充足的水来满足需求，获益就比较困难，农民也因此没有办法偿还政府的贷款。② 1890年的灌溉投资者会议上，迪肯对当时灌溉面临的困难进行了说明：到目前为止，维多利亚有25个灌溉托拉

---

① George Gordon, *Water Supply*, Broken Hill: The Barrier Miner, 1890, p. 2.
② Royal Commission of Water Supply, "Report", *Victoria Parliamnet Paper*, No. 20 (1896), pp. 189 – 199.

斯，上个季节只有 5 个托拉斯有水，这 5 个托拉斯水供完全来自水量不可控制的支流中。和澳大利亚的大多数河流一样，内陆地区的河流流量也都不大稳定。地区内河流地表径流在一年内上下浮动超过了 609 厘米。维多利亚没有一个地方的托拉斯能够预先准备好水提供给委托人。在当时的技术条件下，还没有完善的工程保证调出他们已经售出的水。这 5 处有水出售的灌溉托拉斯供水也并不稳定，并且规模有限，其中有 4 个是殖民地里规模相对较小的。

正因如此，内陆地区的灌溉托拉斯最常面临的情况就是：投入高于收益。1893 年，维多利亚水供局曾经组建了水利工程调查委员会对水利托拉斯面临的财政问题进行调查，次年新一届政府派遣了皇家水供委员会对"政府贷款建设的水利设施的财政状况进行调查"。委员会有 6 人，全部都是立法委员或议会议员。有 410 名证人接受了访问，大部分是灌溉殖民地建设的参与者。[①] 1896 年委员会收集了大量的证据，联合撰写了一份报告，其中很大篇幅关注托拉斯及其管理。委员会发现灌溉的支出已经超过了 180 万英镑，主要用于贷款给 30 个托拉斯，以及渠首工程的建设，而托拉斯的建立中没有考虑申报费用的合理性，以及水供的充足性。朗顿河谷的一个托拉斯花费了 165000 英镑建水渠去灌溉 80947 公顷土地，但是实际的水量还只有灌溉土地总量的五分之一。[②] 小油桉灌木区西北部的定居也面临缺水问题，从而必须从魏马拉的河流系统中分流水。也就是说灌溉用水的不足还人为制造了另一个弊端：为了能够尽量平均地使各个灌溉殖民地获得水源，不得不进行分流，因而遏制了本来具有稍好灌溉条件的地区灌溉面积的扩大，一旦规模化的经营无法形成，灌溉的获利也不可能实现。部分农业区已经开垦的土地成功地实现了灌溉，但是发展状况都不足以好到实现经济上的成功。而更多地区则未能实现完全的灌溉。赖利普（Lyrup）地区计划的开垦面积为 404 公顷，但是实际上农田灌溉面积未能超过 40 公顷。果树林、葡萄园和蔬菜地的灌溉总面

---

① Royal Commission of Water Supply, "Report", *Victoria Parliamnet Paper*, No. 20 (1896), p. 188.

② Royal Commission of Water Supply, "Report", *Victoria Parliamnet Paper*, No. 20 (1896), p. 190.

积不超过 161 公顷。最终只实现了工程目标的一半。① 这样的情况比比皆是。

其次，灌溉殖民地的危机是与殖民地政府（州）推行的灌溉政策直接相关的。很多时候灌溉殖民地出现的财务、经济问题是因为殖民地政府迫不及待地推进灌溉而又在这一过程中疏于管理。由于殖民地政府对灌溉工程的建设强力支持，大量的灌溉工程预算和实际的花费差距很大，有时实际花费甚至是预算的好几倍，一些管道甚至开凿到了灌溉田地以外的范围。水利工程调查委员会发现在建立托拉斯时存在一些违规操作，其中最严重的就是为了保证项目成型，殖民地的水供委员会不断向农民施加压力。朗顿河谷多处地方的居民抱怨，他们被威胁要求组建托拉斯否则灌溉用水就会中断。在托拉斯盲目组建的过程中出现了一种情况：最初私人灌溉托拉斯不能向政府借贷，但是随着政府鼓励私人资本进入灌溉殖民地的开发，政策开始放宽，转而允许私人托拉斯的借贷行为，而这部分借贷钱已经不在水供委员会的控制下，最显著的财政管理不当情况就发生在这些私人灌溉托拉斯的操作过程中。以往学者的研究中已经格外关注一个问题：一些灌溉托拉斯的参与者并非土地真正的主人。当时对灌溉殖民地亏空的财务状况进行调查的皇家水供委员会也发现：托拉斯的倡导者附有条件地购买土地，而后极力促成该地灌溉托拉斯的形成，但目的不是为了本地的发展，而是将土地再分成小块出售。② 但是还存在另外一种情况是以往没有被很好认识的：即使所购土地用于灌溉殖民地的开发，相对真正的农民，他们缺少对土地的特征及其是否适合灌溉的调查。比如在马里地区，新开垦的灌溉土地多为沼泽地区，这些区域面临从墨累河谷开始决口的可能性，因此在推行灌溉后不得不额外花费大量资金建设防洪堤。斯图特·墨累（Sturt Murray）对这一地区不合适灌溉的情况有所描写："粗糙多孔的表面降低了灌溉的效果，许多已经被灌溉的地方非常不平整，因此灌溉水量分布不均匀，一些地方被过

---

① Royal Commission of Water Supply, *Select Commission Report*, *South Australia Parliamnet Paper*, No. 113 (1895), p. 178.

② Royal Commission of Water Supply, "Report", *Victoria Parliamnet Paper*, No. 20 (1896), p. 189.

度的灌溉，另一些地方灌溉不够，虽然可以通过平整土地来改善，但是这又会花费更多的金钱和时间。"① 尽管从1894年开始，皇家水供委员会对灌溉殖民地的发展进行多次调查，但是灌溉托拉斯继续运作，在强大的政治控制下甚至被免去一些债务。

在灌溉托拉斯破产之后，河流与水供应委员会（State River and Water Supply Commission）取而代之对灌溉进行管理。灌溉托拉斯的惨痛教训使得委员会不得不重点关注机构的偿付能力。一方面，要坚决避免财务崩溃的发生；另一方面，需要偿还水库、渠道等其他大型设施的建设费用。在这种情况下，委员会引进了强制性的交费制度，要求农民缴纳最低限度的用水费用，但是不管他们使用与否。② 强制性收费的施行主要是采纳了加利福尼亚州立大学研究灌溉机构和实践方面的教授艾尔伍德·米德（Elwood Mead）的意见，他也是1907—1915年河流与水供应委员会的负责人。米德认为支出是维多利亚等殖民地灌溉发展成功的必要前提。戈尔本河灌溉工程建成后，殖民地政府又投入了大量的资金，但是他很自信这笔资金的收回是不成问题的。③ 实际上并非如此，农民交纳的最低使用费用后来被证实并不足以覆盖整个供水、管理和维护的费用，但是却造成了整个19世纪末到20世纪初各地区灌溉产业的低效率，水耗费和生产回报不成正比，水资源的浪费异常严重等问题。另外，和其他进行灌溉的地区相比，澳大利亚的降雨量比较低，汇入海洋或者内陆湖泊的水量也低，而蒸发量比较高，浪费在路上的水远远高于其他国家。当然上一节已经揭示和其他国家相比，比照当前人口数量和预计的人口增长来看，澳大利亚的水资源是很充足的。也就是说澳大利亚并不缺水，只不过灌溉不是适合的农业耕作办法。

---

① Sturt Murray, *Irrigation in Victoria: Its Position and Prospect: A Report for the Honorable Geo. Graham, M. P., Minister of Water Supply*, Melbourne: Govnment Printer, 1892.

② Edwyna Harris, "Develop-ment and Damage: Water and Landscape Evolution in Victoria, Australia", *Landscape Research*, Vol. 31, No. 2 (Januray 2006), p. 177.

③ Elwood Mead, "Problems in Irrigation Development", *Journal of the Department of Agriculture*, Vol. 7 (August 1909), p. 491.

(二) 灌溉农业获利的限度

殖民时代澳大利亚的灌溉农场基本上是密集型的小规模经营。但是实际上对灌溉区进行的调查发现小规模的灌溉农场很难获利。与其他的投资方式相比，农场主只有在种植了大面积的大米、棉花、柑橘的情况下才能获得较高的回报。收益和一个因素相关就是单位劳动力的产量，所以较高的收入要求大规模的经营。对灌溉农场主和旱地农场主的收益进行对比可以发现。进行大规模的柑橘、大米和牧羊业的投资收益高于旱地农场的收益。与此相似使用灌溉奶农的收益也高于一般的奶农。另一方面，小规模的柑橘、香蕉、葡萄种植基本上和生产牛奶为主要目的的旱地农场的收益是一致的。尽管殖民政府曾经对农场的面积进行过一些调整，但是总的来说灌溉农场的面积还是不够大，不足以使农场主经营获利。就农民个人收入来讲，也是一样的。大规模灌溉农场农民的收入要高于平均收入。但是小规模的生产柑橘和香蕉的灌溉农场农民的收入则要少些。只有生产水稻和优质羊肉的大规模农场的农民收入才等于畜牧区的农民收入。种植规模较小的果农收入要低于以牛奶生产为主要目标的奶农的平均收入。也就是说尽管殖民地政府向定居者提供了几乎免费的灌溉工程，许多灌溉农民的回报还不如旱地农民。尽管极少数的农场主由于灌溉殖民地的拓展变得富有，但是灌溉农业的推行显然没有完成预期的设想，创造出一个共同繁荣的农业社区。

在墨累和马兰比季（Murrumbidgee）流域建设灌溉的一个重要原因就是减少旱季庄稼和牲口的损失。灌溉的支持者认为可以在灌溉农场生产草料，然后出售给附近地区的牧羊人。在干旱的季节灌溉区本身的作物也可以用于喂养饥饿的牲口。这个结论建立在一个假设的基础上：灌溉地仅仅用于生产和储存牧草饲料。但是种植经济作物显然远比牧草种植利润大得多。因此灌溉农场上用于出售的牧草数量一直不高，而农场牲口数量则异常庞大。干旱季节并无富余的空间来容纳来自旱地农场的牲口。换言之，灌溉并没有能够减少旱灾所引起的损失，这一点由旱季牧羊数量的减少就可以看出来。

表 10-8　　　　　　　　损失羊只数量占人口比例　　　　　　单位：%

		羊只占人口的数量比（按照1898年的人口计算）		
		1899 年	1900 年	1901 年
新南威尔士				
灌溉区	威德	73	56	70
	立顿	64	54	53
拥有灌溉设施的旱地农场	里维瑞纳	51	46	61
旱地农场	中央平原	62	65	53
	西分水岭	40	38	53
	新南威尔士	62	57	56
维多利亚				
灌溉区	冈波威	57	47	58
	罗德尼	55	53	66
	莫里亚	58	57	68
使用灌溉设施的旱地农场	北部平原	55	51	62
旱地农场	中央平原	70	53	68
	北部中央平原	69	55	68
	西分水岭	80	68	74
	魏马拉	57	52	62
	马里	25	38	61
	东北平原	66	54	62
	吉普士兰	74	58	64
	维多利亚	66	56	66

资料来源：根据 New South Wales. Bureau of Statistics, *Satistical Register of New South Wales*, 1900-1902；Victoria Bureau of Statistics, *Victoria Rural Statistics*, 1900-1902 提供的资料绘制。

由表 10-8 可见，实际上灌溉牧区和非灌溉牧区的羊群数量均有下降。灌溉农场覆盖最大的马兰比季河灌溉区的立顿郡（Leeton Shire）羊群数量的降低比例与新南威尔士其他地区的羊群数量降低情况是一样的。而马兰比季河灌溉区所属的里维瑞纳地区也没有像预想得那样能从马兰比季的灌溉农业区获得支援，羊群损失的数量等同于西分水岭减少的数量。在维多利亚殖民地情况也是相似地，只有在小油桉灌木区，非灌溉区出现了远高于灌溉区的羊群损失量。[1]

羊群数量的减少，尤其是阉羊和母羊数量的减少是由于在旱季与想尽办法喂饱羊群相比，更划算的办法是将羊群卖给屠户或者是任其自生自灭（详情参见第四章）。羊和牛都可以完全用旱地农场生产的小麦来喂养，其成本要低于灌溉地上产出的饲料。从19世纪末期开始，澳大利亚的小麦已经能够供应出口，因此只要农场主愿意，就有足够的余量来供应牲口的饲料需求。造成损失并不是由于缺少饲料，而是农民知道较长时间内都使用手工喂养绝大多数的牲口是不划算的。灌溉在阻止小麦减产方面的效用一样是微弱的。在极度干旱的情况下，供水本身不能保证，即使有足够的水，灌溉农场生产的小麦数量也是有限的。在20世纪初叶澳大利亚全境只有不足2%的小麦是由灌溉农场供应的。

干旱季节灌溉的唯一的作用就是保证灌溉区本身作物生产的稳定进行。在遭遇严重干旱的情况下，这一最简单的目标也不见得能够实现。所储存的水只能维持一个季节的灌溉需求，而水库来源的河流中水位也会相应降低。在这种情况下，灌溉区的产量会急剧降低，受干旱的影响程度会超过旱地农场。因为灌溉农场的设计是建立在蓄水充足的条件下的。耕种更加密集，牲口的分布也更密集。所以，马兰比季灌溉区的产量下降要比新南威尔士整体的产量下降严重得多。在澳大利亚灌溉的用水基本上来源于雨水，在正常的年份中可以通过灌溉将高降雨区的水向降雨量较低的地区输送来补给作物用水，可一旦水库位于容易遭受干旱侵扰的地段，那么灌溉区和附近的旱地农业区一样都会受到干旱的影响。

由于农民供水不一定能保证，如果目标是要将经济效益最大化的话，就要允许作物在一些年份遭受旱灾，而不是缩小灌溉的单个面积来保证在所有的年份中供水的充足。更大的经济回报的获得要求灌溉更大面积的土地，然后忍受偶尔的旱灾。澳大利亚灌溉建立的初衷是要推进殖民进度，保证农民免受干旱的袭击，其设计目标就是在所有的年份中向农民提供灌溉用水，除非是最干旱的时候，而并非确保灌溉土地上的利益

---

[1] J. M. Powell, *Environmental Management in Australia*, 1788 - 1914, *Guardians*, *Improvers and Profit*: *An Introductory Survey*, Melbourne: Oxford University Press, 1976.

最大化。

另外还有一个概念是最佳灌溉面积。通过计算不同地区收益和无法供水年份的产出损失可以估计出最经济的灌溉面积——最佳灌溉面积。对于不同种类的作物来说，所谓的最佳选择是不一样的。以维多利亚的西北部地区为例，从1890—1897年这七年间，平均的灌溉面积为152740公顷，最大灌溉面积为1897年的212090公顷。对自1870年以来的数据进行计算可以发现，在不耗竭水源的情况下，该地区最多可以灌溉258998公顷土地。一旦灌溉面积超出258998公顷的话，一些月份将无法维持正常的灌溉需求。[1] 当时维多利亚农业局进行的一项调查表明，水稻从9月份播种后直到3月份，灌溉的不足会影响作物的生长。马兰比季灌溉区主要的作物是一年生的牧草，主要用于喂养牛和肥羊。夏天干燥对牧草的种植影响不大，但是暮夏和早秋需要进行灌溉。在9月到次年的2月之间灌溉不足，水稻很可能面临颗粒无收，而如果3月份灌溉不足的话，收成会减产。相似的，如果牧场在二、三、四这三个月间得不到灌溉的话，牛羊也会因干旱损失。在此基础上通过计算，一旦马兰比季地区的灌溉面积增加超过16187公顷。新增灌溉面积引起的减产将大于增加面积产生的新增收入。[2] 也就是说在澳大利亚，许多地方实际上也并不具备继续扩大灌溉农业的经济效益的条件，至少增长的空间十分有限。相反，旱地农业的继续发展并不受这些条件的制约。

（三）需要被重新认识的事实

在传统澳大利亚开拓史中，早期灌溉农业的产生被认为是农业史上的巨大进步。在这种叙述中，澳大利亚的干旱必须靠灌溉来治愈被认为是理所当然的事情。从1865年开始，整个舆论的倾向是很明显的：只要拥有足够的家庭用水，并能在旱季使用灌溉用水浇灌庄稼，那么干旱带

---

[1] D. I. Smith, "Water Resource Management", in S. Dovers and S. Wild River, eds., *Managing Australia's Environment*, Annandale: Federation Press, 2003.

[2] C. S. Martin, *Irrigation and Closer Settlement in the Shepparton District 1836 – 1906*, Melbourne: Melbourne University Press, 1955, p. 68.

来的损失就可以被弥补。① 并且普遍的认识是,灌溉还具有不可取代性,在淘金热冷却后畜牧农场的规模已经不能匹配羊毛生产的速度,只有采取灌溉农耕才能解决滞留人口的定居问题。

但是就澳大利亚全境来说,使用主要大型灌溉水利设施的农民所支付的水费仅仅够支付工程的运作费用,更谈不上资本的投资利息。在这样的情况下,怎么还能认为灌溉是获利的投资呢。澳大利亚灌溉农业并没有带来预计中的繁荣。相反,早期灌溉农业的实行不仅造成了农业财政的混乱,大量农民的破产。慢慢地,一些经济学家开始认为灌溉可能是不获利的,至少灌溉不是澳大利亚最能盈利的资源利用方式,但是它仍然被当作是必要的,理由是这样才能防止干旱季节农作物和牲畜的损失。但实际的情况是,在气候相对干旱的季节,马拉比吉(Murrumbidgee)灌溉区损失的作物和牲畜占总投资的比例高于附近进行旱地农业的里维瑞纳(Riverina)地区。还有一个观点也是立不住脚的,灌溉的支持者认为灌溉农业可以提供旱季所需的成堆的茅草饲料,但是实际上旱季的时候,澳大利亚大部分牲畜靠人工喂养旱地农业产出的小麦,因为它比较廉价。②

尽管澳大利亚只有10%的农业产出来自灌溉农业,但是灌溉农业用水却占据了水资源贮存量的90%;剩余的10%主要是供应家庭用水,牲口养殖用水和工业供水。③ 因此很多现在的研究都认为,对于澳大利亚来说,保证家庭、养殖场、工业供水的方法就是减少灌溉农田的面积。现在澳大利亚北部热带地区仍然有3237万公顷的生长期超过5个月的可耕作土地完全空置,另外还有2177万公顷相似的土地只从事零星的畜牧业,因此很难下这样一个论断:良好灌溉土地的缺少阻碍了澳大利亚的进步。曾经深深困扰过迪肯的北部平原,以及其他一些气候干燥的地方,都在没有修筑灌溉水利设施的情况下实现了成功的定居。这得益于旱地农业

---

① C. S. Martin, *Irrigation and Closer Settlement in the Shepparton District 1836 – 1906*, pp. 26 – 29.

② Gordon G. A and Black A, *Supply of Water to the Northern Plains*, Part. 1, *Supply for Domestic Purpose and Use of Stock*, Melbourne: Government Printer, 1881.

③ P. J. Hallows and D. G. Thompson, *The History of Irrigation in Australia*, Mildura, pp. 34 – 39.

技术的发展。因此以新作物品种开发、肥料、杀虫剂和机械使用形式表现出来的新技术使得澳大利亚人能够在同等面积的土地上生产出更多的农产品。

并且这种论调忽略了一些重要的事实：大陆上121万公顷的灌溉地中有95%位于生长期超过5个月的地方，换句话说，澳大利亚有大面积的土地具备在旱地农业的条件下种植庄稼和改良牧场。19世纪60年代到90年代，维多利亚吉普士兰（Gippsland）地区还有很多没有被开垦的肥沃土地，这里的降雨量也较高，因此只要鼓励移民，这里很快就能被开垦成新的地居点。并且从1860—1890年的这三十年中，澳大利亚与旱地农业相关的主要问题已经基本解决。（详情参见第五章）

既往的灌溉农业支持者认为如果没有灌溉，澳大利亚的农业产量就不能充分地扩张来支持人口的增长。也许这个观点在19世纪70年代还有一定的说服力，但是19世纪末旱地农业的发展已经充分显示出在降雨较为充足的地区，改良牧场能够容纳较大数量的牲口，并且澳大利亚境内也有足够的空间和条件来发展改良牧场。其后给澳大利亚农业带来繁荣的羊毛和牛肉都可以在降雨条件稍好的改良牧场上顺利产出。实际上，与同期的其他国家相比，澳大利亚的生产力甚至是更强大的。19世纪，世界上绝大部分的农业都在热带或者温带地区进行，基本也都是满足本地需求。而澳大利亚的农业则是在相对干旱的情况下发展的，供应的却是万里远的海外市场。

在灌溉的支持者们看来，即使农民从灌溉中的额外获利不能支付水库、水管建设的投资利息的话，殖民地政府可以从灌溉额外获利中得到补偿。他们指出，从事灌溉农业的农民会购买其他的产品，这样就为国家的第二产业提供了市场，而且农民和工业制造商都会纳税以补偿殖民地政府在建设灌溉工程中的花费。这个论断的不精确之处在于它忽略了一点：殖民地政府的很大一部分支出和花费用于非劳动力人口。而政府可以向这些非劳动力人口征税，他们也具有相当的购买力。有些人认为政府还可以通过另一种方式得到补偿——灌溉后的土地增值。马兰比季灌溉区的土地一再被收回来保证政府可以获得由灌溉产生的土地增值。但是新南威尔士更多地区却没有能够获得这部分利益。因为在灌溉工程早期遇到困难时期，政府不得不降低土地的价格，而在这之后增值的部分由农场主获得。①

那些认为政府从非直接性获利中得到补偿的论点忽略了一个细节：如果用于建设灌溉设施的劳动力、机械设备以及其他的资源被投资到澳大利亚的旱地农业建设中，政府同样会获得间接的获利补偿，同时农场主也能付得起资本投资的利息。另一个灌溉支持者秉持的证据是，灌溉在促进国家人口去集中化中的作用。人们通常认为灌溉地区的定居密度要高于周边的干旱地区。但是包括建筑蓄水和分配设施在内的定居灌溉农场的成本都要远远高于在旱地安置同样数量人口的支出。如果分散化是一个值得追求的目标，那么大可不必进行灌溉，只需要把等量的资源用在更大范围内推广旱地农业。政府向农民以低于成本的价格出售水，以政府行为开垦土地而不向定居者收取费用，或者在商品价格低廉的时候通过直接补贴等方式都可以达到相似的效果。综上，以安置新移民形式呈现的间接利益将会补偿殖民政府之前的付出。但是这一切建立在一个错误的假设之上：只有灌溉才会带来间接利益，即使在技术进步的条件下，旱地的农业生产也不足以支撑澳大利亚人口的增长。

另外，即使水资源的缺乏可能是澳大利亚人口增长的阻力。灌溉并没有能够在干旱季节稳定农业的产量，也没有像旱地农业那样成为盈利性的资源利用方式。虽然这样灌溉仍被作为有效提高农业生产和缓解干旱的耕作方式提倡。人们一般认为：在市场不利的条件下，灌溉农业的农民能够更加有效的面对，因为可以比较迅速地调节产品品种，控制湿度。当某种商品的价格下降时，灌溉农民比进行旱地农业的农民能够更灵活地选择多样性的种植。但是这一结论忽略了一个趋势：所有的农产品都会出现价格的起伏。并且在遭遇萧条的情况下，灌溉农业比旱地农业需要更多的支持。同样的情况下，新南威尔士旱地农业区的地租下降了22.5%，灌溉区的地租则下调了33.5%。②

像所有灌溉支持者一样，迪肯坚定地相信灌溉带来的增产将足以抵消储存和分配水源的花销，也就是说从经济角度看，灌溉将会获利。但

---

① C. S. Martin, *Irrigation and Closer Settlement in the Shepparton District 1836－1906*, p. 79.
② C. J. Lloyd, *Either Drought or Plenty: Water Development and Management in New South Wales*, Parramatta: Department of Water Resources New South Wales, 1988, pp. 164－166.

是，澳大利亚人对灌溉的期许和灌溉的现实效应之间的冲突揭示了一种无法克服的矛盾。只有计算一下灌溉到底为澳大利亚东南部的经济发展作出过怎样的贡献，才能让我们更加清楚地认识到，从经济学角度来看这种想法是多么荒谬。在殖民时代，土著居民和以华人为代表的有色族裔的生态实践以及用水行为也曾经被过多地赋予了现实或者政治意义。本章的第三节将对两者的资源利用史进行重新梳理。

三 少数族裔的农业与水资源利用

（一）土著社会的水与点火棒农业

土著定居的主要社会和经济特征是以对自然环境的复杂改造和管理为基础的，其中也包括对于水系统的解释和适应。土著居民对于水系统的管理也是长久持续的干涉行为，与殖民者所进行的利用管理具有平等的地位。

河流是土著居民的交通要道，从古代开始土著居民利用像古尔本河这样的河流作为每年迁徙季节通向海洋的高速通道。从乌兰（Ulan）沿路顺流而下，不需要几天就能到亨特，走不远就可到太平洋的海岸线。考古的证据显示和现在澳大利亚东南部人口的分布情况相似，大部分土著居民沿着河、湖泊、海岸居住。相对干旱的区域居民较少，绝大部分也分布在河流或者湖泊的边缘地带。这不仅仅是基于历史和文化的选择，也是生态原因决定的。水源的存在与否极大地影响了当地的定居生活。在任何一个定居点附近都存在距离水源较近、能够容易获取食物的半永久性的村庄。在极度干旱和水涝的情况下，定居区域会被放弃。东南部靠西面的一些湖泊是土著居民钟爱的定居点，主要原因是它们在特定的时间内提供了丰富的食物来维持大量人口生存的需要。

"在这个大陆上，土著对于水资源的了解细致到了每一滴降雨"，像探险家爱德华·埃尔（Edward Eyre）后来评价的那样，"他们知道哪块石头后面会有水"。[①] 土著使用水井也有着悠久的历史——每一个都有自己的特质和文化属性。在辛普森（Simpson）沙漠，土著拥有广布的水井网

---

① Edward Eyre, *Journals of Expeditions and Discovery*, London: Boone, 1845, p. 247.

络，其中包括 10 米多长的隧道，其倾斜角度恰好可以获得地下水。① 土著居民有很多方法来保证水：在干旱的河床或者内陆沿湖的沙丘上挖洞，在西部沙漠的和北部边远地区开凿水井，收集从石头中流出来的雨水。他们还在树洞、动物皮毛中储存水，从植物中提炼出水的方式也非常精妙。② 在殖民者与土著居民遭遇的最初阶段，殖民者向土著求助以寻找传统的水源地，土著常常很善意地为殖民者做向导。托马斯·米歇尔（Thomas Mitchell）上校对于从土著向导那里学来的知识很是兴奋："我们露营的时候，水是热的浑浊的，但是'黑人'知道怎样将水冷却澄清，他们先在水池旁边的沙地中挖一个洞，这形成了一层过滤，这样水就变凉，但是仍然很浑浊。接着再往里面扔一堆很长的茅草，通过这个过程将水吸出，将水从砂土中进一步净化。"③

康登溪（Condons Creek）位于伊拉瓦拉（Illawarra）地区，是土著居民在一年中某几个特定月份最喜欢的居住地。他们采用独特的"麻醉"（stupify）方法捕鱼。捕鱼使用的主要的原材料是被他们称为狗树的乔木（Dog Tree）。一组土著居民先将树皮扒去，捆成一捆蘸上水放在火上烤，当温度升高就会起浓烟。然后他们将成捆的木材插到水里去，另一组人将鱼赶往河口，用树枝将它们围困在那里，很快鱼类就浮出水面，昏死过去。紧接着这些鱼被扔到岸上，不多时候就活蹦乱跳。斯图特也曾经报告过，墨累河附近居住的土著，对于河流的起落有非常精准的感知，他们知道什么时候河流会让"几乎要干涸的潟湖"变成池塘，鸟类和鱼类什么时候会聚集。④ 哪里的沼泽中有鱼，土著人就会在哪里设下陷阱。

---

① Judy Skatssoon, "Aboriginal People Built Water Tunnels", ABC *Science Online*, 15 March 2006, https：//www.abc.net.au/news/2006-03-15/aboriginal-people-built-water-tunnels-research/819112, 2022 年 4 月访问。

② F. S. Colliver, "The Australian Aboriginal and His Water Supply", *Archaeology Paper*, No. 5 (March 1974), pp. 1-17. https：//espace.library.uq.edu.au/data/UQ_271244/Archaeology_papers_No5_Colliver_F_S.pdf, 2022 年 4 月访问。

③ Thomas Mitchell, *Three Expeditions Into the Interior of Eastern Australia：with Descriptions of the Recently Explored Region of Australia Felix and of the Present Colony of New South Wales*, London：T. & W. Boone, 1839, pp. 11-14.

④ Charles Sturt, *Journal of the Central Australian Expedition* 1844-1845, London：Caliban Books, 1984, p. 25.

在维多利亚西部的图朗多（Toolondo）湿地加德瓦（Jaadwa）族人挖掘的捕鳝陷阱几乎有4千米深。①

在达令河的布鲁里纳（Brewrrina）河段，恩巴人（Ngemba）人建造了一种叫作宁衮胡（Ngunnhu）的捕鱼设施，这是澳大利亚最大的捕鱼设施，土著渔民建造了由石墙、地沟、池塘、水坝、陷阱组成的复杂系统，最大限度地利用自然的排水道和地面坡度来捕获鱼类。这也是除水井外，对于土著居民最为重要的"水利工程"。土著设计了木头和藤组合建成的坝，留有圆形的孔来放置篮筐。当湖水涨到一定程度，水流向石头洞里。由于水流很大，鱼类跟随水流动就进入到陷阱里。当池塘形成，水将再次升到一定的高度，溢出流入接下来的一连串池塘中去。在康达（Condah）湖区，以及具有相似气候的其他地点，季节性的捕鱼可以有非常可观的收获。②

沿河居住的土著靠采集渔猎为生，他们要依靠水生活，水提供了基本的生活必需。也正是因为水的重要性，水被编织进了他们的口述史。由传说、歌曲、故事表现出来。迪金伽力（Djingali）人有一首歌谣被亨尼和埃尔金记录在《歌者之音》："然后就看见了我们土地上的水井，小心的开采，然后覆盖上草，不要在附近安营扎寨，必须隐蔽好，因为会有陌生人经过。"③ 正如人类学家马修·朗顿（Marcia Langton）所解释的那样，土著居民对土地的发掘是很全面的，水资源也不例外。水资源具有"社会、宗教和其他的象征意义"，因此土地和水都包含了"活生生的历史剧、被神圣化的含义、记忆和社会义务"。④她解释说居住在约克角半岛西部的土著会用水来给新来的人"洗礼"，他们参与的宗教仪式让他

---

① H. Lourandos, "Swamp Managers of Southwestern Victoria", in D. J. Mulvaney and J. P. White, eds., *Australians to 1788*, Broadway: Fairfax, Syme & Weldon, 1987, pp. 292 – 307.

② Marcia Langton, "Earth, Wind, Fire and Water: the Social and Spiritual Construction of Water in Aboriginal Societies", in B. David, B. Barker and I. J. Niven, eds., *The Social Archaeology of Australian Indigenous Societies*, Canberra: Aboringinal Studies Press, 1998.

③ Bill Harney and A. P. Elkin, *Songs of the Songmen: Aboriginal Myths Retold*, Adelaide: Rigby Ltd., 1969, p. 78.

④ Marcia Langton, "Earth, Wind, Fire and Water: the Social and Spiritual Construction of Water in Aboriginal Societies", in B. David, B. Barker and I. J. Niven, eds., *The Social Archaeology of Australian Indigenous Societies*, Canberra: Aboringinal Studies Press, pp. 148 – 149.

们懂得水来源于哪片土地，这也表示他们也会因此继承祖先的精神，以谦卑的态度对待土地。① 20 世纪初期，一位莫金人（Murgin）的长者向一位加利福尼亚的年轻人类学家讲述了水资源、井、湖泊、河流、海洋与土著精神生活的联系：每一片水域都联系着一个地下水世界，而这里就是创世时期祖先居住的地方。② 莫金人讲述的故事表达的实际上是人类共同的精神特质，赋予泉水、河流以精神的力量。

殖民者运用直接的土地兼并、强制性地迁徙土著居民等方式逐渐地剥夺了土著对于水源的使用权，将其排除在水源系统之外。这是一个充分运用了暴力与政治欺骗的过程。伴随着殖民进程的发展，殖民者认为土著及其围绕河流展开的渔猎—采集活动阻碍了农牧的扩张。殖民政府多次颁布了禁止季节性捕鱼法规，严禁土著居民在特定区域内进行捕猎，将季节性的捕鱼视为非法。一旦土著居民失去了捕鱼的权力，部落的整个生产体系就会发生动摇。殖民政府却总是试图控制土著并强迫他们放弃传统的生活，进入新的经济体系。与此同时，他们还制造了有关土著原有生态实践系统的退化叙述。土著居住在澳大利亚的数万年间，沧海桑田，变化万千：气候变迁、海平面的变化、火山爆发等，这些因素影响了大陆上的植被、水、居住环境。土著居民在整个时段内对于自然的种种具体的改造行为不得而知。但是毋庸置疑，澳大利亚土著独特文化的幸存已经代表着一种生态文明的延续。土著居民对于澳大利亚境内河流资源的利用，一定程度上积极顺应了大陆上的自然环境，在自然环境与人类环境管理之间维持了一种平衡。

澳大利亚也曾经广泛使用一个美国人创造的词汇"荒野"（wildness），想象这里是人迹罕至的森林，荒无人烟。从事农牧生产的欧洲殖民者自然这样认为，现代环境保护主义者也这样附和。赖斯·琼斯（Ryhs Jones）、史蒂芬·派因（Stephen Pyne）等人的研究中对土著居民土地管理技能的平反已经让学界普遍接受了土著用火持续、有目的改造

---

① Marcia Langton, "Earth, Wind, Fire and Water", p. 149.
② W. Lloyd Warner, "Spiritual Conception in Murgin thought", 1937, reprinted in Max Charlesworth, et al., *Religion in Aboriginal Australia: An Anthology*, St. Lucia: University of Queensland Press, 1984, pp. 125–134.

澳大利亚景观的事实。① 但是对于大多数学者而言，包括琼斯本人也认为土著的这一技能依然是"原始的"，而且他们不是农民。因为当农民不仅是一份全职的工作，还是一种生活方式。

然而从工具利用与对自然塑造的角度来看，土著居民的用火天然就是农业，1788 年前澳大利亚土著居民的存在理应颠覆人们对于农民的定义：澳大利亚的众多土著部落会焚烧，并以此为基础来耕作和种植。土著的土地管理遵守并继承严格的法则与传统，不仅手段便捷，且结果可预测。有技巧的焚烧让森林茂密、草地开阔，便于捕猎。他们在必要的情况下进行移植和浇水，甚至会存储粮食并进行交易。他们与传统农民的差异在于土著居民在一年中的大部分时间中是流动的，尽管部分土著居民也有村庄，但大多数人只在收割的时候住在村庄里。是什么原因导致了差异呢？澳大利亚缺少适合驯化的动物，因此土著也不饲养牲畜。更重要的是，地处华莱士线东侧的澳大利亚是地球上少数的没有大型攻击性野兽的大陆，土著居民在幸运地逃脱野兽袭击压力的同时，也失去固定居所的必要性。

历史通常是由农耕民族记载并保留的，这样的历史或多或少带有农耕世界对游牧世界的偏见。农耕民族对农业的定义是很苛刻的，他们本能地认为文明的概念，甚至文明的等级制度是农业的重要组成部分，因而对土著居民从事的生产活动也有严格的界定。1798 年，马尔萨斯在《有关人口问题的原理》中也关照过新南威尔士的土著。他显然认为这里的人口供养和增长都受制于食物的供应。② 对大部分观察者而言，狩猎采集者的食物获取依靠的是自然一时的恩宠与侥幸，这种不确定性也使得他们无法掌控自己的生活，进而限制了人口的数量，最终阻碍了他们走向文明。说到底在他们看来，狩猎采集者理所当然是大自然的受害者而非耕种者。

---

① 参见 Rhys Jones, "Fire-Stick Farming", *Australian Natural History*, Vol. 16, No. 7 (September 1969), pp. 224–228; Stephen Pyne, *Burning Bush: A Fire History of Australia*, Washington: University of Washington Press, 1998.

② Thomas Malthus, *An Essay on the Principle of Population*, London: J. Johnson in St Paul's Church-Yard, 1798, pp. 32–35. 参见 http://www.esp.org/books/malthus/population/malthus.pdf, 2022 年 5 月访问。

所以对于澳大利亚土著土地管理研究的意义还在于，这一个案指向人类文明史上另一重要命题的追问：是什么力量让农民选择了定居？澳大利亚的经验表明，这种选择并非主动，可能也不是由气候、虫害和疾病直接造成的，更不是因为富足的野生植物资源帮助他们形成人口——生产力螺旋形上升的模式，最终将人们拥挤地束缚在眼前的土地上。相反，定居更多的是为了保护家畜免受大型食肉动物的侵扰。迈出这一步并不是为了向更好的方向发展，而是要远离更糟糕的状况。在澳大利亚大陆的部分区域，这里的人们会经历农业的每一个过程，火的管理和人造的群落形成了没有围栏的农场，但是没有让他们成为传统意义上的农民，正是因为火的使用，让自然对他们的约束要比对农民的小。农民和土著人管理土地的重要区别还在于这份事业的规模。干旱与火是同盟军，从一开始土著就不得不管理着更大的区域，他们实际上将资源分布在更辽阔和广袤的地域上，这样可以在遭遇坏时节时保证稳定的供给。而火的使用是可预测的，在耕作时节，生产资料和生产方式也是可控的。1788年，生活在地球上最干燥的大洲可能使人们摆脱了一种人口的强大破坏力，免于参与定居农业这种自我捆绑的忙碌活动中。流动性没有让他们成为农民，而是使他们成了一群自由人。

当1788年的第一舰队横跨了半个地球来到澳大利亚时，随船抵达的不仅仅有囚犯与军官，还有来自农业文明的牲畜与种子。土著的家园即将成为它们繁殖的温床，土著人的流动生活，使得欧洲人不得不围起栅栏、安定下来，保护领地，并以辛劳为美德。殖民者所做的一切让土著变成了和他们自己一样的人，确切地说是变成了他们中最贫穷的那部分人，作为廉价劳动力被文明化。此后的一个世纪中土著数量急剧下降，塔斯马尼亚人甚至没有能够问出像雅丽在新几内亚问贾雷德·戴蒙德的问题："为什么你们拥有的比我们多？"就已灭绝。[①] 欧洲人对于四季的划分主要依据的是气温而并非降雨量，但是作为世界上最干旱的大陆之一，雨水对于澳大利亚的管理是最关键的。同时，"干旱"又是一个主观的概念，对于农民来说，干旱就是吸收的水和散失的水之间的缺口，更多时

[①] 贾雷德·戴蒙德：《枪炮、病菌与钢铁：人类社会的命运》，王道远、廖月娟译，上海译文出版社1998年版，第4页。

候"适应干旱"意味着培育耐旱品种对抗极端季候,而不是调整生产适应干旱产生的影响。现代人与欧洲殖民者都比1788年的土著居民更强烈地感受到这一点。我们都害怕火,火是长了腿的干旱。也正因此,现代人很少从另一个角度去理解:干旱与火曾经维持了澳大利亚更广区域的生物多样性和可持续性。气候与土壤也造就了具有共同基础的植物群,手持火把的土著居民加入其中,塑造了当地的顶级群落。欧洲人到来后,广泛而系统的用火停止了,当地植被随即发生变化。

(二) 华人的灌溉菜园

华人对水的利用有一个典型的例子,就是采用小规模的灌溉进行蔬菜种植。这一行为不仅仅满足了华人传统的饮食需求,也改善了澳大利亚大陆很多地方的饮食结构。

原本金矿冲击层开采区的基本饮食由肉类、面包、糖、茶构成。即使有蔬菜供应,价格也是非常昂贵的。而华人饮食习惯则差别很大,他们喜欢吃大米、鲜肉和腌制的肉食、新鲜的本地蔬菜。当时大米依靠进口,鲜肉和腌制肉类由澳大利亚当地牧场供应。蔬菜由于保鲜时间受限,因此许多矿场上的华人矿工就开始种植蔬菜。这些菜园最开始建立在华人聚集的冲积矿附近。到19世纪80年代华人的菜园在澳大利亚东部已经很普遍。随着冲积层金矿开采的衰落,一些矿工转行,其中一项重要的工作就是进行蔬菜种植,位置很多都在原有矿场附近如维多利亚州的本迪戈和瓦哈拉,还有昆士兰的棕榈树河(Palmer River)等地。[1] 这些华人种植的蔬菜不仅仅用于自己食用,也用于出售。

他们基本使用中国传统的培育方式,最显著的就是利用发酵的人体粪便。维多利亚健康中央委员会(Victorian Central Board of Health)的报告中记载了巴拉拉特矿场华人菜园种植的情况。"华人在很多的营地种植他们特有的蔬菜品种,粪便被小心地保存,然后用于浇灌作物。"[2] 1868

---

[1] 华人也不总是使用灌溉的方法。在南澳的一些地区,他们在夏季最热的时候放弃了蔬菜的种植。而在昆士兰的一些地区则完全不需要灌溉,全年气候湿润。在一些具有两种极端气候的地区,缺水的干燥季节蔬菜的产量会非常低。

[2] Victoria Central Board of Health, *Fifth Annual Report*, Melbourne: John Ferres, Government Printer, 1860, p. 17.

年，巴拉拉特的华人蔬菜种植园主就有150多人。大部分水主要来源于泉水和井水，小溪流也提供了一些补充。中国园丁们使用管道来运输泉水，他们还开挖深入到山坡上的地下的隧道来提高管道供水的量。一些地区则利用了早期淘金时候开挖的隧道。这种菜园的规模一般不会超过4公顷。田地被方格形的人工水渠隔开，并且配备了水井。在不同的季节，田地里可以生长出各种各样不同颜色的蔬菜。菜园的边上用竹子栏杆围起来。在澳大利亚境内有丰富游历经验的杰拉德·布朗（Jellard Brown）曾经记录道："这里到处是华人的菜园，很少发现欧洲人种植的。"① 1884年，灌溉工程师休·麦肯尼（Hugh McKinney）甚至记录下这样的词句："除去极少的例外情况，在新南威尔士殖民地只有华人使用灌溉进行蔬菜种植，鉴于此他们很可能以文明的先驱者自居。华人总能想方设法对土地进行开垦。他们的法宝就是灌溉和施肥。"②

19世纪澳大利亚境内杂志的插图上对华人灌溉的方法有生动的表现：通常展示的是一个男人挑着扁担，两端各悬一个水桶。实际情况更富多样性。新南威尔士殖民地使用蒸汽动力从河流或者井中抽水。伯克的蒂姆·云（Tim Yung）使用6个马力的蒸汽动力水泵从井中抽水。南澳的英那敏卡（Innamincka）一些地方使用水车——"这是个令人赞叹的东西，它的使用让见到的人都很惊讶"③。最简单的抽水设备是用于冲积层矿开采的"遗产"。1853年就有描述：一些人使用中国泵（Chines Pump），也叫皮带泵（Belt-Pump）。华人曾经将它带到加利福尼亚，矿工作业时会使用它。这种皮带泵的主体是一个长约1.8米的木制水槽，在水槽的顶端绑着一捆帆布材质的轮子，帆布的两端被缝合，这样就形成了一个圆圈。在帆布板上每隔一段距离就安装了一个叶轮，随着大的水轮转动，这些叶轮就跟随帆布板向上翻动，进入水槽较低的那段，并把水

---

① S. Wadham, R. K. Wilson and J. Wood, *Land Utilization in Australia*, Melbourne: Melbourne University Press, 1957, p.131; K. L. Parker, *My Bush Book: K. Langlch Parkers' 1890s Story of Outback Station Life*, Adelaide: Rigby, 1982.

② Hugh Mckinney, *Progress Report: First Annual Report of Chief Engineer for Water Conservation*, Sydney: Department of Mines and Agriculture, 1884, p.384.

③ A. J. Dunlop, *Wide Horizons: The Story of Yarrawonga, Tungamah and Cobram Shires*, Bentleigh, Victoria: Dunlop, 1978, p.51.

带入水槽。有人表示：每个晚上，都能看到园丁挑着两担水，倒入蔬菜地头的沟里，这些水分迅速通过土壤和地沟渗透开来。①

在城市，华人使用灌溉的方法建立起了许多小型菜园。他们花大量的力气用桶挑水，然后又花费大量的时间浇灌蔬菜地。② 19 世纪 70 年代，在墨尔本的郊区，本迭戈、彼齐沃思（Beechworth），以及卡斯特梅尼（Castlemaine），只要有人聚集的地方，就能看见中国的菜农在清晨，挑着装满了莴苣、卷心菜的竹篮。爱迪温·布思（Edwin Booth）对菜园的灌溉情况也有记录：中国的种植人表现了一种能耐，只要有足够的水，他们可以在任何时间种植任何东西。"一个华人如果在一年内不能收获足量的庄稼，会被认为非常笨拙。"③ 从 19 世纪 70 年代中后期开始，华人的菜园遍布了澳大利亚所有的殖民地。他们向城里和乡间的居民提供蔬菜，并且几乎垄断了这一行业。他们以细心的种植培育、使用肥料、供水的充分闻名。④ 麦肯尼发现"西部平原上的华人从来都能找到合适的地方来安置他们的菜园"。1880 年，马丁·拉梅斯力（Martin La Meslee）发现了麦考利河附近、达令河，以及科巴（Cobar）、布罗肯山（Broken Hill）等矿业中心的华人也在进行蔬菜种植。1892 年，迪肯也对华人的菜园灌溉有所认识：向距离城市市场有一定距离的农场提供新鲜蔬菜是一件非常有效率的事情，最熟悉的就来自城郊华人的菜园里。⑤ 难怪有人戏谑：华人菜园的种植俨然开启了"莴苣和卷心菜"的时代，而金矿开采之初的那段时间则被称为"羊肉和风门"的时代（mutton and damper），两者分别指代牧羊人和矿工。⑥

受雇于牧场的中国园丁也使用灌溉，并且通过这种雇用关系使华人

---

① William Howitt, *Land, Labor and Gold; or, Two Years in Victorian with Visits to Sydney and Van Diemen's Land*, London: Longman, Brown, Green and Longmans, 1855, p. 97.

② M. J. O'Reilly, *Bowyangs and Boomerangs: Reminiscences of 40 Years' Prospecting in Australia and Tasmania*, Hobart: Oldham, Bedome & Meredith, 1944, p. 54.

③ E. C. Booth, *Another England: Life, Living, Homes and Home-Makers in Victorian*, London: Virtue & Co., 1869, p. 185.

④ T. A. Coghlan, *Labour and Industry in Australia*, Oxford University Press, 1918, pp. 1, 331.

⑤ Alfred Deakin, "Irrigation in Australia", *Yearbook of Victoria*, Melbourne: Government Printer, 1892, p. 53.

⑥ H. G. Mckinney, "The Progress and Position of Irrigation in New South Wales", pp. 17–26.

的灌溉经验得以向白人世界传播。19 世纪 70 年代亨利·康尼士（Henry Cornish）从印度来到澳大利亚东部访问。在巴拉拉特，亨利认为大量的定居华人向白人殖民者传授了经营蔬菜种植园的经验。[①] 因为他发现，欧洲人的种植园也逐渐使用城市中运来的肥料和粪便。[②] 1884 年，农业学记者肯特·道（Kent Dow）报道："我路过了康帕斯皮河（Campaspe River）流域的一处白人的菜地，中国雇工使用马力抽水灌溉菜地里的秧苗。"他甚至提出：华人最先在维多利亚北部展现出了灌溉的优点，他们的行为越快被模仿北部地区定居者的生活条件将能得到越大的改善。[③]

蔬菜的供应对于澳大利亚所有的殖民地都很重要。它首先保证了华人能够消化和接受的传统饮食，同时也丰富了乡村的饮食结构，将白人从羊排、面包、茶的简单饮食中解救出来。19 世纪 80 年代一份对牧羊站的描述中表示邻家的畜牧站由于雇用了中国妇人饮食变得非常多样化。在中国妇人的帮助下牧场主家中的物产丰富和奢侈到让人觉得十分梦幻：点心、布丁、腌制品、新鲜采摘来的蔬菜。[④] 华人种植蔬菜的价值还在于让欧洲人免遭败血症的侵袭。在内陆没有蔬菜、水果和果汁供应的地方，出现了大量的败血症患者。[⑤] 新南威尔士北部的米尔帕林卡（Milparinka）是 19 世纪 80 年代早期淘金的中心地带，大量的华人从达令河流域迁徙来到此地，他们种植蔬菜"几乎带领了一种全新的饮食模式，并且终止了疾病（败血症）"[⑥]。

华人还将灌溉实践推广到了更多经济作物的种植中。19 世纪 60 年代

[①] Jan Ryan, *Ancestors: Chinese in Colonial Australia*, Perth: Freemantle Arts Centre Press, 1995, p. 11.

[②] 参见 M. Cannon, *Australia in the Victoria Age I: Who's Master? Who's Man?* Melbourne: Nelson, 1974, pp. 12 – 15.

[③] H. Cornish, *Under the Southern Cross*, London: Higginbotham & Co., 1880, p. 157.

[④] C. M. H. Clark, *Select Document in Australian History 1851 – 1900*, Sydney: Angus & Robertson, 1955, p. 202.

[⑤] Eric Rolls, *A Million Wild Acres*, Melbourne: Nelson, 1980, p. 201; M. Cannon, *Australia in the Victorian Age II: Life in the Country*, Melbourne: Nelson, 1973, p. 26.

[⑥] W. J. Sowden, *The Northern Territory as It is: A Narrative of the South Australian Parliamentary Party's Trip, and Full Descriptions of the Northen Territory, Its Settlements and Industries*, Adelaide: W. K. Thomas & Co., 1882, p. 40; G. Farwell, *Ghost Towns of Australia*, Adelaide: Rigby Ltd., 1965, p. 65.

开始，由于美国内战烟草进口价格变得很贵，澳大利亚东南部的冲积层矿开采开始衰落。华人开始种植烟草。19 世纪 80 年代，华人作为欧洲人的雇用劳动力进行啤酒花种植。80 年代维多利亚东北部的华人阿勇（Ah Yon）在接受政府调查时，表示他有 8 公顷土地用于种植烟草。阿勇说他会在培育时节对烟草进行两次灌溉。而美国人詹姆士·亨利（James Henley）则告诉委员会，他本人只在播种时进行一次灌溉，而华人则要灌溉"很多次"[①]。1888 年，斯特灵·萨达克（Stirling Stuckey）和理查德·斯莱特（Richard Slater）告知皇家委员会华人在南澳大利亚东南部的米利森特（Milicent）对烟草种植进行灌溉。

无论是从灌溉农业所实现的经济效益还是对水资源的合理利用来看，它都不是一个明智的选择。土著居民和以华人为代表的有色族裔也并不完全是澳大利亚生态景观的维护者。与殖民者以获取更多经济和政治利益为目标的水资源开发利用不一样，土著居民对于水的利用是为了维系部落成员的生存持续。他们所从事和利用自然资源的行为及其对自然环境产生的影响仍然在自然所能承受的范围内。所以从生态意义上讲，土著居民的劳动实践确实维护了生态的多样性和稳定性。在来到澳大利亚之前，大量的华人矿工在家乡已经是有耕种经验的成熟农民。他们不仅仅是澳大利亚殖民拓荒时期的苦力[②]，华人所具备的生态经验，甚至所携带的饮食习惯都在改造着澳大利亚大陆的景观。

---

① Victoria Royal Commission, *Vegtation Products*, 5th Progress Report, Melbourne: Gornment Printer, 1888, p. 30. Http：//play. google. com/store/books/author? id = Victoria. + Royal + Commission + on + Vegetable + Products，2023 年 4 月访问。

② South Austalia Paliamment, *Paliamment Papaer No. 28 of 1888*, *Royal Commission Land Laws of South Australia*, Adelaide：Government Printer, 1888, p. 107.

结　　语

　　如果说19世纪末之前，澳大利亚以畜牧、早期灌溉农业推行为主要内容的殖民农业是生态帝国主义的一部分。那么19世纪中后期以小麦的科学种植，牧草培育和灌溉农业种植为目标的殖民农业实际上是对生态帝国主义在新大陆引发的环境后果的回应。而19世纪末殖民农业的发展部分地成为环境修复手段，也成为生态进一步退化的原因。

　　相对稳定的地质条件、独立的生物进化进程成就了澳大利亚独特的生态景观，塑造了澳大利亚土著居民的生产生活与精神世界。这些渡海而来的先民们也为澳大利亚殖民农业的发展奠定了第一块基石。殖民者到来时见到的天然牧场，是干旱的气候与土著的火把共同造就的顶级群落。掌握比土著居民更强大和复杂技术的殖民者引入旧世界的物种，对环境进行更大范围和更深程度的改变。牛羊涌入内陆平原时，距离最近一次巨型动物在这里踱步午餐已有万余年。不同于英国人在其他地方的农业垦殖，大洋洲是一个完全没有被有蹄动物踩踏过的地方。牧羊人越努力地将内陆改造成英格兰的围场，草原的退化就会越迅速，沙尘暴就会越肆虐。坚硬多刺的原生植被"入侵"草原，数十种小型哺乳动物灭绝，兔子在沙土中失控狂奔，土壤硬化，溪水断流。一度与欧洲殖民者在平原上殊死搏斗的土著居民也因生计受迫、斗争失败和疾病而衰落。在这些地区，欧洲殖民者尽管实现了人口替代。经典意义上"新欧洲"却从未真正建立。温带作为一种气候类别未能区别澳大利亚大陆土地的多样化生态；作为一种垦殖概念，也只能涵盖澳大利亚适宜于欧式农耕的极少量土地。征服还是适应干旱是澳大利亚新欧洲建设过程中挥之不去的议题，影响着殖民农业的发生与发展过程。

在 19 世纪中后期开始,科学农业为基础的小麦种植、以水利工程学为基础的灌溉殖民地的建设被视为解决牧区社会和环境问题的两种可行性方案——以种植业的田园畅想取代牧民青睐了半个世纪的自由放任。在澳大利亚语境中,以农耕定居为代表的垦殖者(settler)与垦殖(settling)是与牧场借用人(squatter)的强占(squatting)滥用相对的一组词汇,"更紧密的安置"(closer settlement)不仅代表了不断拓展的农业边疆,还意味着乡村环境重建与社会秩序的改良。但是,以征服干旱为目标的灌溉农业推进并非小农的田园牧歌,缺水断流与土壤盐碱化是帝国扩张的生态限度。尽管土壤科学家对农业生态的发展持更长久的眼光,但他们提出的改良方式也多受制于工程学的影响。而当帝国内的灌溉工程被当作开发边疆的捷径时,他们的研究成果停留在了实验室内。植物育种家选育杂交小麦品种以适应新世界土地的旱作条件,为欧洲作物的种植提供了大片生态学意义上的处女地。但是澳大利亚小麦种植王国由于其所享有的优势而动摇,富饶的麦地再次吸引了土地的投机,健全的耕作制度迟迟未能建立。以征服干旱或者顺应干旱为目标的殖民农业都是以与自然剥离为肌理、以追求效率为目标的剥削型工业农业,并无彻底解决环境问题的可能。

殖民者对于澳大利亚环境的认知,与 19 世纪以来的生物学、气象学以及与遗传、文明有关的思想纠缠在一起,共同影响了殖民农业的发展。澳大利亚干旱的环境是"干旱说"诞生的土壤,但"干旱说"并非纯粹的环境知识,而是殖民主义背景下的知识话语。它与灌溉农业的进步叙事以及小麦边疆的文明叙事,共同构成推动殖民农业开疆拓土的理论工具。三者的产生也都受制于公众文化和政治,尤其是殖民社会对于内陆定居的欲望和焦虑。殖民者将澳大利亚的"干旱"桎梏以及土著居民未能开发澳大利亚大陆这一事实进行简单的因果判断,用以证实证明殖民者开拓的正当性。"干旱"也成为此后讨论澳大利亚农业与发展问题的起点,"干旱说"的存在充分证实了灌溉的合理性。包括地理学、土壤学等学科在内的学术研究及其成果成为支持灌溉叙事的科学内核。复刻灌溉农业成为殖民者在澳大利亚实现白人现代文明,并借此排斥其他种族的理由。小麦也因被认为孕育了白人在身体和智力的优势而符合"文明"的标准。小麦的文明叙事创造了农作物和人类共同进化理论的极端版本。

以进化理论和遗传学为基础的生物学是19世纪的科学创见。但是它与关于人种差异、文明等级的文化观念结合，并被用作论证社会问题具有预先确定的生物学或遗传学基础的手段。将"自然"作为人类差异的根源，实则是将入侵、暴力、掠夺和不平等合理化。

澳大利亚殖民农牧业的发展并不是孤立的历史进程。澳大利亚是当时以水利工程技术、土壤科学知识、科技人员的交流为主要内容的全球灌溉知识交往网络的重要节点。这一网络以英国国内的学院科研为基础，在服务英国殖民印度的过程中扩张，并辐射至美国西部和帝国的其他成员。羽翼渐丰的加利福尼亚工程师和农业企业家很快开始向以澳大利亚为代表的白人移民殖民地逆向传播，开展灌溉拓展实践。澳大利亚作为灌溉知识交往网络中的新节点，其发展模式、动向与网络的其他节点间密切联动。作为以盎格鲁-撒克逊白人为主体的游戏，灌溉知识交往网络的扩张有其内在逻辑。它依托是帝国内部和北美既存的社会权力关系。支撑它运行的认知基础是一整套从属于资本扩张和殖民开拓的对自然的解释和环境知识。在澳大利亚，这种生态知识还与种族主义结合，成为独特的种族环境学说，鼓吹拓殖的正当性。在印度，灌溉农业亦被英国殖民者堂而皇之视为利民工程，宣告殖民的正义性。近代工程学知识在两地的确立意味着本土环境认知的断裂，传统治水经验和少数族裔生态经验的失语。19世纪以来，英帝国和北美的工程师设计出蜿蜒盘旋的运河，翻山越岭的铁路，用精细的网络把世界联系起来，让深埋地下的金矿见之于世，还将千里之外的水源用于浇灌荒芜。这些工程师和背后的决策者通常都相信科学与技术可以帮助人类在不毛之地定居，创造市场，进而进入世界市场；他们还认为技术可以为社会带来多重福利，工程师多自我标榜也被标榜为光明和进步的使者。灌溉引发的环境退化本该是对工程学进步论的直接回击。整个19世纪澳大利亚的牧场是欧洲的羊毛原材料基地，羊毛的价格取决于国际市场需求，牧场资本亦为大量海外投资。19世纪末每一次全球性经济危机的发生与世界市场羊毛价格的涨跌，都会引发澳大利亚牧场的共振，继而与澳大利亚本地周期性的气候变化一起凑合成改变牧场生态的力量。19世纪末，欧洲、加拿大、美国、澳大利亚、阿根廷等地的植物育种家们开始选育杂交小麦品种以适应新世界土地的生长条件。他们与同行往来的邮件里往往包裹着数十种亟待试验的小麦种子。最终育种专家为这种被认为代表着欧洲文明的作物找到了大片的"处女地"。而当新世界生产的粮食大量被运回欧洲时，极大地压低了谷物价格，甚至影响了欧洲农民的收入。小麦与灌溉边疆的推进恰逢地理学意义的边疆消失和资本主义工业社会的形成，在日渐成为主流价值观的资本主义市场价值体系中，自然环境是资源，在工业与科学主义的语言中，自然是需要被驯服的野兽。边疆遭遇的生态危机体现的正是资本主义工业文化对自然内在价值的扭曲和异化。

澳大利亚的探险神话记录的是边疆的人地关系。从最初的牧场借用人，淘金热后的选地人，伐木工人，赶牲口的人，小麦种植者，葡萄园种植者……丛林中存在过数十种职业，它们相继出现，然后消失，几乎从未共存。这是农人与自然讨价还价的方式，不断试探，抗争或者合作，边疆的推进最终奠定了澳大利亚农业地理的分布格局。在极端气候条件下，很多开垦过的土地会在耕作后被放弃，农田再次成为丛林。人们经常将澳大利亚的选地行为与美国《宅地法案》颁布后的内陆开发进行对比，而且通常被认为不及后者。在70年间，美国大约160万农民创造了美国10%的农田。澳大利亚的粮食种植者在优质土地已经被牧场主垄断的情况下，创造了1000多个农场。土壤的贫瘠、天气的恶劣、市场的不稳定、连同选地者的挫折、孤独与压力一起被融入边疆的英雄主义认同：勇敢付出与坚忍不拔。澳大利亚是严重依赖初级产业的第一世界国家，公共财富和私人财富的增长轻而易举消解掉欧洲人定居给环境造成的破坏。这种流行至今的边疆农业思维和功利主义伦理是在牧场与农地里确立的。

培育、收获和汲取食物是人类与自然最重要、恒久且具体的联系。现代人类拥有的武器已经远胜火把，此时更需要我们可以以审慎的态度去读懂历史演进与环境变迁。

参考书目

一　档案资料

档案类

Agriculture Gazette of New South Wales.

Correspondence and Papers Relating to the Government and Affairs of the Australian Colonies, Parliament of Great Britain.

Historical Records of Australia.

National Archives, Commonwealth Archives Office.

New South Wales State Archives, New South Wales Archives Office.

New South Wales Parliament Paper, 1885–1886.

South Australia Parliament Paper, 1879–1993.

Victoria Parliament Paper, 1861–1899.

Voteand Proceedings, Legislative Council of New South Wales.

Vote and Proceedings, Legislative Council of Victoria.

调查报告

Hugh Mckinney, Progress Report: First Annual Report of Chief Engineer for Water Conservation, Sydney: Department of Mines and Agriculture, 1884.

New South Wales Legislative Council, Select Committee on Immigration, including Replies to a Circular Letter on the Aborigines, Sydney: Government Printer, 1849.

Royal Commission on Water Supply, Royal Commission on Water Supply First Progress Report, Melbourne: Robert S. Brain, Government Printer, 1885.

Victoria Central Board of Health, Fifth Annual Report, Melbourne: John

Ferres, Government Printer, 1860.

Victoria Parliament, Burke and Wills Commission, *Report of the Commissioners Appointed to Enquire into and Report upon the Circumstances Connected with the Sufferings and Death of Robert O'Hara Burke and William John Wills, the Victorian Explorers*, Melbourne: John Ferres Government Printer, 1862.

Victoria Royal Commission, *Vegtation Products*, 5th *Progress Report*, Melbourne: Gornment Printer, 1888.

日记类

Burke, R. O'Hara, *Robert O'Hara Burke's Dig Tree Note*, Melbourne: State Library of Victoria, 1861.

——, *Last Notes of Robert O'Hara Burke*, Melbourne: State Library of Victoria, 1861.

Coote, Charles, William *Diaries and Papers*, Melbourne: University of Melbourne Archives, 1870–1900.

Grossman, Charles, *Diaries, Papers and Photographs*, MS 12589, Melbouren: State Library of Victoria, 1880–1914.

Banks, Joseph, *Papers of Sir Joseph Banks and The Endeavour Journal of Joseph Banks*, State Library of New South Wales.

Thomas Mitchell, *Sir Thomas Mitchell-Papers*, 1708–1855, Series: C 40–C 56, Syndey: Mitchell Collection, State Library of New South Wales.

二 外文著作

Adams, William and Martin Mulligan, *Decolonizing Nature: Strategies for Conservation in a Post-colonial Era*, London: Fathscan, 2003.

Al, Gabay, *The Mystic Life of Alfred Deakin*, Cambridge: Cambrdge University Press, 1992.

Alexander, J. A., *The Life of George Chaffey: A Story of Irrigation Beginnings in California and Australia*, London: Macmillan, 1928.

Ali, Imran, *The Punjab Under Imperialism 1885–1947*, Princeton: Princeton University Press, 1988.

Allen, C. H., *A Visit to Queensland and Her Goldfield*, London: Chapman &

Hall, 1870.

Allen, J. and Ryhs Jones, *Sunda and Sahul: Prehistoric Studies in Southeast Asia, Melanesia and Australia*, Sydney: Academic Press, 1977.

Anderson, Katharine, *Predicting the Weather: Victorians and the Science of Meteorology*, Chicago: The University of Chicago Press, 2005.

Anderson, Warrick, *The Cultivation of Whiteness*, Madison: Duke University Press Books, 2006.

Andrews, John, *Australia's Resources and Their Utilization*, Sydney: University of Sydney Press, 1965.

Ashton, Paul, *Centennial Park: A History*, Sydney: New South Wales University Press, 1988.

Attiwill, P. M. and G. W. Leeper, *Forest Soils and Nutrient Cycles*, Carlton: Melbourne University Press, 1987.

Baden-Powell, B. H., "Note on the Saline Efflorescence of Certain Soils, Known as Reh", *Hand Book of the Economic Products of the Punjab*, Vol. 1, Roorkee: Thomason Civil Engineering College Press, 1868.

Balfour, J. O., *A Sketch of New South Wales*, London: Elder Smith, 1845.

Baker, Samuel, *The Albert N' Yanza*, London: Macmillan, 1866.

Barnard, Alan, *The Australian Wool Market, 1840 – 1900*, Victoria: Melbourne University Press, 1958.

Barr, N. F. and J. W. Cary, *Greening a Brown land: the Australian Search for Sustainable Land Use*, Melbourne: South Macmillan Education Australia, 1992.

Bartley, N., *Opals and Agates; or Scenes under the Southern Cross and the Magelhans: Being the Memories of Fifity Years of Australia and Polynesia*, Brisbane: Gordon & Gotch, 1892.

Barton, C. H., *Outlines of Australian Physiography Sydney*, Maryborough: Alston & Co., 1895.

Beattie, James, Edward Mellillo and Emily O'Gorman, eds., *Eco-Cultural Networks and the British Empire 1837 – 1945*, London: Bloomsbury Academic, 2015.

Beattie, James, Emily O'Gorman and Mattew Henry, *Climate, Science, and Colonization: Histories from Australian and New Zealand*, New York: Palgrave Macmillan, 2014.

Beattie, James, *Empire and Environmental Anxiety: Health, Science, Art and Conservation in South Asia and Australasia, 1800 – 1920*, South Melbourne: Macmillan Education Australia, 2011.

Beckler, Hermann, *A Journey to Cooper's Creek-Hermann Beckler*, translated by Jeffries, Stephen and Michael Kertesz, Carlton: Melbourne University Press in association with The State Library of Victoria, 1993.

Benson, D. and J. Howell, *Taken for Granted. The Bushland of Sydney and Its Buburbs*, Sydney: Kangaroo Press in association with the Royal Botanic Gardens, 1990.

Bigge, Thomas, *Report on State of the Colony of New South Wales*, London: The House of Comons, 1822.

Blainey, Geoffrey, *The Tyranny of Distance*, Melbourne: Sun Books, 1966.

Blair, David, *The History of Australasia: from the First Dawn of Discovery in the Southern Ocean to the Establishment of Self Government in the Various Colonies*, Glasgow: McGready, Thomson & Niven, 1878.

Blackburn, Gerard, *Pioneering Irrigation in Australia to 1920*, Melbourne: Australian Scholarly Publishing Pty Ltd, 2004.

Blavatsky, H. P., *The Secret Doctrine: Anthropogenesis*, London: Theosophical Pub & Co., 1888.

Bligh, William, *A Voyage to the South Sea*, The Project Gutenberg EBook, 2005.

Bolton, Geoffrey, *Spoils and Spoilers: Australians Make Their Environment 1788 – 1980*, Sydney: Allen & Uwin, 1992.

Bonnett, Alastair, *The Idea of the West: Culture, Politics and History*, Houndmils, Basingstoke, New York: Palgrave Macmillan, 2004.

Booth, E. C., *Another England: Life, Living, Homes and Home-Makers in Victorian*, London: Virtue & Co., 1869.

Boothby, Guy, *On the Wallaby, or Through the East and across Australia*,

New York: Longmans, Green & Co. , 1894.

Bowdler, S. and S. O' Connor, "The Dating of Australian Small Tool Tradition, with New Evidence from the Kimberley", *Australian Aboriginal Studies*, Vol. 1 (1991) .

Brereton, Robert, *Reminiscences of an Old English Civil Engineer*, 1885 – 1908, Portland, Ore: Irwin-Hdson, 1908.

Brodribb, W. A. , *Recollection of Australian Squatter 1835 – 1883*, Sydney: John Woods, 1978.

Buckland, Frank T. , *Log-Book of a Fisherman and Zoologist*, London: Chapman & Hall, 1875.

Burroughs, William T. , *Climate Change in Prehistory: The End of the Reign of Chaos*, Cambridge: Cambridge University Press, 2005.

Callaghan, Jeff and Peter Helman, *Severe Storms on the East Coast of Australia, 1770 – 2008*, Adelaide: Griffith University, Griffith Centre for Coastal Management, 2008.

Cannon, M. , *Australia in the Victoria Age I: Who's Master? Who's Man?* Melbourne: Nelson, 1974.

Carroll, J. ed. , *Intruder in the Bush: the Australian Quest for Identity*, Melboune: Oxford University Press, 1982.

Cathcart, Michael John, *The Water Dreamers: How Water and Silence Shaped Australia*, Carlton: Melbourne University Press, 2008.

Childress, David Hatcher, *Lost Cities of Ancient Lemuria and the Pacific*, Illinois: Adenture Unlimited Press, 1988.

Clark, C. , *The Economics of Irrigation*, Oxford, New York: Pergamon Press, 1967.

Clark, C. M. H. , *Select Document in Australian History 1851 – 1900*, Sydney: Angus & Robertson, 1955.

Clarke, M. , *History of the Continent of Australia and the Island of Tasmania, 1787 to 1870*, Melbourne: F. F. Bailliere, 1877.

Crosby, Alfred, *The Columbian Exchange: Biological and Cultural Consequences of 1492*, Santa Barbara: Greenwood Press, 1972.

——, *Ecological Imperialism: The Biological Expansion of Europe*, 900 – 1900, Cambridge: Cambridge University Press, 1986.

Coghlan, T. A., *Labour and Industry in Australia*, Oxford University Press, 1918.

Collins, David, *An Account of the English Colony in New South Wales*, Melbourne: Whitcombe and Tombs, 1910.

Coman, Brian, *Tooth & Nail: The Story of the Rabbit in Australia*, Melbourne: Text Publishing, 2010.

Committee of the Royal Society of Victoria Progress, *Progress Reports of the Exploration Committee Fifth Report*, 1860, Melbourne: Royal Society of Victoria, Mason & Firth Printers, 1863.

Commonwealth of Australia, *Wheat Growing in Australia*, Melbourne: Australia Department of External Affairs, 1915.

Conley, Bernice, *Dreamers and Dwellers, Ontario and Neighbors: An Offering of the Years of Research into the Beginnings of the Model Colony and Its Neighbors in the Boom Years of Southern California*, Montclair: Stump, 1982.

Cooke, Brian D., *Analysis of the Spread of Rabbit Calicivirus from Wardang Island through Mainland Australia*, Sydney: Meat Research Corporation, 1996.

Corbett, A. F., *Climate and Resources of Upper India and Suggestions for Their Improvement*, London: W. H. Allen & Co., 1874.

Cornish, H., *Under the Southern Cross*, London: Higginbotham & Co., 1880.

Curr, Edward Micklethwaite, *The Australian Race: Its Origin, Languages, Customs, Place of Landing in Australia, and the Routes by Which it Spread Itself over That Continent*, Melbourne: John Ferres, 1886.

Curthoys, Ann, *Race and Ethnicity: A Study of the Response of British Colonists to Aborigines Chinese and non-British Europeans in NSW, 1856 – 1881*, Phd thesis, Sydney: Macquarie University, 1973.

Dakin, William J., *Whalemen Adventure*, Sydney: Angus and Robertson, 1963.

Davis, P. S. , *Man and the Murray*, Kensington: New South Wales University Press, 1978.

Davidson, B. R. , *Australia-Wet or Dry? The Physical and Economic Limits to the Expansion of Irrigation*, Carlton: Melbourne University Press, 1969.

——, *European Farming in Australia: An Economic History of Australia Farming*, Amsterdam, Oxford, New York: Elsevier Scientific Publishing Company, 1981.

Davison, George, B. S. Alexander and Major Mendell, *Report of the Board of Commissioners on the Irrigation of the San Joaquin, Tulare, and Sacramento Valleys of the State of California*, Washington: Office of History, U. S. Army Corps of Engineers Fort Belvoir, 1990.

Division of National Mapping, *Soil and Land Use*, Volume 1, *Atlas of Australian Resource*, *Third Series*, Canberra: Australian Government Publishing Service, 1980.

Dawson, Robert, *The Present State of Australia*, London: Smith, Elder & Co. , 1830.

Deakin, Alfred, *Irrigation in Western America, so far as It Has Relation to the Circumstances of Victoria: A Memorandum for the Members of the Royal Commission on Water Supply*, Melbourne: Government Printer, 1884.

——, *Irrigated India, An Australian view of India and Ceylon: Their Irrigation and Agriculture*, London, Melbourne: W. Thacker & Co. , 1893.

——, *General Records of the Department of State, Despatches From US Consuls in Melbourne, Australia*, RG84, No. 306, Microfilm T1 & 2, US National Archives, College Park, MD.

Department of Civil and Geological Engineering Investigation Project, *The Sustainability of Use of Groundwater from the South-Western Edge of the Great Artsian Basin*, Melbourne: RMIT, 1997.

Drake, Francis, *Irrigation: The New Australia*, Melbourne: Melbourne Observer Press, 1891.

Dunlop, A. J. , *Wide Horizons: The Story of Yarrawonga, Tungamah and Cobram Shires*, Bentleigh, Victoria: Dunlop, 1978.

Dunsdorts, Edgars, *The Australia Wheat Growing Industry* 1788 – 1948, Melbourne: Melbourne University Press, 1946.

England, H. N., *Australian Needs in Irrigation*, Sydney: CSRIO, 1965.

Gange, W. P. and S. J. Hutchinson, *Water in Australia*, Melbourne, Canberra, etc.: Cheshire, 1967.

Garden, Don, *Created Landscapes: Historians and the Environment*, Carlton: Melbourne University Press, 1993.

——, *Droughts, Floods and Cyclones: El Ninos that Shaped Our Colonial Past*, North Melbourne: Australian Scholarly Publishing, 2009.

Glantz, Michael, *Drought Follows the Plow: Cultivating Marginal Areas*, Cambridge: Cambridge University Press, 1995.

Gordon, David, *Conquering the Desert. Conservation-Reclamation-Irrigation: A Nation Policy for Progressive People*, Chessington: W. K. Thomas & Co., 1907.

Gordon, George and Black A., *Supply of Water to the Northern Plains, Part. 1, Supply for Domestic Purpose and Use of Stock*, Melbourne: Government Printer, 1881.

Gordon, George, *Water Supply*, Broken Hill: The Barrier Miner, 1890.

Griffith, Tom and Libby Robin, eds., *Ecology and Empire: Environmental History of Settler Societies*, Edinburgh: Edinburgh University Press, 1997.

Egeson, Charles, *Egeson's Weather System of Sun-Spot Causality: Being Original Researches in Solar and Terrestrial Meteorology*, Sydney: Turner & Henderson, 1889.

Ericson, D. B. and G. Wollin, *The Ever-Changing Sea*, New York: Alfred A. Knopf, 1971.

Hall, R. S., *The State of New South Wales in December* 1830, London: Joseph Cross.

Eyre, Edward, *Journals of Expeditions and Discovery*, London: Boone, 1845.

Farrer, William, *Grass and Sheep-Farming: A Paper-Speculative and Suggestive*, Sydney: William Maddock, 1873.

Farwell, G., *Ghost Towns of Australia*, Adelaide: Rigby Ltd., 1965.

Fitchett, William Henry, *The New World of the South-The Romance of Australian History*, London: G. Bell & Sons Ltd., 1913.

Flanagan, Richard, *A Terrible Beauty: History of the Gordon River Country*, Richmond: Greenhouse Ltd., 1985.

Flannery, Tim, *Introduction of The Birth of Sydney*, Melbourne: Text Publishing, 1999.

Foley, J. C., *Droughts in Australia: Review of Records from Earliest Years of Settlement to 1955*, Melbourne: Bureau of Meteorology, 1957.

Food and Agriculture Organization of the United Nations (FAO), *Production Year Book 1965*, Rome: FAO, 1966.

Hallam, Sylvia, *Fire and Hearth: A Study of Aboriginal Usage and European Usurpation in South-Western Australia*, Perth: University of Western Australia Press, 1975.

Hallows, P. J. and D. G. Thompson, *The History of Irrigation in Australia*, Mildura: ANCID, First Mildura Irrigation Trust, 1995.

Hancock, W. K., *Australia*, New York: Charles Scribner's Sons, 1930.

Harney, Bill and A. P. Elkin, *Songs of the Songmen: Aboriginal Myths Retold*, Adelaide: Rigby Ltd., 1969.

Heathcote, R. L., *Back of Bourke: A Study of Land Appraisal and Settlement in Semi-Arid Australia*, Melbourne: Melbourne University Press, 1965.

Hennessey, David, *An Australia Bush Track*, London: Hodder and Stoughton, 1913.

Henzell, Ted, *Australian Agriculture: Its History and Challenges*, Collingwood: CSIRO Publishing, 2007.

Hewat, Tim, *Golden Fleeces: The Falkiners of Boonoke*, Sydney: Bay Books, 1980.

Hill, Ernestine, *Water into Gold*, Melbourne: Robertson & Mullens, 1943.

Hodgson, C. P., *Reminiscences of Australia with Hints on Squatters' Life*, London: Wright, 1846.

Hoyt, D. V. and K. H. Schatten, *The Role of the Sun in Climate Change*, New York/Oxford: Oxford University Press, 1997.

Howitt, William, *Land, Labour and Gold; or, Two Years in Victoria, with Visit to Sydney and Van Diemen's Land*, London: Longman, 1855.

Hudgson, C. P. , *Reminiscences of Australia with Hints on the Squatter's Life*, London: Wright, 1846.

Jenkins, J. , *Diary of a Welsh Swagman*, Melbouren: Macmillan, 1975.

Jenny, H. , *E. W. Hilgard and the Birth of Modern Soil Science*, California: Farallon Publications, 1961.

Jones, A. , *Lyrup Village: A Century of Association* 1894 – 1994, Lyrup: Lyrup Village Century Committee, 1994.

Jones, Rebecca, *Slow Catastrophe: Living with Drought in Australia*, Melbourne: Monash University Publishing, 2017.

Keating, J. , *The Drought Walked through: A History of Water Shortage in Victoria*, Melbourne: Department of Water Resources Victoria, 1992.

Kennedy, D. , *The Last Blank Spaces: Exploring Africa and Australia*, Massachusetts, London, England: Harvard University Press, 2013.

Kerridge, E. , *The Famers of Old England*, London: Alle & Uwin, 1973.

King, A. R. , *Influence of Colonization on the Forests and the Prevalence of Bushfires in Australia*, Melbourne: CSIRO Publishing, 1963.

Klippart, John H. , *The Wheat Plant: Its Origin, Culture, Growth, Development, Composition, Varieties, Diseases, Etc.* , Cincinnati, London: Wentworth Press, 2016.

Lake, Marilyn, *The Limits of Hope: Soldier Settlement in Victoria* 1915 – 38, Oxford: Oxford University Press, 1987.

Lansbury, Coral, *Arcady in Australia; The Evocation of Australia in Nineteenth Century English Literature*, Carlton: Melbourne University Press, 1970.

Lawrence, D. H. , *The Boy and the Bush*, Cambridge: Cambridge Univerisity Press, 2002.

Leichhardt, Ludwig, *Journal of an Overland Expedition in Australia: From Moreton Bay to Port Essington, A Distance of Upwards of 3000 Miles, During the Years* 1844 – 1845, The Project Gutenberg EBook, 2004.

Litchfield, L. , *Marree and the Tracks Beyond in Black and White*, Self Published, 1983.

Lloyd, C. J. , *Either Drought or Plenty: Water Development and Management in New South Wales*, Parramatta: Department of Water Resources New South Wales, 1988.

Macintyre, Stuart, *A Concise History of Australia*, Cambridge: Cambridge University Press, 1999.

Macintyre, Stuart and Anna Clark, *The History Wars*, Melbourne: Melbourne University Press, 2004.

MacMahon, Samuel, *Land Utilization in Australia*, London: Melbourne University Press, 1964.

Malthus, Thomas, *An Essay on the Principle of Population*, London: J. Johnson in St Paul's Church-Yard, 1798.

Maslen, T. J. , *The Friend of Australia; or A Plan for Exploring the Interior. Hurst*, London: Chance & Co. , 1830.

McCoy, C. G. , *Victorian Irrigation and Drainage Practice Paper 1: Historical Development of Irrigation in Victoria*, Melbourne: State Rivers and Water Supply Commission, 1981.

McKenna, M. , *The Captive Republic*, Cambridge: Cambridge University Press, 1996.

Mckilop, R. F. , *Into the Golden West: The Mckillops of Budah*, 1782 – 1974, Castlecrag: MWA International, 2007.

Michell, Thomas, *Three Expeditions into the Interior of Eastern Australia*, London: T. & W. Boone, 1838.

Moorehead, Alan, *Cooper's Creek*, New York: Harper & Row, 1963.

Morgan, Ruth, *Running Out? Water in Western Australia*, Crawley: Western Australia University Press, 2015.

Morton, W. L. , *Notes on A Tour in the Wimmera District*, Melbourne: National Parks Authority, 1861.

Mountford, C. P. , *Brown Men and Red Sand: Journeyings in Wild Australia*, Melbourne: Angus & Robertson, 1967.

Muir, Cameron, *The Broken Promise of Agricultural Progress: An Environmen-

tal History, London: Routlege, 2014.

Mulvaney, John and Johan Kamminga, *Prehistory of Australia*, Washington (DC): Smithsonian Institution Press, 1999.

Mulvaney, John and Jack Golson, eds., *Aboriginal Man and Environment in Australia*, Canberra: Australian National University Press, 1971.

Murgatroyd, Sarah, *The Dig Tree*, Camberwell: Viking, 2002.

Murray, Sturt, *Irrigation in Victoria: Its Position and Prospect: A Report for the Honorable Geo. Graham, M. P., Minister of Water Supply*, Melbourne: Govnment Printer, 1892.

Mylrea, P. J., *In the Service of Agriculture: A Centennial History of the New South Wales Department of Agriculture 1890 – 1990*, Sydney: NSW Agriculture Fisheries, 1990.

Natural Resources Advisory Council, *Understanding Our Native Grasslands: Agricultural, Environmental and Indigenous Values and Management for the Future*, Sdyney: New South Wales Government Print, 2010.

NWPO (North-Western Provinces and Oudh), *Report of the Reh Committee*, Delhi: Revenue Department, 1879.

O'Gorman, Emily, *Flood Country: An Environmental History of the Murray-Darling Basin*, Collingwood: CSIRO Publishing, 2012.

Onslow, E. Macarthur, ed., *Some Early Records of Macarthurs of Camden*, Sydney: Rigby, 1973.

O' Reilly, M. J., *Bowyangs and Boomerangs: Reminiscences of 40 Years' Prospecting in Australia and Tasmania*, Hobart: Oldham, Bedome & Meredith, 1944.

Parker, K. L., *My Bush Book: K. Langlch Parkers' 1890s Story of Outback Station life*, Adelaide: Rigby, 1982.

Parkinson, S., *A Journal of a Voyage to the South Seas*, London: Richardson and Urquhart, 1773.

Pyne, Stephen, *Burning Bush: A Fire History of Australia*, Washington: University of Washington Press, 1998.

Powell, Eve, *The Thirsty Land: Harnessing Australia's Water Resources*, New

Yourk: Coward-McCannp., 1968.

Powell, J. M., *The Making of Rural Australia, Environment, Society and Economy: Geographical Readings*, Rutherford: Melbourne Sorrett Publishing, 1974.

——, *The Garden State: Water, Land, and Community in Victoria, 1834 – 1988*, Sydney: Allen & Unwin, 1989.

Philip, Arthur, *The Voyage of Governor Phillip to Botany Bay*, The Project Gutenberg EBook, 2005.

Pratten, H. E., *Through Orient to Occident*, London: Longmans & Co., 1879.

Ranken, G., *Colonization in 1876*, London: Tuner & Henderson, 1876.

Robinson, C., *New South Wales: The Oldest and Richest of Australian Colonies*, Sydney: Government Printers, 1873.

Reynolds, Henry, *Other Side of the Frontier: Aboriginal Resistance to the European Invasion of Australia*, Sydney: New South Wales University Press, 1981.

——, *Forgotten War*, Sydney: New South Wales University Press, 2013.

Roberta, S. H., *The Squatting Age in Australia, 1835 – 1947*, Melbourne: Melbourne University Press, 1971.

Rolls, Eric, *A Million Wild Acres*, Melbourne: Nelson, 1980.

Rose, F. G. G., *The Traditional Mode of Production of the Australian Aborigines*, North Ryde: Angus & Robertson Publishers, 1987.

Rowley, Charles, *The Destruction of Aboriginal Society*, Canberra: Australian National University Press, 1970.

Rusden, G. W., *History of Australia*, Melbourne: Chapman and Hall, 1883.

Russell, H. C., *Climate of New South Wales: Descriptive, Historical and Tabular*, Sydney: Charles Potter, Acting Government Printer, 1877.

Russell, J. and R. F. Isbell, eds., *Australian Soils: The Human Impact*, Brisbane: University of Queesland, 1986.

Rutherford, J., "Irrigation Achievement and Prospect in New South Wales", *Australian Geographer*, Vol. 8, No. 5 (1962).

Ryan, Jan, *Ancestors: Chinese in Colonial Australia*, Perth: Freemantle Arts Centre Press, 1995.

Ryan, Simon, *The Cartographic Eye: How Explorers Saw Australia*, Sydney: St. Lucia, 1996.

Schomburgk, Richard, *Report on the Progress and Condition of the Botanic Garden and Government Plantation of 1881*, Adelaide: Botanic Garden and Government Plantations, 1882.

Scott, Ernest, *A Short History of Australia*, Melbourne: Oxford University Press, 1947.

Scott, Ernest, ed., *Australian Discovery*, Vol. 2: By Land, New York: Dent, 1966.

Seeley, J. R., *The Expansion of England: Two Courses of Lectures*, London: Macmillan, 1883.

Sharp, Andrew, *The Voyages of Abel Janszoon Tasman*, New York: Oxford University Press, 1968.

Sheldrick, Janis M., *Nature's Line: George Goyder: Surveyor, Environmentalist, Visionary*, Adelaide: Wakefield Press, 2013.

Southall, Ivan, *Journey into Mystery A Story of the Explorers Burke and Wills*, Melbourne: Lansdowne Press, 1961.

Sowden, William, *The Northern Territory as It is: A Narrative of the South Australian Parliamentary Party's Trip, and Full Descriptions of the Northen Territory, Its Settlements and Industries*, Adelaide: W. K. Thomas & Co., 1882.

——, *Children of the Rising Sun: Commercial and Political Japan*, Adelaide: W. K. Thomas & Co., 1897.

Stanner, W., *After the Dreaming*, Sydney: Australian Broadcasting Commission, 1969.

Sturt, Charles, *Two Expeditions into the Interior of South Australia*, Vol. 2, London: Smith, Elder & Co., 1834.

Symonds, Richard, *Report of the British Association for Advancement of Science*, London: John Murray, 1872.

Taylor, Griffith, *Environment, Race, and Migration*, Chicago: University of Chicago Press, 1937.

Tench, Watkin, *A Complete Account of the Settlement at Port Jackson in New South-Wales*, London: G Nical, 1793.

Thornton, J. A. P., *The Imperial Idea and Its Enemies*, London: Macmillan, 1966.

Tindale, Norman B., *Aboriginal Tribes of Australia: Their Terrain, Environmental Controls, Distribution, Limits and Proper Names*, Canberra: Australia National University, 1974.

Tucker, Horace, *New Arcadia: An Australian Story*, Melbourne: George Roberson Company, 1894.

Tyrrell, Ian, *True Gardens of the Gods: California-Australian Environmental Reform*, 1860 – 1930, Berkeley: University of California Press, 1999.

S. Coast and Geodetic Survey, *Irrigation and Reclamation of Land for Agricultural Purposes, as Now Practiced in India, Egypt, Italy, etc.* By George Davison, Washington: U. S. Government Printing Office, 1875.

Voelcker, J. A., *Report on the Improvement of Indian Agriculture*, London: Eyre and Spottiswoode, 1893.

Wadham, Samuel, *Australian Farming 1788 – 1965*, Melbourne, Canberra and Sydney: F. W. Cheshire, 1967.

Wakefield, Edward, *The New British Province of South Australia*, London: Knight Publishing, 1835.

Ward, Russell, *The Australian Legend*, Oxford: Oxford University Press, 1948.

Warner, W. Lloyd, "Spiritual Conception in Murgin Thought", 1937, reprinted in Max Charlesworth, et al., *Religion in Aboriginal Australia: An Anthology*, St. Lucia: University of Queensland Press, 1984.

Wentworth, William Charles, *A Statistical, Historical, and Political Description of the Colony of New South Wales, and Its Dependent Settlements in Van Diemen's Land*, London: G. & W. B. Whittaker, 1920.

Wheelhouse, Frances, *Digging Stick to Rotary Hoe: Men and Machines in Ru-

ral Australia, Adelaide: Rigby, 1973.

Whitcombe, E., *Agrarian Conditions in Northern India*, Berkeley: University of California Press, 1972.

White, Patrick, *The Eye of Storm*, Sydney: World Scientific Publishing Company, 1973.

William, Michael, *The Making of the South Australian Landscape*, London: Academic Press, 1974.

Wills, William ed., *A Successful Exploration Through the Interior of Australia, from Melbourne to the Gulf of Carpentaria: From the Journals and Letters of William John Wills*, London: Richard Bentley, 1863.

Young, Army, *Environmental Change in Australia since 1788*, Oxford: Oxford University Press, 2000.

三 外文论文

Adams, Francis, "Daylight and Dark. White or Yellow: Which Is to Go? What the Chinese Can Teach Us", *Boomerang*, 1 February 1858.

Andrews, John, "Irrigation in Eastern Australia", *Australian Geographer*, Vol. 3, No. 6 (June 1940).

Allan, R., "El Nino Southern Oscillation Influences in the Australasian Region", *Processes in Physical Geography*, Vol. 1, No. 12 (1988).

Archer, M., "Effects of Human on the Australian Vertebrate Fauna", in M. Archer and G. Clayton, eds., *Vertebrate Zoogeography-evolution in Austrasia Carlise*, West Australia: Hesperian Press, 1984.

Ashcroft, Linden David John Karoly and Joëlle Gergis, "Southeastern Australian Climate Variability 1860 – 2009: A Multivariate Analysis", *International Journal of Climatology*, Vol. 34, No. 6 (2014).

Barwick, Diane, "Coranderrk and Cumeroogunga", in S. Epstein and D. Penny, eds., *Opportunity and Response: Case Studies in Economic Development*, Melbourne: Melbourne University Press, 1972.

Becker, Ludwig, "Letter to Dr Macadam 25th December 1860", in M. Tipping, *Ludwig Becker: Artist and Naturalist with the Burke and Wills Expedition*, Melbourne: Melbourne University Press, 1979.

Benson, S. and M. Scala, "Adapt and Survive Farming for the Future", *Daily Telegraph*, 29 November 2002.

Bowler, J. M. , Rhys Jones, Harry Allen and A. G. Thorne, "Pleistocene Human Remains from Australia", *World Archaeology*, Vol. 2, No. 2 (June 1970).

Birdsell, J. B. , "The Recalibration for the First Peopling of Greater Australia", in J. Allen and R. Jones, *Prehistoric Studies in Southeast Asia, Melanesia and Australia*, Sydney: Academic Press, 1977.

Brantlinger, Patrick, "Victorians and Africans: The Genealogy of the Myth of the Dark Continent", *Critical Inquiry*, Vol. 12, No. 1 (Autumn 1985).

Broome, R. , "Aboriginal Workers on South-Eastern Frontiers", *Australian Historical Studies*, Vol. 26, No. 103 (October 1994).

Capell, A. , "Aboriginal Languages in the South Central Coast, New South Wales: Fresh Discoveries", *Oceania*, Vol. 41, No. 5 (June 1971).

Cathcart, Michael, "The Geography of Silence", *Australia Geographer*, Vol. 26, No. 3 (August 1995).

Cawte, M. , "William Farre and the Australian Response to Mendelism", *Historical Records of Science*, Vol. 6, No. 1 (October 1984).

Chapman, Valerie and Peter Read, *Terrible Hard Biscuits, A Reader in Aboriginal History*, Canberra: ALLEN & UNWIN, 1997.

Colliver, F. S. , "The Australian Aboriginal and His Water Supply", *Archaeology Paper*, No. 5 (March 1974).

Curthoys, Ann, *Race and Ethnicity: A Study of the Response of British Colonists to Aborigines, Chinese and non-British Europeans in NSW 1856–1881*, Phd thesis, Macquarie University, 1973.

Daston, Lorraine, "Unruly Weather: Natural Law Confronts Natural Variability", in Lorraine Daston and Michael Stolleis, eds. , *Natural Law and the Laws of Early Modern Europe*, Burlington: Ashgate, 2008.

Davidson, B. R. , "The Reliability of Rainfall in Australia as Compared with the Rest of the World", *Journal of Australian Institute of Agriculture Council*,

Vol. 4, No. 11 (January 1964).

Dixon, W. A., "Wells and River Waters of New South Wales", *Journal of the Royal Society of New South Wales*, Vol. 23 (1889).

Egeson, Charles, "The Predicated Droughts", *The Evening News*, 23 May, 12 June, 7 July, 9 September, 13 December, 1887.

Farrer, William, "Federation Variety of Wheat", *Agriculture Gazette of New South Wales*, Vol. 13, No. 2 (1902).

Fennessy, B. V., "Native Fanna", in Geoffrey W. Leeper ed., *The Australian Environment*, Parkville: Melbourne University Press, 1970.

Freeman, T. W., "The Royal Geographical Society and the Development of Geography", in E. H. Brown, ed., *Geography Yesterday and Tomorrow*, Oxford: Oxford University Press, 1980.

Fairburn, Miles, "The Rural Myth and the New Urban Frontier", *New Zealand Journal of History*, 9 April 1975.

Fitzpatrick, Kathleen, "The Burke and Wills Expedition and the Royal Society of Victoria", *Historical Studies: Australian and New Zealand*, Vol. 10 (1963).

Frederic, Schell, *Picturesque Atlas of Australasia*, London: Picturesque Atlas Publication Co., 1886.

Frost, Lionel, "Government and Economic Development: The Case of Irrigation in Victoria", *Australian Economic History Review*, Vol. 32, No. 2 (1992).

Gatty, R., "Colony in Transition", *Pacific Affairs*, Vol. 26, No. 2 (June 1953).

Gergis, Joëlle, Ailie Jane Eyre Gallant, Karl Braganza, David John Karoly, Kathryn Allen, Louise Cullen, Rosanne D'Arrigo, Ian Goodwin, Pauline Grierson and Shayne McGregor, "On the Long-Term Context of the 1997 - 2009 'Big Dry' in South-Eastern Australia: Insights from a Year Multi-proxy Rainfall Reconstruction", *Climatic Change*, Vol. 1, No. 111 (October 2012).

Gergis, Joëlle, Don Garden and Claire Fenby, "The Influence of Climate on the First European Settlement of Australia: A Comparison of Weather Journals, Documentary Data and Palaeoclimate Records, 1788 – 1793", *Environmental History*, Vol. 15, No. 3 (October 2010).

Gergis, Joëlle, Linden Ashcroft and P. Whetton, "A Historical Perspective on Australian Temperature Extremes", *Climate Dynamics*, Vol. 15, No. 6 (2020).

Gergis, Joëlle, Zak Baillie and Tessa Ellwood, "A Historical Climate Dataset for Southwestern Australia, 1830 – 1875", *International Journal of Climatology*, Vol. 12, No. 3 (2021).

Guthrie, F. B., "The Chemical Nature of the Soils of New South Wales with Special Reference to Irrigation", *Journal of the Royal Society of New South Wales*, Vol. 37 (1903).

Hallam, Sylvia, "Yams, Aluvium and Villages on the West Coastal Plain", in Ward, G. K., eds., *Archaeology at ANZAAS*, Canberra: Canberra Archaeological Society, 1986.

Hay, C., "Restating the Problem of Regulation and Reregulating the Local State", *Economy and Society*, Vol. 24, No. 3 (March 1995).

Harris, Edwyna, "Develop-ment and Damage: Water and Landscape Evolution in Victoria, Australia", *Landscape Research*, Vol. 31, No. 2 (Januray 2006).

Headly, J. J., "The Lemurian Nineties", *Australia Literary Studies*, Vol. 8, No. 3 (August 1978).

Heathcote, R., "Drought in Australia: A Problem of Perception", *Geographical Review*, Vol. 16, No. 59 (April 1969).

Hiscock, Peter, "Creators or Destroyers? The Burning Questions of Human Impact in Ancient Aboriginal Australia", *Humanities Australia*, Vol. 3, No. 5 (March 2014).

Holmes, Macdonald, "Australia's Vast Empty Spaces", *Australian Geographer*, Vol. 3, No. 2 (September 1936).

Hunter, S., *Hill, Hunter Island. Terra Australis* 8, Department of Prehistory, Research School of Pacific Studies, Canberra: Australian National University, 1984.

Jefferis, J., "Australia's Mission and Opportunity", *Centennial Magazine*, Vol. 1, No. 2 (September 1888).

Jevons, William, "Some Data Concerning the Climate of Australia and New Zealand", in *Waugh's Australian Almanac for* 1859, Sydney: James W. Waugh, 1859.

Jones, Ryhs, "Archaeological Field Work in Tasmania", *Antiquity*, Vol. 38, No. 152 (December 1964).

——, "Fire-Stick Farming", *Australian Natural History*, Vol. 16, No. 7 (September 1969).

——, "Emerging Picture of Pleistocene Australians", in *Nature*, Vol. 246 (1973).

Kenyon, A. S., "Irrigation in the Early Days", *Journal of Agriculture Victoria*, Vol. 10, No. 1 (1912).

Kohen, J. L. and Ronald Lampert, "Hunters and Fishers in the Sydney Region", in D. J. Mulvaney and J. Peter White, eds., *Australians to 1788*, Sydney: Fairfax, Syme, & Weldon Associates, 1987.

Langton, Marcia, "Earth, Wind, Fire and Water: the Social and Spiritual Construction of Water in Aboriginal Societies", in B. David, B. Barker and I. J. Niven, eds., *The Social Archaeology of Australian Indigenous Societies*, Canberra: Aboriginal Studies Press, 1998.

Leeper, Geoffrey W., "Soils", in Geoffrey W. Leeper eds., *The Australian Environment*, Parkville: Melbourne University Press, 1970.

Lees, R. D., "The Effect of Fallowing on Soil Moisture", *Agricultural Gazette of New South Wales*, Vol. 2, No. 37 (1922).

Lockyer, William, "Simultaneous Solar and Terrestrial Changes", *Science*, Vol. 19, No. 7 (1903).

Lourandos, H., "Swamp Managers of Southwestern Victoria", in D. J. Mulvaney and J. P. White, ed., *Australians to 1788*, Broadway: Fairfax, Syme & Weldon, 1987.

Lunney, Daniel, "Causes of the Extinction of Native Mammals of the Western

Division of New South Wales: An Ecological Interpretation of the Nineteenth Century Historical Record", *The Rangeland Journal*, Vol. 23, No. 1 (September 2001).

Lunt, Ian and Peter Spooner, "Using Historical Ecology to Understand Patterns of Biodiversity in Fragmented Agricultural Landscapes", *Journal of Biogeography*, Vol. 11, No. 32 (March 2005).

Marriot, William, "The Earliest Telegraphic and Meteorological Reports", *Edinburgh Review* (July 1838).

Martin, C. S., *Irrigation and Closer Settlement in the Shepparton District 1836 – 1906*, Melbourne: Melbourne University Press, 1955.

Martin, James Ranald, *The Influence of Tropical Climates on European Constitutions*, New York: Wood, 1846.

McColl, J. H., "Hugh McColl and the Water Question in Northern Victoria", *Victorian Historical Magazine*, Vol. 5, No. 4 (1917).

Mead, Elwood, "Problems in Irrigation Development", *Journal of the Department of Agriculture*, Vol. 7 (August 1909).

Medlicott, H. B., "Note on the Reh Efflorescence of North-West India, and on the Waters of the Rivers and Canals", *Journal of the Royal Asiatic Society* 20, 1863.

Mckinney, H. G., "The Progress and Position of Irrigation in New South Wales", *Journal of the Royal Society of New South Wales*, Vol. 27 (1893).

Millen, E. D., "Our Western Land", *Sydney Morning Herald*, 18 November 1899.

Miller, Julia, "Whats Happening to the Weather? Australian Climate, H. C. Russell, and the Theory of a Nineteen-Year Cycle", *Historical Records of Australian Science*, Vol. 25, No. 1 (2014).

Mingaye, J. C. H., "Analyses of Some of the Well, Spring, Mineral and Artesian Waters of New South Wales, and Their Probable Value for Irrigation and other Purposes 1", *Journal of the Royal Society of New South Wales*, Vol. 26 (1892).

——, "Analyses of Artesian Waters of New South Wales and Their Value for

Irrigation and Other Purposes 2", *Report of Australian Association for the Advancement of Science*, Vol. 6, 1895.

Moore, R. M., "Ecological Observations on Plant Communities Grazed by Sheep in Australia", in A. Keast, R. L. Crocker, C. S. Christian eds., *Biogeography and Ecology in Australia*, Sydney: W Junk-Den Haag, 1959.

Mullett, H. A., "Fallowing for Wheat", *Journal of the Department of Agriculture of Victoria*, Vol. 3, No. 24 (1926).

Munro, C., *Australian Water Resources and Their Development*, Sydney: Augus and Robertson, 1974.

Mylrea, P., "Catarrh in Sheep", *Australian Veterinary Journal*, Vol. 69, No. 3 (August 1992).

New South Wales Department of Agriculture, "Peraartesian Bore Settlement", *Agricultural Gazette of New South Wales*, Vol. 9 (1898).

——, "Conference of Wheat-Growers, with Special Reference to Dry-Farming", *Farmers' Bulletin*, Vol. 3, No. 42, Sydney: Government Printer, 1910.

Nicholls, N., "Historical El Nino Southern Oscillation Variability in the Australasian Region", in 8. Diaz and V. Markgraf, eds., *El Nino: Historical and Paleoclimatic Aspects of the Southern Oscillation*, Cambridge: Cambridge University Press, 1992.

Noble, Andrew, "The Development of Meteorology in Australia", *Monthly Weather Review*, 1905.

Norton, C. E., "Irrigation in India", *Northern American Review*, No. 77 (1867).

NWPO (North-Western Provinces and Oudh), *Report of the Reh Committee*, Delhi: Revenue Department, 1879.

O'Gorman, Emily, James Beattie and M. Henry, "Histories of Climate, Science and Colonization in Australia and New Zealand, 1800 – 1945", *Wiley Interdisciplinary Reviews: Climate Change*, Vol. 7, No. 6 (September 2016).

O'Gorman, Emily, Soothsaying or Science? H. C. Russell, Meteorology, and

Environmental Knowledge of Rivers in Colonial Australia, in James Beattie, Emily O'Gorman and Matthew Henry, eds. , *Climate, Science, and Colonization: Histories from Australia and New Zealand*, New York: Palgrave Macmillan, 2014.

Parson, John Langdon, "The Northern Territory of South Australia: A Brief History Account; Pastoral and Mineral Resource", *Proceedings of the Royal Geographical Society of Australasia. South Australian Branch*, 1892.

Powell, J. M. , "Historical Geography and Environmental History: An Australian Interface", *Journal of Historical Geography*, Vol. 22, No. 3 (July 1996).

Peacock, W. , "Our Western Lands: Their Deterioration and Possible Improvement", *Agricultural Gazete of New South Wales*, Vol. , No. 11 (1900).

——, "Report of the Manager, Coolabah Experimental Farm", *Agrcultural Gazette of New South Wales*, Vol. 3, No. 15 (1904).

"Saltbushes, Their Conservation and Cultivation", *Agricultural Gazette of New South Wales*, Vol. 15, No. 23 (1904).

Pittock, Barrie, Debbie Abbs, Ramasamy Suppiah and Roger Jones, "Climatic Background to Past and Future Floods in Australia", in Aldo Poiani, eds. , *Floods in an Arid Continent*, San Diego: Elsevier, 2006.

Powell, J. M. , *Environmental Management in Australia, 1788 – 1914, Guardians, Improvers and Profit: An Introductory Survey*, Melbourne: Oxford University Press, 1976.

Prescott, J. A. and J. A. Thomas, "The Length of the Growing Season in Australia as Determined by Effectives of Rainfall", *Proceedings of the Royal Geographical Society*, Vol. 50 (1948 – 1949).

Reid, G. H. , "An Essay on New South Wales", *The Mother Colony of the Australians*, Sydney: Government Printers, 1876.

Robson, L. L. , "Michael Fenton", *Australia Dictionary of Biography*, Vol. 1, Melbourne: Melbourne University Press, 1968.

Russell, H. C. , "On Periodicity of Good and Bad Seasons", *Journal and Proceedings of the Royal Society of New South Wales*, Vol. 30, No. 1 (1896).

Skatssoon, Judy, "Aboriginal People Built Water Tunnels", ABC *Science Online*, 15 March 2006.

Slatyer, R. O. and W. R. Gardiner, "Irrigation Potential and Problems", in Australia Academy of Science, *Water Resources, Use and Management*, Melbourne: Melbourne University Press, 1964.

Smith, D. I., "Water Resource Management", in Stephen Dovers and Su Wild River, eds., *Managing Australia's Environment*, Annandale, N. S. W.: Federation Press, 2003.

Specht, R. L., "Vegetation", in Geoffrey W. Leeper ed., *The Australian Environment*, Parkville: Melbourne University Press, 1970.

Stewart, O. C., "The Forgotten Side of Ethnogeography", *Method and Perspective in Anthropology, Papers in Honor of Wilson D. Wallis*, Minneapolis: University of Minnesota Press, 1954.

Sutton, G. L., "Cowra and Coolabah Experimental Farms", *Agricultural Gazette of New South Wales*, Vol. 17, No. 2 (1906).

Todd, C., "Meteorological Work in Australia: A Review", *Australasian Association for the Advancement of Science*, Vol. 4, No. 4 (1893).

Vance, James E., "California and the Search for the Ideal", *Annals of Association of American Geographers*, 12 June 1972.

Volger, G., "Making Fire by Percussion in Tasmania", in *Oceania*, Vol. 44, No. 3 (April 1973).

Ward, B. and P. Smith, "Drought, Discourse and Durkheim: A Research Note", *Australian and New Zealand Journal of Sociology*, Vol. 32, No. 1 (Januray 1996).

Waterhouse, Richard, "Australian Legends: Representations of the Bush (1813 – 1913)", *Australian Historical Studies*, Vol. 31, No. 2, (August 2000).

Watson, C. L., "Irrigation", in J. Russell and R. F. Isbell, eds., *Australian Soils: the Human Impact*, Brisbane: University of Queesland, 1986.

Williams, J., "Can We Myth Proof Australia?", *Australian Science*, Vol. 24, No. 1 (2003).

Wilson, H. M., "Irrigation in India", *Transaction of the American Society of Civil Engineering*, Vol. 25（August 1891）.

Wood, W. E., "Increase of Salt in Soil and Streams following the Destruction of the Native Vegetation", *Journal of the Royal Society of Western Australia*, Vol. 10（1924）.

四　中文著作

［美］阿尔弗雷德·克罗斯比：《生态帝国主义：欧洲的生态扩张，900—1900》，商务印书馆2017年版。

［澳］艾瑞克·罗斯：《澳大利亚华人史（1800—1888）》，张威译，中山大学出版社2017年版。

［澳］比尔·甘觅奇：《地球上最大的庄园：土著人如何塑造澳大利亚》，段满福译，外语教学与研究出版社2017年版。

［澳］大卫·沃克：《澳大利亚与亚洲》，张勇先等译，中国人民大学出版社2009年版。

［澳］戈登·格林伍德编：《澳大利亚政治社会史》，北京编译社译，商务印书馆1960年版。

费晟：《再造金山：华人移民与澳新殖民地生态变迁》，北京师范大学出版社2021年版。

［澳］基恩·托马斯：《人类与自然世界：1500—1800年间英国观念的变化》，译林出版社2009年版。

［美］贾雷德·戴德蒙：《枪炮、病菌与钢铁：人类社会的命运》，王道远、廖月娟译，上海译文出版社1998年版。

［澳］杰弗里·布莱内：《澳大利亚简史》，鲁伊译，上海三联书店2021年版。

［澳］杰弗里·博尔顿：《破坏与破坏者：澳大利亚环境史》，杨长云译，中国环境科学出版社2012年版。

［澳］罗伯特·休斯：《致命的海滩》，欧阳昱译，南京大学出版社2014年版。

李龙华：《澳大利亚史：旧大陆·新国度》，台北：三民书局股份有限公司2007年版。

［澳］曼宁·克拉克：《澳大利亚简史》，中山大学《澳大利亚简史》翻译组译，广东人民出版社 1972 年版。

缪启龙等编：《现代气候学》，气象出版社 2010 年版。

［美］帕斯卡尔·阿科特：《气候的历史——从宇宙大爆炸到气候灾难》，李孝琴等译，学林出版社 2011 年版。

［澳］斯图亚特·麦金泰尔：《澳大利亚史》，潘兴明译，东方出版中心 2009 年版。

［美］唐纳德·休斯：《什么是环境史》，梅雪芹译，北京大学出版社 2008 年版。

［美］唐纳德·沃斯特：《自然的经济体系：生态思想史》，侯文蕙译，商务印书馆 2007 年版。

王宇博：《渐进中的转型：联邦运动与澳大利亚民族国家的形成》，商务印书馆 2010 年版。

［美］威廉·麦克尼尔：《瘟疫与人》，余新中、毕成会译，中信出版集团 2018 年版。

张秋生：《澳大利亚华侨华人史》，外语教学与研究出版社 1998 年版。

张天：《澳洲史》，社会科学文献出版社 1996 年版。

五 中文论文

包茂红：《澳大利亚环境史研究》，《史学理论研究》2009 年第 2 期。

褚书达：《"南方大陆"想象与英国南太平洋事业的发端》，《全球史评论》（第 18 辑），2020 年。

费晟：《论澳大利亚殖民地时代有色人种的"环境形象"》，《学术研究》2010 年第 6 期。

费晟：《论淘金热与澳大利亚腹地环境的改造》，《世界历史》2013 年第 4 期。

付成双：《历史学视角下的生态现代化理论》，《史学月刊》2018 年第 3 期。

毛达：《澳大利亚与新西兰环境史研究综述》，《郑州大学学报》（哲学社会科学版）2010 年第 3 期。

乔瑜：《澳大利亚殖民时期"干旱说"的形成》，《学术研究》2014 年第

6期。

施华辉、周巩固：《西利、卢卡斯、艾格顿与英帝国史》，《史学史研究》2017年第2期。

汪诗明：《殖民前的澳洲并非"无主地"》，《安徽史学》2020年第2期。

汪诗明、王艳芬：《1920—1960年代澳大利亚土著争取公民权的运动》，《史学月刊》2013年第10期。

王宇博：《19世纪后半期澳洲排华运动与澳大利亚联邦运动》，《华人华侨历史研究》2004年第2期。

王宇博：《澳大利亚民族认同的演进》，《史学理论研究》2008年第2期。

张加生：《澳大利亚"丛林神话"与"劳森神话"论析》，《国外文学》2017年第5期。

六 网站与报刊媒体

网站

澳大利亚国家图书馆

http://trove.nla.gov.au/

澳大利亚国家土地和水资源审计署网站

http://www.anra.gov.au

澳大利亚国家气象局（悉尼）

http//www.bom.gov.au

古滕堡图书计划

https://www.gutenberg.org/

报纸

Argus.

Australian.

Coonamble Independent.

Evening Post.

Haweraand Normanby Star.

Nelson Evening Mail.

Queenslander.

Sydney Monitor Age.

Sydney Morning Herald.

The Advertiser.

Western Herald and Darling River Advocate.